高等教育自学考试能源管理专业 指定教材
能源管理师职业能力水平证书考试

U0686866

能源法律法规(一)(二)

NENGYUAN FALV FAGUI

滕四波　朱翠芬⊙编著

节能减排　低碳生活　CNEM

中国市场出版社
China Market Press

图书在版编目（CIP）数据

能源法律法规（一）（二）/滕四波，朱翠芬编著 . —北京：中国市场出版社，2012.4
ISBN 978-7-5092-0882-3

Ⅰ . ①能… Ⅱ . ①滕…②朱… Ⅲ . ①能源法 – 研究 – 中国 Ⅳ . ①D922.674

中国版本图书馆 CIP 数据核字（2012）第 056922 号

书　　名	能源法律法规（一）（二）	
编　　者	滕四波　朱翠芬	
出版发行	中国市场出版社	
地　　址	北京市西城区月坛北小街 2 号院 3 号楼（100837）	
电　　话	编辑部（010）68012468　读者服务部（010）68022950	
	发行部（010）68021338　68020340　68053489	
	68024335　68033577　68033539	
经　　销	新华书店	
印　　刷	河北省高碑店市鑫宏源印刷包装有限责任公司	
规　　格	787×1092 毫米　1/16　17.50 印张　380 千字	
版　　次	2012 年 4 月第 1 版	
印　　次	2012 年 4 月第 1 次印刷	
书　　号	ISBN 978 – 7 – 5092 – 0882 – 3	
定　　价	45.00 元	

高等教育自学考试能源管理专业
能源管理师职业能力水平证书考试
指导委员会

名誉主任

　　徐锭明　国务院参事　国家能源专家咨询委员会主任

主　　任

　　王德荣　中国交通运输协会常务副会长

主任委员

　　丁志敏　国家能源局政策法规司副司长
　　汪春惠　人力资源和社会保障部培训中心副主任
　　周凤起　国家发展和改革委员会能源所原所长　研究员
　　孟昭利　清华大学教授
　　李金轩　中国人民大学教授　全国考委经济管理类专业委员会原秘书长
　　杨宏伟　国家发展和改革委员会能源所能效中心主任　研究员

高等教育自学考试能源管理专业
能源管理师职业能力水平证书考试
系列教材编委会

序　言

　　《中华人民共和国节约能源法》指出："节约资源是我国的基本国策。"国家高度重视节能减排工作，未来我国面临两大任务：一是 2020 年我国非化石能源占一次能源消费总量比重达到 15%；二是 2020 年我国单位国内生产总值二氧化碳排放比 2005 年下降40%~45%。

　　能源是保证国民经济平稳增长的基础，既是生产资料也是生活资料，在国民经济中占有极其重要的地位。从当前和长远的发展要求看，我国不仅应成为能源大国，也应成为能源科技水平先进的能源强国。通过多年努力，我国能源无论在数量上还是质量上都已跻身于世界先进行列。但是，要真正成为科技能源强国任重道远，还需要全社会长期的艰苦努力才能实现。加强能源管理，实施节能减排，是实现上述目标的重要途径。《"十二五"节能减排综合性工作方案》（国发〔2011〕26 号）指出："坚持降低能源消耗强度、减少主要污染物排放总量、合理控制能源消费总量相结合，形成加快转变经济发展方式的倒逼机制。""进一步形成政府为主导、企业为主体、市场有效驱动、全社会共同参与的推进节能减排工作格局，确保实现'十二五'节能减排约束性目标，加快建设资源节约型、环境友好型社会。"

　　落实资源节约基本国策，实现国家节能减排规划目标，关键在于要培养一大批能源管理方面的专业人才。中国交通运输协会组建了一支由多年从事能源管理方法研究，又具有节能减排工程技术实践经验的专家团队，在深入研究日本、欧美等国家和地区能源管理培训体系的基础上，结合中国国情设计了一套全面系统的培训体系，其特点是从国家能源政策法规、能源管理基础、能源工程技术、节能技术、节能评估、能源审计、能源与环境等七大方面涵盖了能源管理的核心要素。该系列教材注重从用能单位的实际出发，认真总结多年来企业在能源管理方面的经验和教训，提出了适合现代企业能源管理的新方法，而且在企业实际应用中证明是行之有效的。该系列教材既适合专业人士应用，也适合在校学生学习。

　　多途径、多渠道培养能源管理人才，符合《中华人民共和国节约能源法》关于动员全社会参与节能减排的要求，也是贯彻落实《"十二五"节能减排综合性工作方案》提出的"加强节能减排宣传教育，把节能减排纳入社会主义核心价值观宣传教育体系以及基础教育、高等教育、职业教育体系"的具体措施。

　　节能减排是一项长期的战略任务，关系到国计民生，关系到我国经济能否持续、稳定、健康的发展。我衷心祝愿高等教育自学考试能源管理专业和能源管理师职业能力水平证书考试项目取得圆满成功，并希望全社会各行各业共同努力，以节能减排实际行动践行科学发展观，为我国经济社会的可持续发展作出积极的贡献。

国务院参事　国家能源专家咨询委员会主任

2012 年 1 月于北京

前　言

为解决我国能源管理人才严重短缺的矛盾，多渠道、多层次加快复合型、实用型人才的培养，中国交通运输协会组织我国能源管理方面的理论、实践、培训的专家及有关人员，经过近三年的艰苦努力和大量深入细致的实际工作，经与北京教育考试院协商，并报全国高等教育自学考试指导委员会办公室批准（考委办函〔2011〕42号），决定在北京合作开考高等教育自学考试能源管理专业（专科、独立本科段）和能源管理师职业能力水平证书（简称CNEM）项目。

为确保高等教育自学考试能源管理专业和能源管理师职业能力水平证书项目学历和培训教材的质量，我们组织了由国家发展和改革委员会能源所和培训中心、清华大学、浙江大学、河南省南阳市节能监察中心以及节能评估一线工程技术人员构成的多领域的理论、培训、实践等方面的专家组成了教材编写组，根据全国高等教育自学考试指导委员会办公室批文的要求，统一规划课程考试大纲和教材章节目编写提纲，教材力求做到：一是立足点高，从我国经济发展水平和能源利用具体情况出发，体现能源管理的通用性，不突出地方色彩，同时合理吸收发达国家在能源管理方面的成功经验和方法。二是实用性突出，尽量压缩教材篇幅，突出应知、应会与学用结合的学习、培训内容。三是实践性强，编写组把节能评估和能源审计这两项被发达国家能源管理实践证明，同时也被国家发展和改革委员会培训中心的培训实践证明行之有效并深受我国能源管理相关人员欢迎的管理手段，单独列为两本独立教材，并在教材内容中配有多领域相关案例。本高等教育自学考试能源管理专业和能源管理师职业能力水平证书项目开设《能源法律法规》、《能源管理概论》、《能源工程技术概论》、《节能技术》、《节能评估方法》、《能源审计方法》、《能源与环境概论》七门课程，涵盖了能源管理的核心要素，是我国目前唯一比较系统、全面、实践性强的学习培训系列教材，既适用于高等教育自学考试能源管理专业人员学习，也适用于能源管理师职业能力水平证书项目的学习和培训。同时，也可供各级政府部门能源管理人员、企业能源管理人员、节能服务机构相关人员，以及大专院校相关专业师生和社会各领域人员学习使用。

《能源法律法规》系统介绍中国能源法律法规体系，着重解读《中华人民共和国节约能源法》，分类精选能源管理相关法律、法规、规章、政策和重点节能领域节能标准目录。

《能源管理概论》着重介绍能源管理的基本概念和基础知识，包括：能源形势与节能减排任务、能源统计方法、企业能量平衡（企业能量平衡表、能源网络图与能流图）、节能减排量计算方法、节能技术经济评价方法，同时对能源审计和节能评估等管理方法，作了简要介绍。

《能源工程技术概论》以一次能源的加工转换和利用为主线，全面系统地介绍煤炭、石油、天然气、水能、核能、电能以及太阳能、风能、生物质能和地热能等各类能源利用技术的基本理论、基础知识、通用技能和应用方法。

《节能技术》全面系统介绍节能基础知识、用热系统及设备的节能技术、余热利用技术、用电系统及设备的节能技术、过程能量优化技术、建筑节能技术、交通节能技术及民用节能技术等。

《节能评估方法》着重介绍固定资产投资项目节能评估报告编写的程序、内容和方法，阐述了能源管理者应掌握的节能评估基础知识，包括国家相关政策、能效标准、燃料与燃烧、电能及用电系统、工艺设备能耗分析等。同时附有我国重点领域固定资产投资项目节能评估报告典型案例介绍。

《能源审计方法》着重介绍企业能源审计程序、内容、方法和能源审计报告的编写，阐述了能源管理者应掌握的能源计量管理、能源统计管理、节能监测、企业通用节能技术及节约能源与环境保护等方面的能源管理知识和方法。同时附有我国重点领域能源审计报告典型案例。

《能源与环境概论》系统介绍与能源相关的主要环境问题，包括：能源与大气污染物排放问题，SO_2、NO_x、PM 排放量估算方法，节能减排政策进展；能源与全球气候变化问题，化石燃料燃烧的 CO_2、CH_4 和 N_2O 排放量估算方法，气候变化的国际谈判进程及其对能源发展的影响。

为便于学员学习，本教材将专科与独立本科段自学内容合并成一册，以（一）和（二）区分专科和独立本科段学历层次，用"＊"标出部分作为独立本科段增加的自学内容，其余部分作为专科和独立本科段共同自学的内容。

由于时间紧迫，这套系列教材难免存在疏漏之处，恳请读者批评指正。

高等教育自学考试能源管理专业

能源管理师职业能力水平证书考试　系列教材编委会

2012 年 1 月

《能源法律法规》编写说明

　　《能源法律法规》一书是高等教育自学考试能源管理专业和能源管理师职业能力水平证书考试的指定教材。这是一门为能源管理专业专科生与本科生开设的专业课，也是必修课程。本书分为三部分：第一部分为第1章，主要系统介绍中国能源管理法律法规体系等内容；第二部分为第2章，解读了《节约能源法》；第三部分包括第3~6章，主要精选了与能源管理密切相关的法律、法规、规章、规范性文件及部分标准目录和目录实例。目的在于使学员了解我国能源管理法律法规体系建设历史发展沿革和现状；掌握《节约能源法》中所涉及的能源管理法律、法规及相关方面知识和内容；熟知能源管理相关的法律、法规、规章、规范性文件等；对能源管理标准有初步的理解和学习，并能把所学习的能源法律法规等方面的知识综合运用于能源管理之中。

　　本书编写依据《能源法律法规课程考试大纲》，其特点是：

　　1. 本书在编写过程中，以考试大纲为依据，注重全书的系统性，力求使学员对我国能源法律法规有一个历史的、全面的、系统性的了解，同时又尽力做到删繁就简，不突出地方色彩，着力体现应知应会内容。

　　2. 全书依据指定教材的结构，以章、节为单位。根据考试大纲对各知识点不同难易程度的要求，将知识点及知识点以下的细目进行了讲解分析，便于学员掌握考核知识点。

　　3. 每章包含的"学习目标"部分给出了对学习内容的掌握程度要求和应达到的目标；"自学时数"部分是根据章节内容给出的自学所用时间的参考时数；"教师导学"是作者从教师角度出发，说明本章内容在本课程中的地位、作用，并阐述本章学习中的重点、难点、学习方法以及应注意的问题；"复习思考题"部分综合了考试大纲和教材对应试者的要求，可用于检验应试者的学习效果。

　　4. 本书覆盖全部考核内容，适当突出重点章节，并且加大了重点内容的覆盖密度，可供参加能源管理专业自考（专科、独立本科段）和能源管理师职业能力水平证书考试的相关人员集体学习或个人自学使用，也可供相关专业人士作为能源管理工具书。

　　本书由国家发展和改革委员会培训中心滕四波、朱翠芬编著，清华大学教授孟昭利主审，中国人民大学教授李金轩、国家发展和改革委员会能源所研究员杨宏伟副审，最后经过编委会审定。在编写过程中，参考了书中所列参考文献中的内容，同时也参考和引用了网络的相关资料，谨向这些文献的编著者以及在编写过程中给予帮助的所有专家学者致以诚挚的感谢。

由于编者水平有限，加之时间仓促，书中难免会有不足之处，殷切希望广大读者给予指正，以利于日后改正。

编 者

2012 年 1 月于北京

目　录

第1章　中国能源法律法规体系 ···················· 1

1.1　能源法律法规建设 ···················· 2

1.2　能源法律法规体系现状 ···················· 4

1.3　现行能源法律法规体系中存在的问题* ···················· 7

1.4　加快能源法律法规体系建设* ···················· 10

复习思考题 ···················· 12

第2章　《节约能源法》解读 ···················· 14

2.1　《节约能源法》综述 ···················· 15

2.2　节能管理 ···················· 21

2.3　合理使用和节约能源 ···················· 30

2.4　节能技术进步 ···················· 53

2.5　节能激励措施 ···················· 57

复习思考题 ···················· 62

第3章　能源管理相关法律 ···················· 64

3.1　电力法 ···················· 65

3.2　煤炭法 ···················· 72

3.3　可再生能源法 ···················· 80

3.4　清洁生产促进法 ···················· 85

3.5　循环经济促进法 ···················· 90

3.6　标准化法* ···················· 98

3.7　环境保护法* ···················· 101

3.8　统计法 ···················· 106

复习思考题 ···················· 113

第4章　能源管理相关条例 ···················· 115

4.1　民用建筑节能条例 ···················· 116

4.2　公共机构节能条例 ···················· 122

4.3　标准化法实施条例 ……………………………………… 126

4.4　认证认可条例* …………………………………………… 132

　　复习思考题 ………………………………………………… 141

第 5 章　能源管理相关管理办法 …………………………… **143**

5.1　重点用能单位节能管理办法 ……………………………… 144

5.2　企业节能量计算方法 ……………………………………… 146

5.3　清洁生产审核暂行办法 …………………………………… 151

5.4　公路水路交通实施节能办法 ……………………………… 154

5.5　道路运输车辆燃料消耗量检测和监督管理办法 ………… 158

5.6　民用建筑节能管理办法 …………………………………… 162

5.7　固定资产投资项目节能评估和审查暂行办法 …………… 165

5.8　能源效率标识管理办法 …………………………………… 172

5.9　中国节能产品认证管理办法 ……………………………… 174

5.10　认证证书和认证标志管理办法* ………………………… 178

　　复习思考题 ………………………………………………… 182

第 6 章　能源管理相关重要文件 …………………………… **184**

6.1　国务院关于加强节能工作的规定 ………………………… 185

6.2　"十二五"节能减排综合性工作方案 …………………… 191

6.3　国务院关于加快推行合同能源管理促进节能服务业发展意见 ……… 206

6.4　合同能源管理财政奖励资金管理暂行办法* ……………… 209

6.5　关于财政奖励合同能源管理项目有关事项的补充通知* …… 211

6.6　能源审计报告指南 ………………………………………… 212

6.7　能源管理体系要求 ………………………………………… 215

　　复习思考题 ………………………………………………… 227

附录一 ………………………………………………………… **230**

中华人民共和国节约能源法 …………………………………… 230

能源管理相关标准目录 ………………………………………… 239

综合能耗计算通则 ……………………………………………… 243

工业企业能源管理导则 ………………………………………… 248

附录二　《能源法律法规》考试大纲 …………………… **255**

参考文献 ……………………………………………………… **265**

后　　记 ……………………………………………………… **266**

第1章　中国能源法律法规体系

▶ 学习目标

1. 应知道、识记、理解的内容
- 我国能源法律法规建设概况
- 我国能源法律法规体系现状
- 我国现行法律法规体系存在的问题
- 加快我国能源法律法规体系建设的主要内容

2. 应领会、掌握、应用的内容
- 能源法律法规体系建设经历的三个历史发展阶段的特点、标志性成果
- 我国能源法律法规体系建设纵向结构、横向结构
- 我国现行能源法律法规的主要内容
- 加快我国能源法律法规体系建设的指导思想、基本原则、建设目标

▶ 自学时数

8~10 学时。

▶ 教师导学

学习《能源法律法规》一书首先要了解我国能源法律法规体系建设的基本概况，包括能源法律法规建设经历的三个历史发展阶段、法律法规体系现状、存在的问题及未来发展趋势等内容。

本章的重点为：1. 三个历史发展阶段的特点、标志性成果及相关知识点；2. 法律法规纵向结构、横向结构的划分；3. 现行能源法律法规包括的几方面主要内容。

1.1 能源法律法规建设

随着社会主义市场经济体制的逐步建立和完善，我国能源法律法规体系建设进程不断加快。改革开放以来，国家和地方政府相关部门先后制定、颁布、实施了一系列的能源管理法律、法规、规章和规范性文件。经过 30 多年的努力，我国能源管理法律法规体系的框架条例标准逐渐形成，国家能源开发、利用和管理逐步开始纳入法治的轨道。这些能源管理的法律、法规、规章、文件等对我国能源事业的健康发展起到了积极的推动和保障作用。但是，随着我国经济体制改革的不断深入和国民经济的快速发展，在能源管理等方面出现了许多新问题，这就要求我们必须尽快建立符合中国国情的相互配套的国家能源管理法律法规体系，以适应我国国民经济和社会发展的需要。

中国能源法律法规体系建设大体上经历了三个历史发展阶段。

1.1.1 20 世纪 50 年代至 80 年代前期

20 世纪 50 年代至 80 年代前期，我国的经济体制和能源管理体制基本上是以计划经济为主导，国家办能源，政企不分，以指令性计划形式调控国家能源生产、消费和管理。大量的能源管理文件多以法规、规章和规范性文件等形式颁发。在这个历史阶段，1986 年全国人大常委会通过并颁布的《矿产资源法》成为我国当时法律位阶最高的与能源相关的法律，同时还出台了一系列有关能源管理的法规、规章和规范性文件。

这段时期我国的能源法律法规建设带有突出的计划经济管理模式，属于政企合一的能源管理体制，由于所有制形式单一，经济不够发达和管理关系简单等诸多因素，所以执行起来还是颇有成效的。因此，国家在能源节约、扩大能源投资、建立能源价格管理和节能奖惩等方面都取得了良好的实施效果。

1.1.2 20 世纪 80 年代中期至 20 世纪末

随着我国改革开放的不断深入，中国开始实施社会主义市场经济体制，市场配置资源的作用不断加强。90 年代，能源投资主体多元化，国民经济进入快速发展阶段，长期困扰我国经济社会生活的能源供应紧张状况得到了一定程度的缓解。能源工业由计划经济管理向市场经济法制化管理逐步迈进。20 世纪 80 年代后期我国成立了能源部（1993 年机构改革撤销），能源部在探索中国能源体制改革和市场运行机制及法制化管理上起到了承上启下的重要作用，其组织的"中国能源法律法规体系建设"的研究成果，对理清我国能源管理法律法规建设的历史发展脉络，查找存在的问题，借鉴发达国家能源管理法律法规建设方面的先进经验和做法，都起到了至关重要的作用。同时，全面规划了我国能源法律体系各层级的法律和法规，提出了我国能源立法计划和进度安排的建议，在以后的实践中得到了相应的实施，对提高我国能源管理法律法规建设水平，促进重大能源法律法规的立法工作也都起到了指导和推进作用。《电力法》、《煤炭法》、《节约能源法》分别在1995年、1996年和1997年由全国人大常委会通过并颁布实施。

《电力法》、《煤炭法》、《节约能源法》的颁布实施成为中国20世纪90年代能源立法的重大突破：提升了能源法的法律地位和法律效力；体现了政府对能源由计划管理转向市场经济的法制化管理；促进了一系列与能源单行法配套的行政法规和地方法规的出台，使我国能源立法的针对性和可操作性得到了大大的提高。

1.1.3 21世纪初至今

2000年之后，我国社会主义市场经济体制开始初步确立，中国经济进入了持续、稳定、快速发展的阶段，但一些经济发展中的制约因素也逐渐暴露出来：粗放型的经济增长方式，资源开发利用中的严重浪费，加剧了能源供应的短缺；中国经济发展与世界经济发展的接轨，使能源供应安全问题日益突出；《气候变化公约》、《京都议定书》的签署与可持续发展战略作为我国的基本国策，使环境保护成为能源结构和消费方式必须要认真严肃对待和解决的问题。

我国政府高度重视能源工业的可持续发展问题。从能源管理体制上看，自1949年新中国成立初期成立的燃料工业部开始，我国能源管理体制经历了十余次重大调整。为了加强能源战略决策和统筹协调，经十一届全国人大一次会议审议通过，2008年国务院成立国家能源局，由国家发展改革委管理；将国家发展改革委的能源行业管理有关职责及机构，与国家能源办的职责、国防科工委的核电管理职责进行整合，一并划入国家能源局；2010年1月22日，国务院成立了高层次议事协调机构——国家能源委员会，负责研究拟订国家能源发展战略，审议能源安全和能源发展中的重大问题，统筹协调国内能源开发和能源国际合作的重大事项。国家能源委员会办公室的工作由国家能源局承担。这标志着我国的能源管理工作得到了一定程度上的加强，能源管理体制向前迈进了一大步，我国能源管理法律法规体系也得到进一步的完善。

从法律法规建设上看，为促进能源结构的调整，保障能源安全，促进能源工业的可持续发展，2009年12月26日全国人大常委会审议通过了修改后的《可再生能源法》，该法于2010年4月1日起实施。该法增加对各类可再生能源开发利用作出统筹规划的规定，并确立了全额保障性收购性制度，提出建立可再生能源发展基金。该法的立法原则不仅体现了能源可持续发展的理念，还对政府市场主体的行为进行了规范，并在可再生能源的发展机制和制度的创新上取得了突破性进展。2010年6月25日全国人大常委会审议通过了《石油天然气管道保护法》，2010年4月1日起实施。这是我国能源管理方面的又一部最新的重要法律。制定颁布《可再生能源法》、《石油天然气管道保护法》标志着我国能源法律法规建设进入一个新的历史发展阶段。

1.2 能源法律法规体系现状

经过新中国成立以来数十年的努力，我国能源管理法律法规体系已初步形成，大体分为以下两大类。

1.2.1 纵向结构

即按照法律渊源即法律文件的表现形式进行划分，我国能源法律法规体系可分为 8 个层面：

（1）宪法中的能源条款；

（2）能源法律（包括能源基本法和专门能源法律）；

（3）能源行政法规；

（4）能源行政性规章；

（5）地方能源法规和地方能源行政性规章；

（6）能源标准（特别是作为技术法规的强制性标准）；

（7）相关法规（《环境保护法》、《矿产资源法》等）中的有关能源管理的条款；

（8）国际能源条约。

1.2.2 横向结构

即按照能源类别的管理对象和综合性管理进行划分，我国能源法律法规体系可分为：

（1）煤炭法子系统；

（2）石油天然气法子系统；

（3）电力法子系统；

（4）原子能法子系统；

（5）可再生能源法子系统；

（6）节约能源法子系统等 6 个子系统。

能源公用事业法因缺乏能源立法支撑，尚不能成为一个子系统，以后待条件成熟后仍需建立该子系统。

迄今为止我国先后制定了《电力法》、《煤炭法》、《节约能源法》、《可再生能源法》4 部单行能源法律和《矿产资源法》、《水法》、《环境保护法》、《清洁生产法》、《循环经济促进法》等 30 多部相关法律、30 多部国务院行政法规、200 多部部门规章、1 000 多部地方能源法规和规章、若干国家和地方能源标准及大量的能源规范性文件。此外，国家批准和签署了 10 多部与能源相关的国际条约。我国能源开发利用和管理已实现了从政策性管理向依法管理的历史性转变。

1.2.3 我国现行的能源法律法规的主要内容

1. 宪法

中华人民共和国宪法中与能源相关的法律规定是制定能源法律法规的依据，也是我国能源法律法规存在和运行的基础，在我国能源法律体系中起到统领性作用。宪法中"依法治国"、"倡导节约"、"保护和改善生活环境和生态环境"及"加强宏观调控"等原则对能源立法有重要的指导作用。

2. 能源法律

我国的能源法律是指由全国人民代表大会或常委会制定的能源基本法律和能源专门法律，是我国能源法律体系的重要组成部分。现行的能源法律有以下四部。

(1)《电力法》。1995年12月28日通过的《电力法》是我国第一部针对电力行业制定的能源法律，它开创了我国能源法律的历史先河，是中国能源法制史上的里程碑。以此为契机，我国电力和其他能源工业逐步迈向法治化的轨道。颁布16年来，《电力法》对完善我国电力管理法律法规体系，促进我国电力事业持续、健康、稳定地发展，满足国民经济和社会发展用电需求，保障电网安全稳定运营，保护电力投资者、经营者的合法权益，以及鼓励电力科技和保护环境方面都发挥了积极的作用，有力地推动了我国电力工业的改革与发展。但是随着我国国民经济和社会事业的高速发展，《电力法》在实施中遇到了许多新情况和新问题，如何体现可持续发展的理念，如何与市场经济体制相适应，如何与其他部门法相适应，如何出台配套的实施细则和管理办法等等。针对存在的问题，有关部门正在着手对《电力法》进行修订和完善。

(2)《煤炭法》。1996年8月29日通过的《煤炭法》对完善我国煤炭管理法律法规体系，合理开发利用和保护煤炭资源，规范煤炭生产、经营活动，促进和保障煤炭行业的发展，起到重要的作用。但由于《煤炭法》产生于我国经济体制转换时期，也可以说《煤炭法》体系框架中存在的问题，也是目前《煤炭法》中存在的问题。主要表现在《煤炭法》体系存在着结构性缺陷：立法规范的效力层级较低，与环境保护、社会保障、安全生产等部门立法不配套；《煤炭法》体系存在着内容性缺陷：对煤炭勘察、生产开发规划规定制定得太原则，缺乏操作性，对煤炭开采市场准入门槛设置过低，缺少煤炭资源有偿使用的原则，缺少煤炭资源矿业权设置和转让的明确规定，对煤炭安全、矿区保护和煤炭开发利用中的生态环境保护问题规定不健全，煤炭管理体制尚未理顺等等。有关部门针对《煤炭法》体系框架和诸多方面存在的问题，分别于2009年8月27日和2011年4月22日进行了两次修订。

(3)《节约能源法》。1997年11月1日通过并颁布的《节约能源法》属于能源管理综合性法律。原《节约能源法》中存在着法律范围不适应新形势的要求、节能管理制度不完善、节能管理部门不明确、体制机制不适应、节能投入不足、对违法者惩戒力度不够等诸多问题，2007年10月28日十届全国人大常委会第三十次会议审议通过了修订后的《节约能源法》。修订后的《节约能源法》扩大了法律的调整范围，增加了建筑节能、交通运输节能、公共机构节能三项重要内容，健全了节能标准体系和监管制度，加大了政策激励力度，明确了节能管理和监督主体，强化了法律责任。该法对推进全社会节约能源，提高能效和经济效益，保护生态环境，保障国民经济和社会发展，满足人民日益增长的物质文化生活等方面作出了重要的贡献。

（4）《可再生能源法》。2005 年 2 月 28 日由十届全国人大常委会第十四次会议审议通过，2006 年 1 月 1 日起执行。但是，随着近年来我国可再生能源产业的迅猛发展，《可再生能源法》在实施过程中的一些问题逐步暴露出来，2009 年国家发展改革委根据 2008 年、2009 年全国人民代表大会代表多次针对《可再生能源法》提出的修改提案，于 2009 年 6 月组织相关部门在调研、座谈、论证、协调的基础上，本着统筹规划、市场配置与政府宏观调控、国家扶持资金集中使用的三项基本原则，对《可再生能源法》第八条、第九条、第十四条、第二十条、第二十四条、第二十九条作了修改，2009 年 12 月 26 日十一届全国人大常委会第十二次会议审议通过了《关于修改〈中华人民共和国可再生能源法〉的决定》，修改后的《可再生能源法》自 2010 年 4 月 1 日起施行。《可再生能源法》的颁布实施和进一步修订完善，从根本上确立了我国可再生能源的基本法律制度和政策措施框架体系，国家各种配套规定相继出台，对加快我国可再生能源产业的开发和利用产生了非常重要的作用，对逐步改变我国的能源结构，保障能源的持续和稳定供应也起到了积极的推动作用。我国在可再生能源开发和利用方面的努力也得到国际社会的高度认同，对我国参与国际社会的各项事务带来了积极的影响。

3. 能源法规

能源法规是国务院依法制定的有关能源的规范性文件。主要分为以下两大类：

（1）为执行能源基本法和能源专门法而制定的实施细则或条例，如与《节约能源法》相关的《公共机构节能条例》。

（2）针对能源工作出现的新问题或尚未制定相应法律而制定的某些重要法规。例如《石油天然气管道保护条例》，先有条例，后待时机成熟于 2010 年 6 月 25 日经十一届全国人大常委会第十五次会议通过《石油天然气管道保护法》并于当年 10 月 1 日开始执行。能源法规在我国能源法律体系中具有不可或缺的作用。

4. 能源行政规章

能源行政规章是指国务院有关部委，包括国务院授权的国务院直属机构依法制定的有关能源的规范性文件。例如，国家发展改革委制定的《固定资产投资项目节能评估和审查暂行办法》。国家发展改革委作为我国能源主管部门发布了大量的能源行政规章，这些规章弥补了我国有些能源立法的空白，从而成为能源法律体系中的重要组成部分。

5. 地方性能源法规和地方性能源规章

由于我国地域辽阔，各省、自治区、直辖市能源资源分布和开发存在着很大的不均衡性，大量的能源法律法规关系需要根据各地的实际情况，结合地方的能源法规及能源规章来进行因地制宜的科学调整。

(1) 地方性能源法规。是指省、自治区、直辖市和其人民政府所在地及国务院批准的较大的市人民代表大会及其常务委员会制定的有关能源的规范性文件。例如《内蒙古自治区矿产资源管理条例》等。

(2) 地方性能源规章。是指省、自治区、直辖市和较大的市人民政府，根据所在地及国务院批准的较大的市人民代表大会及其常务委员会制定的有关能源的规范性文件。例如《内蒙古自治区固定资产投资项目节能评估和审查管理办法》等。

6. 相关法律中的能源条款

在我国法律体系中，存在大量与能源相关的法律和法规。例如《标准化法》、《建筑法》、《政府采购法》、《企业所得税法》、《标准法实施条例》等法律和法规。例如，《标准化法》第二章第九条规定："制定标准应当有利于合理利用国家资源，推广科学技术成果，提高经济效益，并符合使用要求，有利于产品的通用互换，做到技术上先进，经济上合理。"

7. 能源标准

能源标准是我国能源法律体系中的特殊的重要组成部分。能源标准有两项划分标准：

(1) 按制定的级别和实施的行业范围分为国家标准、地方标准和行业标准。

(2) 按执行力度分为强制性标准、推荐性标准。例如，国家质检总局颁布了《平板玻璃单位产品能源消耗限额》的国家标准（GB 21340—2008）；浙江省质检局颁布了《玻璃单位产品能耗限额及计算方法》的地方标准（DB 33682—2008）。虽然，这些标准没有上升到法律层面上，但对节约能源、提高能源管理水平具有十分重要的作用。

8. 国际能源条约

经我国政府批准和加入的有关能源方面的国际条约、公约、议定书及国际能源合作的规范性文件，与国内能源法律法规等具有同样的效力。例如，《联合国气候变化框架公约》、《京都议定书》及我国与哈萨克斯坦签署的油气合作协议等等。

9. 能源的其他规范性文件

能源的其他规范性文件主要是指国务院部委的通知、指示、批复和能源法律解释。例如，2011 年 7 月 20 日发布的《国家发展改革委、财政部关于进一步加强合同能源管理项目监督检查工作的通知》就属于这类能源管理方面的规范性文件，在能源管理中起到了十分重要的作用。

1.3 现行能源法律法规体系中存在的问题 *

我国能源管理法律法规建设虽然起步较晚，但也取得了历史性的进展，能源管理法律法规体系业已形成。但是随着我国经济的快速发展，对能源的需求量越来越大，供需矛盾越来越突出，在能源开发、生产、利用、保护和管理中，出现了大量的新情况、新问题。现行的能源法律法规存在的问题日益突出。在很大程度上，不能满足我国能源开发、生产、利用、保护和管理的实际需要。我国现行能源管理法律法规体系中存在以下主要问题。

1.3.1　能源法律法规体系结构不健全

科学完备的能源管理法律法规体系，应是法律法规齐全、结构严密和协调统一，其表现为：（1）法律法规齐全是指应具备调控不同的能源关系的法律法规，这些法律法规不应有缺失。（2）结构严密是指完备的能源法律法规体系对不同的调控对象和范围，要形成一种从基本法律、专门法律（包括单行法律）、行政法规和规章制度等的科学、合理、适用的层次结构。（3）协调统一是指能源管理法律法规与能源立法原则保持一致性，相互间不能发生矛盾和冲突。一般经济发达国家的能源管理法律法规体系都具备这种显著的体系特征。但我国现行的能源法律法规体系结构上存在的突出问题是能源立法不健全。由于应当制定的能源立法尚未制定或未出台，导致我国能源管理法律法规体系中的部分立法缺失。

1. 我国能源管理法律法规体系中的基础性重要法律——《能源法》尚未颁布实施

《能源法》起草工作从 2006 年开始，经过多次反复征求意见和修改，《能源法（送审稿）》已于 2008 年 12 月上报国务院，因涉及部门多、领域广、问题比较复杂等诸多因素，至今尚未出台。《能源法》是起龙头作用的能源基本法和主法，《能源法》在我国能源管理法律法规体系中具有纲举目张、提纲挈领的统领作用。《能源法》的缺位，使我们难于对能源战略、能源结构调整、能源安全、能源市场、能源价格等综合性、全局性、战略性问题进行科学的宏观调控和有效的管理。国家的重大能源政策也因缺少法律依据而不能得到有效得力的贯彻和执行。

2. 能源子体系不健全，石油、天然气、核能等领域的能源专门法律缺位

石油、天然气、核能是非常重要的优质清洁能源，在我国国民经济发展中，占有越来越重要的地位和作用。但我国没有专门对其调控的法律，也未形成立法草案进入立法程序。仅有少量的由国务院颁发的行政法规和一些综合性法律中的相关规定。

3. 缺少能源公用事业法

目前我国能源管理法律法规体系主要侧重能源的开发和利用，很少涉及能源产品的销售、服务，也没有为能源公用事业管理专门立法。为了提供和满足公众和社会对电力、天然气、煤气和热力等能源资源或能源产品的共同需求，社会形成了能源公用事业。我国能源公用事业从新中国成立到现在都是由政府投资兴建和管理，具有垄断性、地域性和不可替代性。长期以来，在我国能源公用事业管理中存在许多问题。例如，全国没有统一的电网管理法律法规和制度，因此随着季节变化就会出现"电荒"等问题。实践证明，仅仅依靠规范性文件和政策对能源公用事业进行调控是不够的，在能源体制改革中，必须尽快建立符合中国国情的能源公用事业法，以适应我国能源公用事业快速发展的需要。

1.3.2 能源法律法规内容的滞后性和缺失性

能源法律法规作为国家法律体系的重要组成部分，属于上层建筑领域，要同国家的经济基础相吻合，与国家经济发展的实际需求相适应，做到与时俱进。但我国现行的能源法律法规体系中有的能源法律、法规，在内容方面上与社会主义市场经济经济发展的需要不吻合，主要表现有：

1. 我国不少能源法律法规与我国经济体制改革方向和国际贸易组织规则体系的能源规则不适应

我国许多能源法律法规产生于计划经济时期，自身具有计划经济的特点和不同部门的利益特征。法律法规中的一些具体内容与市场经济不相适应，也与国际贸易组织能源规则体系相冲突。例如，目前我国已颁布实施的几部涉及能源的法律法规中，行政措施多，市场经济手段比较少。

2. 已颁布实施的能源专门法和配套法规、规章亟待修改和完善

例如，1996 年 4 月 1 日起实施的《电力法》，与之配套的《电力供应与使用条例》、《电网调度管理条例》等行政法规都需尽快修改和完善。原子能等领域也存在着这个问题。

3. 已颁布实施的能源法律法规缺乏配套的立法和法规

我国已颁布和实施的能源法律存在着以下两个共性问题。现行的几部能源法律规定都比较原则，可操作性比较差。需要大量的国家颁发的行政法规和有关部门的行政规章制度相配套，才能有效地实施。由于机构改革等种种原因，这些相关的配套行政法规和行政规章制度迟迟不能出台，导致相关企业和部门难于执行和操作。例如，1996 年 4 月 1 日起实施的《电力法》在相关条款中明确规定了电价管理办法等 8 部法规由国家出台，但其中有的法规，至今一直未颁布实施。

1.3.3 能源管理法律法规体系的整体协调性比较差

科学健全的法律法规体系，要实现体系内各部法律法规之间及与整个体系间的协调和统一。当前，我国能源单行法基本都是针对不同领域，调控单个能源种类制定的，而且发展极不均衡。由于国家能源管理机构设置针对不同能源种类分属多个部门，条块分割，因此导致法律法规体系内部各能源单行法的法律法规之间的系统性、逻辑性、整体性、协调性、衔接性都比较差，有的甚至出现相互抵触和冲突的现象。表现如下。

1. 新颁布实施的能源法律法规与原有的能源法律法规之间不协调

例如，《电力法》和《可再生能源法》关于电力上网制度的规定就存在着不协调的问题。《电力法》对鼓励和提倡利用可再生能源发电和上网只是原则上作了规定，没有具体实施规定，而新颁布实施的《可再生能源法》却有具体规定。如不对《电力法》进行修改，很难实现两部能源法律之间的协调和统一问题。

2. 能源法律和其他相关法律之间存在着矛盾和冲突

我国能源法律法规与环境保护法律法规最大的冲突在于能源工业发展如何与环境保护相协调。环境保护法律法规没有针对能源工业领域的环保问题制定相应的法规、条例或规章制度。能源法律法规一般涉及环境保护问题规定的非常抽象，没有具体条文，更无惩罚性规定。

3. 能源法律与能源政策不够协调和配套

能源法律与能源政策是我国能源管理中不同层面上的调控手段，二者之间相互联系、相互依存、相互配合、相互作用，主次分明，共同发挥作用，以保证我国能源工业实现可持续的健康发展。我国能源法律与能源政策不够协调和配套主要表现在：一是重政策轻法律。从中央政府到地方各级政府都在制定政策，随意性很大，只提"科学决策，民主立法"一般原则性要求，没有明确的制定主体和制定程序。在地方很容易出现以政策代替法律，往往地方政策带有浓郁的计划经济套路和地方保护色彩，政策与法律相矛盾和相冲突的现象时有发生。二是能源政策与财税政策同国家提倡的"有限保护和优先节约"的价值取向不一致或向背。例如，在煤炭资源的开采过程中矿产资源税只是按照产量征收，没有同回采率结合起来。

1.4 加快能源法律法规体系建设*

"十二五"时期，我国国民经济和社会发展将进入一个新的历史发展阶段，工业化、信息化、城镇化、市场化、国际化迅猛发展，我国已成为世界上第一大能源生产国和第二大能源消费国，能源供应与经济快速发展之间的矛盾越来越突出，同时我们还面临着能源安全、能源结构、能源环境、能源效率、环境保护和应对全球气候变化等诸多问题的巨大压力。要实现《中华人民共和国国民经济和社会发展第十二个五年规划纲要》中提出的"绿色发展，建设资源节约型、环境友好型社会"，我国必须要加强能源立法，学习借鉴世界经济发达国家能源法制建设的成功经验和做法，以科学发展观为指导思想，不断健全和完善我国能源法律法规体系。

1.4.1 构建完善我国能源法律法规体系的指导思想

以邓小平理论和"三个代表"重要思想为指导，深入贯彻落实科学发展观，围绕着国家"十二五"规划纲要提出的战略意图、战略目标，为满足经济结构调整、转变经济增长方式和建设资源节约型、环境友好型社会的需要，将能源资源的勘探、生产与环境、运输与供应、市场与消费、利用与节约、对外合作及能源安全与监管等各个环节，都纳入法律法规管理的轨道。

1.4.2 基本原则

能源法律法规体系的指导原则是能源法精神和价值的体现，是能源法宗旨和本质的具体体现。具体讲要体现几项原则。

1. 法制统一原则

完善的能源法律法规体系要求具备两个特点：一是能源法律法规体系应当内容健全，与其他相关法律法规和谐一致；二是能源法律法规要与时俱进，要与经济发展的需要相吻合。

2. 可持续发展原则

能源的可持续发展是构建符合中国国情和实际的能源法律法规体系的核心理念，也是我国能源发展的首要战略，要把可持续发展原则贯彻于整个能源法律法规体系建设之中，通过对能源法律规范的制度设计和法规框架的构筑，逐步实现我国能源工业的可持续发展，以达到促进和保障我国国民经济和社会事业快速发展的目的。

3. 以民为本原则

《中华人民共和国国民经济和社会发展第十二个五年规划纲要》中明确提出"要顺应各族人民过上好生活新期待"和"坚持把保障和改善民生作为加快转变经济增长方式的根本出发点和落脚点"。构建符合中国国情的能源法律法规体系最根本的目的就是满足全体人民日益增长的物质和文化生活的需要。在能源法律法规体系构建中应当坚持以民为本原则，建立一套符合全体国民利益的公平、公正和正义的能源法律法规体系。在对社会整体利益协调发展尽责的基础上正确、妥善地处理各类社会经济矛盾，平衡各种经济行为，协调各阶层各方面的经济利益关系。特别要关注能源消费中的弱势群体的利益。

4. 体制创新原则

可持续发展的能源政策应当坚持体制和机制的创新，我国能源法律体系应当坚持能源体制改革，以立法的形式保护改革的成果。我国能源体制改革的趋势是要同市场经济体制相接轨，以市场机制为能源资源流动和优化配置的基础调节杠杆，同时辅以政府主管部门或监管机构的有力监管。应当逐步建立"政府引导、市场机制推动，行政主导，经济激励，适度竞争"的能源市场。

5. 符合国情原则

建立适用于中国的能源法律法规体系，应当坚持以国情为基础，不能生搬硬套国外的能源法律法规。从中国的实际情况出发，既要构建符合国情的全国性的能源法律法规体系，也要考虑到中国幅员辽阔，各地能源资源的类型、数量、开发利用方式等方面存在着的差异性等因素，因地制宜地搞好地方性的能源法律法规建设。

6. 借鉴国外经验原则

许多经济发达国家对如何通过能源立法解决能源安全和能源可持续发展问题，都作出了积极有益的探索，并积累了丰富宝贵的经验。在能源法律法规体系建设中各国虽然有许多个性化的因素，但也有许多共性化的因素，学习借鉴这些被实践证明的经验和做法，对加快中国构建能源法律法规体系具有十分重要的作用。如美国 2005 年制定的《能源政策法》、德国 1998 年制定的《联邦能源法》和日本 2003 年制定的《能源法案》等，对此我国能源立法中有所借鉴。国外能源立法的主要特点有：

（1）在能源法律体系建设中，专门的能源法律要与非专门的能源法律相互配合、相辅相成。能源法律体系要与其他法律相互渗透、相互配合。

（2）注重法律的适应性及可操作性。

（3）在能源法中科学地体现与环保法律制度的有机结合，同时还要大力推动可再生能源的发展。这些经验和做法都是值得我们学习和借鉴的。

7. 统筹规划原则

能源立法必须考虑法律自身的逻辑体系，避免同类法律条文对相同性质问题作出冲突的规定。尽管我国现行能源法律规范在表面形式上是多种多样的，在内容上也是各不相同的，但在整体上应该是相互联系、相互衔接、彼此协调，具有一定内在逻辑体系的。故应坚持统筹规划、统一协调、滚动调整、分步实施的方法。

1.4.3　能源法律法规建设目标

能源法律法规建设，应当具有一定的广泛性，能够调整政府、企业、从业人员、消费者、行业协会、中介组织等各有关能源法律关系主体。它还要有很强的针对性，解决能源开发利用和管理领域的突出问题，保障能源安全，提高能源效率，促进建立稳定、经济、清洁、可持续的能源供应和服务体系。为此，需要与能源立法相关的部门、社会各有关方面共同努力，加快研究制订详细、科学的能源立法计划，按照立法任务和阶段安排分步实施，以能源基本法为基础和统领，以煤炭法、电力法、石油天然气法、原子能法、节约能源法、可再生能源法、能源公共事业法为主干，以能源行政法规、部门规章、地方性法规和地方政府规章为配套和支撑，分类齐全、层次合理、结构严谨、协调有序、配套衔接、内容和谐、有机统一、体系完整、能够保证国家能源安全和可持续发展的，力争在十年左右的时间里，逐步建立起符合中国国情和基本要求，比较成熟和完善的国家能源法律法规体系。

复习思考题

一、单项选择题（在备选答案中选择 1 个最佳答案，并把它的标号写在括号内）

1. 1986 年全国人大常委会通过并颁布的（　　）成为我国当时法律位阶最高的与能源有关的法律。

　A.《节约能源法》　　　　　　　　B.《电力法》

　C.《矿业资源法》　　　　　　　　D.《环境保护法》

2. 中国能源法律法规体系建设大体上经历了（　　）历史发展阶段。

A. 三个　　　　　　B. 四个　　　　　　C. 两个　　　　　　D. 五个

3. 第一个历史发展阶段我国的能源法律法规建设带有突出的（　　）的能源管理体制。

A. 市场经济、政企合一　　　　　　　　B. 计划经济、政企分开

C. 计划经济、政企合一　　　　　　　　D. 市场经济、政企分开

4. （　　）的签署与可持续发展战略作为我国的基本国策。

A. 《气候变化公约》、《循环经济促进法》

B. 《气候变化公约》、《京都议定书》

C. 《京都议定书》、《可再生能源法》

D. 《清洁生产法》、《京都议定书》

5. （　　）是我国第一部针对电力行业制定的能源法律，开创了我国能源法律的历史先河，是中国能源法制史上的里程碑。

A. 《节约能源法》　　　　　　　　　　B. 《电力法》

C. 《可再生能源法》　　　　　　　　　D. 《循环经济促进法》

二、多项选择题（在备选答案中有 2～5 个是正确的，将其全部选出并将它们的标号写在括号内，选错、漏选和不选均不得分）

1. （　　）的颁布实施成为中国 20 世纪 90 年代能源立法的重大突破。

A. 《煤炭法》　　　　　　　　　　　　B. 《循环经济法》

C. 《节约能源法》　　　　　　　　　　D. 《可再生能源法》

E. 《电力法》

2. 制定颁布（　　）标志着我国能源法律法规建设进入一个新的历史发展时期。

A. 《可再生能源法》　　　　　　　　　B. 《清洁生产法》

C. 《环境保护法》　　　　　　　　　　D. 《节约能源法》

E. 《循环经济促进法》

3. 迄今为止我国先后制定了《电力法》、《煤炭法》、（　　）等四部单行能源法律。

A. 《可再生能源法》　　　　　　　　　B. 《循环经济促进法》

C. 《环境保护法》　　　　　　　　　　D. 《节约能源法》

E. 《石油天然气管道保护法》

三、简答题

1. 我国现行的能源法律法规的主要内容包括哪些？

2. 我国能源标准是如何划分的？

四、论述题

1. 按照法律文件的表现形式进行划分，我国能源法律法规体系可分为几个层面？

2. 我国现行能源管理法律法规体系中存在着哪些问题？应如何完善？

3. 我国能源法律法规体系中具体体现哪些原则？

第2章 《节约能源法》解读

▶ **学习目标**

1. 应知道、识记、理解的内容
- 《节约能源法》的基本内容
- 《节约能源法》中所涉及的能源管理基本概念
- 《节约能源法》中所涉及的各项管理制度*
- 《节约能源法》提出的主要能源管理手段（节能评估、能源审计）*
- 《节约能源法》中对工业节能、建筑节能、公共机构节能、重点用能单位节能的具体内容*
- 《节约能源法》中关于节能技术进步的具体内容
- 《节约能源法》中关于激励措施方面的具体内容
- 《节约能源法》中关于法律责任方面的具体内容

2. 应领会、掌握、应用的内容
- 《节约能源法》中所涉及的能源管理重要的基本概念
- 《节约能源法》中所涉及的重要的能源管理制度*
- 《节约能源法》提出的主要能源管理手段（节能评估、能源审计等）*
- 《节约能源法》中涉及工业节能、建筑节能、公共机构节能、重点用能单位节能等内容的要点
- 《节约能源法》中涉及节能技术进步、激励措施、法律责任等内容的要点

▶ **自学时数**

40~54 学时。

▶ **教师导学**

- 《节约能源法》是我国节约能源的一部综合性法律，涵盖了能源管理诸多方面的重

要内容，同时也是开展能源管理工作的重要法律基础和依据。《节约能源法》是《能源法律法规》全书的学习重点，其节能管理、合理使用能源、技术进步和激励措施四部分又是《节约能源法》的学习重点。

2.1 《节约能源法》综述

《节约能源法》是我国节约能源的一部综合性的能源法律，也是推动全社会节约能源，提高能源利用效率和经济效益，保障国民经济和社会持续、稳定、健康发展的重要法律。学习掌握《节约能源法》对高等教育自学考试能源管理专业（专科、本科）的学生是非常必要的，也是开展能源管理工作重要的法律基础和依据。

本节将详细介绍修订后的《节约能源法》的重点和主要特点。而后，针对《节约能源法》第一章总则第一条至第十条有关立法宗旨、能源和节能的含义、节能的战略地位、节能制度、节能方针和节能管理体制等内容进行讲解。

2.1.1 《节约能源法》的制定与修订

《节约能源法》于 1997 年 11 月 1 日经八届全国人大常委会第二十八次会议通过，1998 年 4 月 1 日起施行。《节约能源法》的颁布和实施，标志着节约能源工作开始步入法治的轨道，对推动我国节能减排工作，进一步提高和推动全社会的能源管理水平和节能技术进步，起到了十分重要的积极作用。但是，随着我国经济体制改革的不断深化和经济社会的快速发展，《节约能源法》在调整范围、管理方式、制度设计等方面存在着一些问题和局限性。根据我国节能减排工作的实际情况和需要，全国人大财经委提出了修订《节约能源法》的立法建议，经十届全国人大常委会委员长会议批准，由全国人大财经委负责组织起草《节约能源法》修订草案。经过 1 年 7 个月的工作，2007 年 10 月 28 日十届全国人大常委会第三十次会议通过了修订后的《节约能源法》，自 2008 年 4 月 1 日起执行。

修订前的《节约能源法》共六章五十条，修订后的《节约能源法》共七章八十七条。本次修订，对《节约能源法》作了较大的修改，增加了一些新的内容，主要体现在以下几方面：一是扩大了调整范围；二是健全了节能标准体系；三是强化了节能监管制度；四是加大了政策激励力度；五是明确了节能管理和监督主体；六是强化了节能工作的法律责任。

1. 《节约能源法》扩大了调整范围

修订后的《节约能源法》在扩大调整范围方面有两点突出表现：一是在第三章增设了建筑节能、交通运输节能和公共机构节能的内容，并规定了一些相关的重要节能制度和管理措施，明确了政府机构在节能方面的义务。二是就工业节能增加了一些重要的规定。同时，考虑到钢铁、有色、煤炭、电力、化工等高耗能行业是我国耗能的重点用能单位，专门增加了"重点用能单位节能"一节，进一步明确重点用能单位的节能义务，强化了管理和监督。

2. 健全节能标准体系

节能标准既是企业实施节能管理的基础，又是政府加强节能监督的依据。针对我国节能标准体不健全的现状，修改后的《节约能源法》进一步明确要制定强制性的用能产品（设备）能效标准、高耗能产品单位能耗限额标准，健全建筑节能标准、交通运输营运车船的燃料消耗限值标准等。

3. 强化节能监管制度

修订后的《节约能源法》规定了严格的节能监督管理制度，如第二章第十五条规定国家实行固定资产投资项目节能评估和审查制度，第十六条提出国家对落后的耗能过高的用能产品、设备和生产工艺实行淘汰制度。这些制度有利于从源头上控制能源消耗，遏制重大浪费能源的行为，加快淘汰落后的高耗能产品和设备。

4. 加大政策激励力度

修改后的《节约能源法》，增设了"激励措施"一章，明确国家实行促进节能的财政、税收、价格、信贷和政府的采购政策。

5. 明确节能管理和监督主体

修改后的《节约能源法》在第二章明确了国家和地方各级政府及有关部门对节能工作的领导、监督检查、管理的职责，以确保法律规定的节能制度和措施得到贯彻落实。

6. 强化节能工作的法律责任

（1）增加了法律责任条款。修订后的《节约能源法》规定了19项法律责任，比原《节约能源法》增加了11项。

（2）加大了处罚力度。如明确了房地产开发企业违反《节约能源法》的处罚规定。

（3）强化了公共机构、节能服务机构的法律责任。包括：对不符合有关节能标准、高耗能产品单位能耗限额要求的项目予以批准或核准建设。未优先采购列入节能产品、设备，政府采购名录中的产品、设备，或者采购国家命令淘汰的用能产品、设备；从事节能咨询、涉及、评估、检测、审计、认证等服务的提供虚假信息等方面的法律责任。

2.1.2 《节约能源法》的立法宗旨

《节约能源法》第一条的四句话从四方面高度概括了《节约能源法》的立法目的。

（1）推动全社会节约能源。在今后相当长的时期内，我国仍将处于工业化、城镇化加速发展的阶段，能源消耗还将持续增长，能源供求矛盾日益突出，应当落实节约与开发并举、节约优先的能源发展战略、大力推动全社会节约能源。

（2）提高能源利用效率。我国能源利用效率与国际先进水平有较大差距，在一定意义上讲，实现能源节约就是最大的能源来源。

（3）保护和改善环境。当前粗放型的能源开发利用是造成我国环境破坏、污染的重要因素。

（4）促进经济社会全面协调可持续发展。大力推进能源节约，提高能源利用效率，是缓解能源供需矛盾，保护和改善环境，实现经济社会可持续发展的重要措施。

2.1.3 《节约能源法》中对基本概念定义的规定

1. 能源

《节约能源法》第二条规定："本法所称能源，是指煤炭、石油、天然气、生物质能和电力、热力以及其他直接或者通过加工、转换而取得有用能的各种资源。"本条定义的能源包括：

（1）主要的一次能源，包括煤炭、石油、天然气、生物质能。

（2）主要的二次能源，如电力、热力这两种与人民生活密切相关的产品。

（3）其他直接或者通过加工、转换而取得有用能的各种资源。

2. 节约能源

《节约能源法》第三条规定："本法所称节约能源（以下简称节能），是指加强用能管理，采取技术上可行、经济上合理以及环境和社会可以承受的措施，从能源生产到消费的各个环节，降低消耗、减少损失和污染物排放、制止浪费，有效、合理地利用能源。"

2.1.4 节能的战略地位

1. 节约资源是基本国策

《中共中央关于制定国民经济和社会发展第十一个五年规划的建议》根据我国各种资源的储量和环境状况面临的十分紧迫的形势，提出要把节约资源作为基本国策。这充分表明，节约能源不是为了解决一时能源供应紧张的权宜之计，它关系到国家的长远利益和根本利益，应当常抓不懈。

修订前的《节约能源法》规定："节能是国家发展经济的一项长远发展战略。"修订后的《节约能源法》第四条规定："节约资源是我国的基本国策。"后法较之前法针对节约资源对国家发展的重要影响定位得更加科学和准确。在之前，中国只把计划生育等为数不多的几项带有全局性的战略任务作为基本国策。

2. 节能放在首位的能源发展战略

能源发展战略是能源发展方向和总体要求、事关经济发展全局的重大问题，在总结我国几十年来经济发展经验教训的基础上，"十一五"规划《纲要》明确提出：坚持节约优先、立足国内、煤为基础、多元发展，优化生产和消费结构，构筑稳定、经济、清洁、安全的能源供应体系。修订后的《节约能源法》规定，国家实施节约与开发并举、把节约放在首位的能源发展战略，是从法律上对能源发展战略进行了明确规定。

2.1.5　节能管理制度和基本要求

1. 将节能工作纳入国民经济、社会发展规划和年度计划

《节约能源法》第五条规定："国务院和县级以上地方各级人民政府应当将节能工作纳入国民经济和社会发展规划、年度计划，并组织编制和实施节能中长期专项规划、年度节能计划；国务院和县级以上地方人民政府每年向同级人民代表大会或者其常务委员会报告节能工作。"该条是关于编制、实施节能规划、计划和政府向人大或其常委会报告节能工作的规定。这为开展节能工作提供了法律依据和制度保证。

（1）制定节能规划、节能计划。

国民经济和社会发展计划分为中长期计划和年度计划。中期计划一般称 5 年规划，长期计划一般称 10 年或 10 年以上规划。根据中长期规划制订的计划称年度计划。将节能工作纳入规划和计划，主要包括两项重要内容：一是制定具体的节能指标；二是对节能工作作出具体安排。2004 年经国务院批准，国家发展改革委发布了我国第一部中长期节能规划，规划分为我国能源利用现状，节能工作面临的形势和任务，节能的指导思想、原则和目标，节能的重点领域和重点工程，以及保障措施等五部分。规划期分为"十一五"和 2020 年，重点规划了到 2010 年节能的目标和发展重点，并提出 2020 年的目标。节能专项规划是我国能源中长期发展规划的重要组成部分，也是我国中长期节能工作的指导性文件和节能项目建设的依据。目前，从中央到地方在国民经济和社会发展年度计划中对节能工作都有一定的要求和部署，但均没有制订专门的年度节能计划。

（2）强化约束和监督机制。

《节约能源法》第五条规定："国务院和县级以上地方各级人民政府每年向本级人民代表大会或者其常务委员会报告节能工作。"这是一项重要的规定，体现了立法机关对节能工作的高度重视。建立这一经常性制度对加强立法机关对节能工作的监督、争取各方面对节能工作的支持与帮助、把节能工作落到实处具有至关重要的作用。

2. 实现节能目标责任制和节能考核评价制度

《节约能源法》第六条规定："国家实行节能目标责任制和节能考核评价制度，将节能目标完成情况作为对地方政府及其负责人考核评价的内容。省、自治区、直辖市人民政府每年向国务院报告节能目标责任的履行情况。"该条是关于建立节能目标责任制和节能考核评价制度的规定。

（1）建立节能目标责任制。

"十一五"规划《纲要》首次将"十一五"期间单位国内生产总值能源消耗下降 20% 左右作为约束性指标。将全国"十一五"节能指标分解到各省、自治区、直辖市。各省（自治区、直辖市）政府也将本地区"十一五"节能指标分解到了各市（地）、县和重点耗能企业。国务院印发的《批转节能减排统计、监测及考核实施方案和办法的通知》，明确要求各省（自治区、直辖市）制定本地区的年度节能目标，并按照一级抓一级、一级

考核一级的要求，进行节能目标完成情况的考核。该《通知》要求各千家重点耗能企业也要制定并落实年度节能目标。《节约能源法》第六条正是各级政府、各有关企业建立和落实节能目标责任制的法律依据。

（2）建立节能考核评价制度。

建立健全与政绩相关的考核评价制度，目标责任制才能落到实处。该条明确把节能目标的完成情况作为考核地方政府及其负责人的依据之一，与其职务升迁有机地结合起来。这充分体现了经济可持续发展的科学发展观。同时，还要求省、自治区、直辖市人民政府每年向国务院报告节能目标责任的履行情况，促使各地政府和负责人高度重视节能减排工作。这一要求有利于从国家到地方层层抓节能减排工作，使国家全面掌握各地节能减排工作的基本情况。

3. 实行有利于节能和环保的产业政策

《节约能源法》第七条规定："国家实行有利于节能和环境保护的产业政策，限制发展高耗能、高污染行业，发展节能环保型产业。"该条规定了国家节能环保产业政策及对各级政府开展节能工作应严格遵循的产业政策。

（1）限制发展高耗能、高污染行业。

限制发展高耗能、高污染行业，依法对落后的能耗过高的用能产品、设备和生产工艺实行淘汰制度，严格投资项目管理，控制高耗能、高排放行业盲目投资、低水平扩张，加快淘汰落后生产能力。

（2）发展节能环保型产业。

通过调整和优化经济结构，推动产业结构调整。大力发展节能环保型产业，就是国家通过采取政策引导、资金支持、税收扶持等措施，不断提高节能环保的服务业和高新技术产业在国民经济中的比重和发展水平，大力促进国民经济向节能环保型发展。

4. 鼓励、支持开发和利用新能源和可再生能源

增加新能源和可再生能源生产和消费结构的比重是节约常规能源特别是煤炭能源的重要途径。《节约能源法》第七条规定："国家鼓励、支持开发和利用新能源、可再生能源。"2005年2月国家出台了《可再生能源法》，2009年又对该法进行了修改，于2010年4月1日起实施。《可再生能源法》对可再生能源的开发利用原则、资源调查发展规划、产业指导与技术支持、推广与应用、价格管理与费用补偿、经济激励与监督实施、可再生能源涉及的专业用语含义等都作了明确规定。鼓励、支持开发和利用新能源和可再生能源，对我国调整能源消费结构、促进保障能源工业的可持续发展具有重要的历史意义和现实意义。

5. 促进节能技术进步和开展节能宣传教育

《节约能源法》第八条规定："国家鼓励、支持节能科学技术的研究、开发、示范和推广，促进节能技术创新与进步。国家开展节能宣传和教育，将节能知识纳入国民教育和培训体系，普及节能科学知识，增强全民的节能意识，提倡节约型的消费方式。"该条是

关于国家在促进节能技术进步和开展节能宣传教育方面的规定。

（1）节能技术研发与推广。

《国务院关于加强节能工作的决定》对国家鼓励、支持节能科学技术的研究、开发、示范和推广，促进节能技术创新与进步作出了明确的要求，提出要加快先进节能技术、产品研发和推广应用。各级人民政府要把节能作为政府科技投入、推进高技术产业化的重点领域，支持科研单位和企业开发高效节能工艺、技术和产品，优先支持拥有自主知识产权的节能共性和关键技术示范，增强自主创新能力，解决技术瓶颈。采取多种方式加快高效节能产品的推广应用。"十二五"期间国家将建立节能减排技术评价认定体系，根据共性技术特点，形成节能减排技术分类遴选、示范和推广的动态管理机制。示范推广一批重大、关键节能减排新技术。培育一批高水平的节能减排产品制造企业。

（2）节能宣传和教育。

修订后的《节约能源法》将节能知识纳入国民教育和培训体系，这是落实节约资源基本国策的重要体现。"十二五"期间国家将进一步加强节能宣传教育工作，还将把节能减排宣传纳入社会主义核心价值观整体宣传教育培训体系，加强国情教育，增强危机意识。深入开展节能减排全民行动，倡导文明、节约、绿色、低碳生产方式和消费模式。

6. 节能义务和权利

《节约能源法》第九条规定："任何单位和个人都应当依法履行节能义务，有权检举浪费能源的行为。新闻媒体应当宣传节能法律、法规和政策，发挥舆论监督作用。"该条是关于节能的公众义务和舆论监督的规定。

7. 节能管理部门和管理体制

《节约能源法》第十条规定："国务院管理节能工作的部门主管全国的节能监督管理工作。国务院有关部门在各自的职责范围内负责节能监督管理工作，并接受国务院管理节能工作的部门的指导。县级以上地方各级人民政府管理节能工作的部门负责本行政区域内的节能季度管理工作。县级以上地方各级人民政府有关部门在各自的职责范围内负责节能监督管理工作，并接受同级管理节能工作的部门的指导。"本条是关于节能管理部门和管理体制的规定。

节能工作主管部门在国家政府层面上按照国务院部门职责分工，国家发展改革委是国家节能工作的主管单位。

国务院有关部门如质检、住房和城乡建设、交通运输、机关事务等主管部门，应当按照职责分工，在各自的范围内负责节能监督管理工作，并接受国家发展改革委的指导。

县级以上地方各级人民政府管理节能工作的部门可以由地方政府根据本地实际情况决定。国务院和地方各级人民政府管理节能工作的部门应当各负其责，密切配合，共同做好节能监督管理工作。

2.2 节能管理

《节能能源法》第十一条至第二十三条是关于加强节能管理的相关规定，主要包括：各级人民政府应当加强对节能工作的领导；管理节能工作的部门和有关部门应当在各自的职责范围内加强节能监督管理工作；建立健全节能标准体系；实行固定资产投资项目节能评估和审查制度；对落后的耗能过高的用能产品、设备和生产工艺实行淘汰制度；对家用电器等使用面广、耗能量大的用能产品，使用产品，实行能源效率标识管理；加强能源统计工作；鼓励节能服务机构发展，支持节能服务机构开展节能服务工作；发挥行业协会在节能工作方面的作用等内容。

为了便于大家掌握学习重点，我们把《节约能源法》中与能源管理专业密切相关的重点内容，按照内容之间的逻辑关系和程序进行分类介绍，同时尽可能将近期国家出台的能源管理法律法规方面的相关内容也揉到里面一同介绍，以求让大家掌握更多的知识。

2.2.1 国务院及县级以上地方政府对节能工作负有领导责任

《节约能源法》第十一条规定："国务院和县级以上地方各级人民政府应当加强对节能工作的领导，部署、协调、监督、检查、推动节能工作。"本条是关于国务院和县级以上地方各级人民政府对节能工作负有领导责任的规定。这是政府对加强节能工作领导的法律依据，同时也规定了对节能工作领导的实现方式。

1. 节能监管部门和监管职责

《节约能源法》第十二条规定："县级以上人民政府管理节能工作的部门和有关部门应当在各自的职责范围内，加强对节能法律、法规和节能标准执行情况的监督检查，依法查处违法用能行为。履行节能监督管理职责不得向监督管理对象收取费用。"该条明确了节能工作主管部门和有关部门及相应的职责和监管内容。

（1）监管部门。

根据本法第十条规定，国家发展改革委是国务院管理节能工作的主管部门；省、市、县三级人民政府管理节能工作的主管部门负责本区域的节能管理工作；国务院及县级以上地方人民政府设置的有关行业主管部门和有关工作机构负责行业和有关领域的节能工作。

（2）监管职责和内容。

国务院管理节能工作的主管部门国家发展改革委，负责对全国节能工作进行部署、指导和监督管理，国务院有关部门在国务院节能工作主管部门的指导下，负责相关领域、行业等的节能监督管理工作。

省、市、县三级人民政府有关部门在本级节能管理工作的部门的指导下，开展节能监督管理工作。

监管内容包括对节约能源法律、法规和节能标准执行情况进行监督检查，对违法用能行为依法予以查处。

2. 禁止性规定及法律责任

根据《节约能源法》第十二条和第八十六条规定，所有相关政府部门和机构应当依法履行节能监管职责，正确使用监督检查权力，不得以各种理由向任何相关部门和个人收取或变向收取费用。否则，将依法追究刑事责任，或给予相应处分。

2.2.2　节能标准制定的主体、种类及程序

节能标准既是企业实施节能管理的基础，也是政府加强节能监管的依据。建立健全科学的节能标准体系，能够有效提高用能产品的能源利用效率，降低能源消耗，同时也能够提高用能产品、设备的市场准入门槛，强化节能标准对用能行为的规制力度。修订后的《节约能源法》与《中华人民共和国标准化法》（以下简称《标准化法》）有关规定进行了衔接，对建立健全节能标准化体系及节能标准制定的主体、程序及节能标准种类也都作了相应的规定。

1. 节能标准制定的主体

（1）节能国家标准、行业标准制定的主体。

根据《节约能源法》第十三条规定："国务院标准化主管部门和国务院有关部门依法组织制定并且适时修订有关节能的国家标准、行业标准，建立健全节能标准体系。"对行业标准，《标准化法》第六条规定："对没有国家标准而又需要在全国某个行业范围内统一的技术要求，可以制定行业标准；行业标准由国务院有关行政主管部门制定，并报国务院标准化行政主管部门备案，在公布国家标准之后，该项行业标准即行废止。"

（2）强制性能源效率标准和单位产品能耗限额标准的制定主体。

强制性能源效率标准和单位产品能耗限额标准，由国务院标准化主管部门会同国务院管理节能工作的部门和国务院有关部门制定。

（3）建筑节能标准的制定主体和程序。

《节约能源法》第十三条提出"本法另有规定的除外"的原则，是基于建筑节能的特殊性而作的一条例外规定。本法第十四条对建筑节能标准的制定主体和程序作了单独的规定，即"建筑节能的国家标准、行业标准由国务院建设主管部门组织制定，并依照法定程序发布。省、自治区、直辖市人民政府建设主管部门可以根据本地实际情况，制定严于国家标准或者行业标准的地方建筑节能标准，并报国务院标准化主管部门和国务院建设主管部门备案"。

2. 节能标准划分及种类

修订后的《节约能源法》规定的节能标准体系由国家标准、地方标准、企业标准、行业标准构成。其标准主要包括各类用能产品和设备的能效标准、高耗能产品单位能耗限额标准、建筑节能标准、交通运输营运车船的燃料消耗量限制标准、用能系统运行标准以及

公共建筑空调温度控制标准、公共机构能源消耗定额标准等。

节能标准分为强制性节能标准和推荐性节能标准两类，其中强制性节能标准是应当执行的最低标准。

能源效率标准是指规定产品能耗性能的程序或法规，按照规定的测试程序确定产品的能耗性能（通常指最大能耗或最低能耗）的目标限定值。国家强制性能效标准禁止能效值低于最低规定值的产品在市场上销售。《节约能源法》第七十条规定："生产、进口、销售不符合强制性能源效率标准的用能产品、设备的，由产品质量监督部门责令停止生产、进口、销售，没收违法生产、进口、销售的用能产品、设备和违法所得，并处违法所得一倍以上五倍以下罚款；情节严重的，由工商行政管理部门吊销营业执照。"

国家鼓励各地制定严于国家标准、行业标准的企业节能标准。但为防止利用能效标准搞地方保护主义，破坏社会主义市场经济秩序，《节约能源法》第十三条作了具体规定："省、自治区、直辖市制定严于强制性国家标准、行业标准的地方节能标准，由省、自治区、直辖市人民政府报经国务院批准。"只有国务院批准后，这些地方节能标准才有法律效力。

高耗能产品单位能耗限额标准，是指按照生产每一计量单位的高能耗产品所不得超过的能源消耗量的最大限定值。超过此限额，将被视为严重浪费能源，要进行限期治理。

2.2.3 实行固定资产投资项目节能评估和审查制度

修订前的《节约能源法》第十二条规定："固定资产投资工程项目的可行性研究报告，应当包括合理用能的专题论证。固定资产投资工程项目的设计和建设，应当遵守合理用能标准和节能设计规范。达不到合理用能标准和节能设计规范要求的项目，依法审批的机关不得批准建设；项目建成后，达不到合理用能标准和节能设计规范要求的，不予验收。"但这一规定始终没有得到真正的贯彻执行，其主要原因是没有建立起独立的、强制性的节能评估和审查制度。

修订后的《节约能源法》第十五条规定："国家实行固定资产投资项目节能评估和审查制度。不符合强制性节能标准的项目，依法负责项目审核或者核准的机关不得批准或者核准建设；建设单位不得开工建设；已经建成的，不得投入生产、使用。具体办法由国务院管理节能工作的部门会同国务院有关部门制定。"这就为建立独立的、强制性的固定资产投资节能评估和审查制度提供了法律依据。该制度类似于环境影响评价制度，能够从项目审批的源头上杜绝能源浪费，提高能源利用效率，遏制住高耗能行业的盲目发展和过快增长。

1. 节能评估和节能审查的含义和依据

节能评估，是指根据节能法规、标准，对固定资产投资项目的能源利用是否科学合理进行分析评估，并编制节能评估报告书、节能评估报告表（以下统称节能评估文件）或填写节能登记表的行为。

节能审查是指根据节能法规、标准，对项目节能评估文件进行审查并形成审查意见，或对节能登记表进行登记备案的行为。

2. 节能评估和节能审查的具体办法

依据《节约能源法》和《国务院关于加强节能工作的决定》，为加强固定资产投资项目节能管理，国家发展改革委于 2010 年 9 月 17 日颁布了《固定资产投资节能评估和审查暂行办法》（国家发展改革委令第 6 号），从 2010 年 11 月 1 日起施行。《固定资产投资节能评估和审查暂行办法》共包括五章二十五条和两个附件，从我国国情的具体情况出发，就节能评估和审查在实际可操作的层面上，作了详细具体的规定，这对加强我国固定资产投资项目节能管理具有十分重要的意义。现在已在全国得到了贯彻和执行。

3. 禁止性规定及法律责任

《节约能源法》第十五条对设计方案未达到强制性节能标准的固定资产投资项目制定了不得批准或者核准建设的禁止性规定。即："不符合强制性节能标准的项目，依法负责项目审批或者核准的机关不得批准或者核准建设；建设单位不得开工建设；已经建成的，不得投入生产、使用。"《节约能源法》第六十八条对违反固定资产投资项目节能评估和审查制度行为的处罚规定及要承担的法律责任作出明确规定："负责审批或者核准固定资产投资项目的机关违反本法规定，对不符合强制性节能标准的项目予以批准或者核准建设的，对直接负责的主管人员和其他直接责任人员依法给予处分。固定资产投资项目建设单位开工建设不符合强制性节能标准的项目或者将该项目投入生产、使用的，由管理节能工作的部门责令停止建设或者停止生产、使用，限期改造；不能改造或逾期不改造的生产性项目，由管理节能工作的部门报请本级人民政府按照国务院规定的权限责令关闭。"针对我国固定资产投资项目申报、审批中存在的诸多实际问题，国家发展改革委在《固定资产投资节能评估和审查暂行办法》中专门单列"监管和处罚"一章，用六项条款进一步细化对违反固定资产投资项目节能评估和审查制度的各种行为的处罚规定。

2.2.4 对落后的耗能过高的用能产品、设备和生产工艺实行淘汰制度

《节约能源法》第十六条进一步明确了国家对落后的耗能过高的用能产品、设备和生产工艺实行淘汰制度。第十七条规定："禁止生产、进口、销售国家明令淘汰或者不符合强制性能源效率标准的用能产品、设备；禁止使用国家明令淘汰的用能设备、生产工艺。"

1. 落后的耗能过高的用能产品、设备和生产工艺的含义

落后的耗能过高的用能产品、设备和生产工艺是指已经投入使用，在使用过程中对能源的消耗已超过国家强制性能源效率标准，或者在经济和技术上均有替代产品的情况下，继续使用该类产品和设备将导致严重浪费能源的用能产品、设备。落后的生产工艺，主要指不符合国家强制性能源效率标准或者不适应技术进步要求和技术发展水平的生产工艺。

2. 淘汰制度的含义

淘汰制度是指对不符合有关法律、法规的规定和有关节能标准及节能设计规范的要

求，严重浪费能源资源、污染环境的落后生产工艺、用能产品和设备，由国务院有关部门按照一定的程序公布目录和期限，由县级以上人民政府有关部门监督各生产者、销售者、进口者和使用者在规定的期限内停止生产、销售、进口和使用的制度。

3. 淘汰目录的制定与实施

淘汰的用能产品、设备及生产工艺的目录制定有两项原则：

（1）对已颁布了能源效率标准、能耗限额标准和节能设计规范的，应当以此为依据确定和公布限期淘汰的用能产品、设备和生产工艺。

（2）对还没有制定强制性指标的，参照有关的标准和能耗限额，在进行技术、经济论证的基础上确定并公布限期淘汰的用能产品、设备和生产工艺。由于淘汰目录和淘汰实施办法要随着节能标准和节能技术的提高和发展进行动态的调整，因此《节约能源法》只规定了淘汰的用能产品、设备及生产工艺的目录的制定原则。具体淘汰目录和实施办法授权国务院管理节能工作的部门会同有关部门制定并公布。

4. 禁止性规定及法律责任

对于生产、进口、销售国家明令淘汰的用能产品、设备，使用伪造的节能产品认证标志或者冒用节能产品认证标志的行为，《节约能源法》第六十九条规定，依照《中华人民共和国产品质量法》的规定处罚。《中华人民共和国产品质量法》第五十一条对处罚作出了具体规定："生产国家明令淘汰的产品的，销售国家明令淘汰并停止销售的产品的，责令停止生产、销售，没收违法生产、销售的产品，并处违法生产、销售产品货值金额等值以下的罚款；有违法所得的，并处没收违法所得；情节严重的，吊销营业执照。"

对于生产、进口、销售不符合强制性能源效率标准的用能产品、设备的行为，《节约能源法》第十七条作出了禁止性规定，第七十条对违反此规定作出了相应的处罚规定："生产、进口、销售不符合强制性能源效率标准的用能产品、设备的，由产品质量监督部门责令停止生产、进口、销售，没收违法生产、进口、销售的用能产品、设备和违法所得，并处违法所得一倍以上五倍以下处罚；情节严重的，由工商行政管理部门吊销营业执照。"

对于使用国家明令淘汰的用能设备或者生产工艺的行为，《节约能源法》第七十一条作出了相应的处罚规定："由管理节能工作的部门责令停止使用，没收国家明令淘汰的用能设备；情节严重的，可以由管理节能工作的部门提出意见，报请本级人民政府按照国务院规定的权限责令停业整顿或者关闭。"

2.2.5 对超过单位产品能耗限额标准的用能生产单位实行限期治理制度

《节约能源法》第十六条规定："生产过程中耗能高的产品的生产单位，应当执行单位产品能耗限额标准。对超过单位能耗限额指标用能的生产单位，由管理节能工作的部门按照国务院规定的权限责令限期治理。"单位能耗限额指标是强制性指标，其含义和制定主体在本法和第十三条中已作了明确规定。

1. 限期治理制度

限期治理制度是对超过单位能耗限额标准用能生产单位，限定一定期限，要求通过节能技术改造、加强节能等措施，使其产品的单位能耗达到能耗限额指标的要求的一种能源管理制度。

2. 处罚规定及法律责任

《节约能源法》第七十二条对生产单位严重超过单位能耗限额标准用能行为的具体处罚和需承担的相应法律责任作出如下规定："生产单位超过单位产品能耗限额标准用能，情节严重，经限期治理逾期不治理或者没有达到治理要求的，可以由管理节能的部门提出意见，报请本级人民政府按照国务院规定的权限责令停业整顿或者关闭。"

2.2.6 高耗能特种设备的节能审查和监管

基于特种设备耗能高、节能潜力大的因素，修订后的《节约能源法》在第十六条中加入了"对高耗能的特种设备，按照国务院的规定实行节能审查和监管"的规定。这为对高耗能的特种设备实行严格的能源管理提供了法律依据和保障。

高耗能的特种设备是指涉及生命安全、危险性较大的锅炉、换热压力容器（含气瓶）、压力管道、电梯、起重机械、大型游乐设施、客运索道、大型游乐设施和场（厂）内专用机动车辆。

高耗能特种设备节能审查含义：将能效指标列入特种设备的设计文件和安装、改造、维修方案的审查范围，不符合能效指标要求的，设计文件不得用于制造，安装、改造、维修方案不得实施。

高耗能特种设备节能监管含义：从设计、制造、安装、改造、维修、使用等各个环节，加强高耗能特种设备的节能监督管理，在保障特种安全的前提下，尽量提高能源利用效率。

按照国务院有关职能职责划分，国家质检总局负责特种设备的安全监察工作。在国务院最近颁布的修改后的《特种设备安全监督条例》（以下简称《条例》）中，对违反《条例》的各种行为作出了二十七条（第七十二条至第九十八条）之多的禁止性规定，并规定了具体的处罚金额和所需承担的法律责任。

2.2.7 能效标识管理制度

修订后的《节约能源法》将能源效率标识（以下简称能效标识）作为一项法律制度确立下来。《节约能源法》第十八条规定："国家对家用电器等使用面广、耗能量大的用能产品，实行能源效率标识管理。实行能源效率标识管理的产品目录和实施办法，由国务院管理节能工作的部门会同国务院产品质量监督部门制定并公布。"第十九条规定："生产者和进口商应当对列入国家能源效率标识管理产品目录的用能产品标注能源效率标识，在产品包装物上或者说明书中予以说明，并按照规定报国务院产品质量监督部门和国务院管理节能工作的部门共同授权的机构备案。生产者和进口商应当对其标注的能源效率标识及相关信息的准确性负责。禁止销售应当标注而未标注能源效率标识的产品。禁止伪造、冒用能源效率标识或者利用能源效率标识进行虚假宣传。"

1. 能源效率标识的含义

根据 2004 年国家发展改革委和国家质检总局颁布的《能源效率管理办法》的有关条款规定，能源效率标识的含义可以归纳为：能源效率标识是指表示用能产品能源效率等级性能指标的一种信息标识，属于产品符合性标志的范畴。其基本内容应包括生产者名称或者简称、产品规格型号、能源效率等级、能源消耗量、执行的能源效率国家标准编号等。能源效率标识管理制度的实施，有利于引导社会消费和市场销售，促进企业加快高效节能产品的研发，推动产品能源效率标准的提高和节能技术的进步。

2. 能源效率标识制度实施

（1）实施对象。

根据《节约能源法》第十八条的规定，能源效率标识制度实施的对象主要是家用电器等使用面广、耗能大的用能产品。

（2）产品目录和实施办法。

《节约能源法》第十八条明确规定："实行能源效率标识的产品目录和实施办法，由国务院管理节能工作的部门会同国务院产品质量监督部门制定并公布。"

（3）标识义务。

根据《节约能源法》第十九条规定，实施标注能源效率标识的义务主体是产品生产者和进口商，实施标注能源效率标识的对象是列入国家能源效率标识管理产品目录的用能产品。实施标注能源效率标识的义务主要包括：依法标注和说明能源效率标识并向政府有关部门备案，应当保证其标注的能源效率标识及有关信息的准确性，不得销售应当标注而未标注能源效率标识的产品等内容。

3. 禁止性规定及法律责任

《节约能源法》第十九条对违反能源效率标识管理制度的行为作出了禁止性规定，第七十三条对应作出了具体的处罚规定并提出了需承担的法律责任。即"违反本法规定，应当标注能源效率标识而未标注的，由产品质量监督部门责令改正，处三万元以上五万元以下罚款。违反本法规定，未办理能源效率标识备案，或者使用的能源效率标识不符合规定的，由产品质量监督部门责令限期改正；逾期不改正的，处一万元以上三万元以下罚款。伪造、冒用能源效率标识或者利用能源效率标识进行虚假宣传的，由产品质量监督部门责令改正，处五万元以上十万元以下罚款；情节严重的，由工商行政管理部门吊销营业执照"。

2.2.8 节能产品认证制度

实行节能产品认证制度，是规范节能产品市场、促进节能产品推广和使用的有效途径，有利于提高节能产品的知名度，引导和激励企业保证用能产品的质量。《节约能源法》第二十条对节能产品认证制度作了系统规定："用能产品的生产者、销售者，可以根据自愿原则，按照国家有关节能产品认证的规定，向国务院认证认可监督管理部门认可的从事节能产品认证的机构提出节能产品认证申请；经认证合格后，取得节能产品认证证书，可以在用能产品或者其包装物上使用节能产品认证标志。禁止使用伪造的节能产品认证标志或者冒用节能产品认证标志。"

1. 认证制度相关的概念

（1）节能产品。

节能产品是指符合与该种产品有关的能源效率、质量、安全等方面的标准要求，在使用中与同类产品或完成相同功能的产品相比，其能源利用效率或能耗性能指标符合相关能效标准中 1 级或节能评价规定的用能产品。

（2）节能产品认证。

这里首先介绍涉及节能产品认证的两个具体概念：一是节能产品认证书，即对经认证合格的节能产品，由中国节能产品认证管理委员会统一颁发的证书。二是节能产品认证标志，即对经认证合格的节能产品，由中国节能产品认证管理委员会统一颁发的证明标识物，其作用是证明该种用能产品是符合节能标准的节能产品。

节能产品认证是指由用能产品的生产者、销售者提出申请，经取得认证资格的机构依据国家相关的标准和技术要求，按照规定的程序，并通过颁发证书和认证标志，对符合节能产品条件的用能产品予以确认的评定活动。

2. 自愿申请认证的原则

实行节能产品认证制度是一项激励和引导措施，而不是行政强制性措施。《节能能源法》第二十条明确提出，节能产品认证可以根据自愿的原则。

3. 认证机构（主体）和认证程序

（1）认证机构（主体）。

根据《节能能源法》第二十条的规定，国务院认证认可监督管理部门认可的从事节能产品认证的机构和认证主体是中标认证中心（原中国节能产品认证中心）。

（2）认证程序。

自愿申请节能产品认证的用能产品的生产者和销售者，按照国务院颁布的《中华人民共和国认证认可条例》和由原国家技术监督局批准并由中国节能产品认证管理委员会颁布的《中国节能产品管理办法》等有关具体规定的详细要求和程序，向中标认证中心提出节能产品认证申请。经认证合格、取得产品认证书后，用能产品的生产者和销售者可以在该用能产品或者其包装物上使用统一的中国节能产品认证标志。

4. 禁止性规定及法律责任

"禁止使用伪造的节能产品认证标志或者冒用节能产品认证标志。"这是《节能能源法》第二十条为防止在市场竞争中出现假冒节能产品而作出的一项禁止性规定。该法第六十九条对伪造和冒用节能产品认证标志行为作出了相应的处罚规定，即"依照《中华人民共和国产品质量法》的规定处罚"。

2.2.9 源统计及信息发布制度

修改后的《节约能源法》第二十一条对能源统计及信息发布制度作了明确规定："县级以上各级人民政府统计部门应当会同同级有关部门，建立健全能源统计制度，完善能源统计指标体系，改进和规范能源统计方法，确保能源统计数据真实、完整。国务院统计部门会同国务院管理节能工作的部门，定期向社会公布各省、自治区、直辖市以及主要耗能行业的能源消费和节能情况等信息。"

1. 能源统计的含义及重要性

能源统计是指运用综合能源系统经济指标体系和特有的计量形式，采用科学统计分析方法，研究能源的勘探、开发、生产、加工、转换、输送、储存、流转、使用等各个环节运动过程、内部规律性和能源系统流程的平衡状况等数量关系的一项专门统计。

（1）能源统计是国民经济核算的重要组成部分，加强能源统计工作可全面了解能源生产、加工、转换、消费和库存等情况，能源统计资料是国家制定能源战略和能源政策法规、编制能源规划、实施能源管理、分析和预测能源供需状况的主要依据。

（2）《节约能源法》第二十一条中的"县级以上各级人民政府统计部门"是指国家统计局下至县级的各级人民政府统计局。该条中的"同级有关部门"是指同级节能部门和有关行业主管部门。

2. 能源统计信息发布

《节约能源法》第二十一条第二款规定："国务院统计部门会同国务院管理节能工作的部门，定期向社会公布各省、自治区、直辖市以及主要耗能行业的能源消费和节能情况等信息。"信息发布主体目前是国家统计局及国家发展改革委。国家统计局每年编辑的《中国能源统计年鉴》就是一部全面反映中国能源建设、生产、消费、供需平衡的权威性能源统计资料书（其中附录中也包括台湾地区和有关国家及地区能源数据），这是能源统计信息的一种重要的、固定的发布形式和发布渠道。同时，国家能源局每年也组织编写年度《能源数据手册》。《中国能源统计年鉴》和《能源数据手册》都是我们学习能源管理知识、开展能源管理工作的重要学习参考书籍和资料。

2.2.10 鼓励节能机构的发展

这是修订后的《节约能源法》新增的一项鼓励性规定。节能减排工作是涉及社会各个领域的一项系统工程，2011年8月31日印发的《"十二五"节能减排综合性工作方案》指出，要"进一步形成政府为主导，企业为主体，市场有效驱动，全社会共同参与的推进节能减排工作的格局"。市场有效驱动的一项重要内容，就是要尽快建立健全我国节能服务体系和网络化的节能服务机构。发挥节能服务机构在节能技术咨询、项目节能评估、项目能源审计、节能产品认证、节能知识宣传、节能技术培训、节能信息传播中的重要作用。《节约能源法》第二十二条规定："国家鼓励节能服务机构的发展，支持节能服务机构开展节能咨询、设计、评估、检测、审计、认证等服务。国家支持节能服务机构开展节能知识宣传和节能技术培训，提供节能信息、节能示范和其他公益性服务。"

1. 节能服务机构的含义

节能服务机构是指为用能单位提供节能咨询、设计、评估、检测、审计、认证等服务，实行市场化运作的专业机构。节能服务机构包括各地各行业的节能中心、工程咨询中心、节能检测中心、节能服务公司及节能专业协会、专业委员会等数量众多的社会性质（事业、社团、民营、个体）不同的节能服务机构。

2. 节能服务

按照《节约能源法》第二十二条规定，节能服务可分为两类：

（1）市场化的有偿服务，主要包括节能咨询、设计、评估、检测、审计、认证等方面的服务。

（2）公益性的无偿服务，主要包括开展节能知识宣传和节能技术培训，提供节能信息、节能示范和其他公益性服务。

3. 处罚规定及法律责任

《节约能源法》第七十六条对节能服务机构提供虚假信息行为作出以下处罚规定："从事节能咨询、设计、评估、检测、审计、认证等服务的机构提供虚假信息的，由管理节能工作的部门责令改正，没收违法所得，并处五万元以上十万元以下罚款。"

2.3 合理使用和节约能源

《节约能源法》第二十四条至第五十五条对合理使用与节约能源的一般规定、工业用能、建筑节能、交通运输节能、公共机构节能和重点用能单位节能六大部分作出了具体规定。这是能源管理的主要内容。为了便于学习掌握，下面按六大方面进行系统介绍。

2.3.1 一般规定

《节约能源法》第二十四条至第二十八条是针对本法调整对象在使用能源中存在的共性行为所作出的具体规定。

1. 加强节能管理

《节约能源法》第二十四条规定："用能单位应当按照合理用能的原则，加强节能管理，制定并实施节能计划和节能技术措施，降低能源消耗。"

（1）相关概念。

①用能单位。是指企事业单位、机关、社会团体等使用能源的单位。

②合理用能的原则。是指用能单位以经济上、技术上更为合理的方式有效地使用能源。

③节能计划。是指用能单位为保障能源的合理使用而制定的有明确目标、明确对象、明确措施和明确期限的行动方案。如2007年由国家发展改革委、中央宣传部等17家有关单位联合发布的《节能减排全民行动实施方案》，在全国各个领域大规模地开展节能减排活动，即节能减排家庭社区行动、节能减排青少年行动、节能减排企业行动、节能减排学校行动、节能减排军营行动、节能减排政府机构行动、节能减排科技行动、节能减排科普行动，对推动我国节能减排工作起到了积极的重要的作用。

④节能技术措施。是指用能单位采用合理的工艺、技术、设备、材料等来实现节能降耗的办法或手段。其既包括引进先进技术设备、采用先进生产工艺等科学技术方面的措施，也包括加强用能监测、开展能效对标等管理技术方面的措施。

（2）加强节能减排管理的措施和任务。

从宏观上，《"十二五"节能减排综合性工作方案》对加强节能减排管理提出八项战略任务：一是合理控制能源消费总量；二是强化重点用能单位节能管理；三是加强工业节能减排；四是推动建筑节能；五是推动交通运输节能减排；六是促进农业和农村节能减排；七是推动商业和民用节能；八是加强公共机构节能减排。

从微观上，用能单位应当合理使用能源，降低能源消耗，采用切实具体措施加强节能减排管理，正确贯彻执行国家节能减排法律、法规、政策、标准，加强本单位节能减排管理制度建设，确保能源的合理利用。

2. 建立节能目标责任制

《节约能源法》第二十五条规定："用能单位应当建立节能目标责任制，对节能工作取得成绩的集体、个人给予奖励。"

（1）节能目标责任制。

用能单位的节能目标责任制，主要指要明确节能工作各个环节的岗位目标责任制，并根据各个岗位所分解的目标责任制进行严格的考核。"十一五"期间，许多企业的实践证明，认真实行节能目标责任制，把节能指标从厂、车间、班组一直分解到生产工人，一级抓一级，层层落实节能指标，才能保证节能工作落到实处收到实效。"十二五"期间国家对节能目标责任制的实施更加重视，提出了更高的要求。《"十二五"节能减排综合性工作方案》提出，要"建立能源消费总量控制目标分解落实机制，制定实施方案，把总量控制目标分解落实到地方政府，实行目标责任管理，加大考核和监督力度"。

（2）节能奖励制度。

节能奖励制度是指用能单位将节能目标的完成情况纳入各级员工的业绩考核之中，对节能发明创造、节能潜力革新、节能管理等工作中取得成绩的集体和个人给予物质奖励。目标责任和奖励制度是紧密相连的，目标责任制考核结果是作出奖励的依据。

3. 节能教育和岗位节能培训

能源使用贯穿于用能单位生产经营全过程，要实现合理用能，必须加强节能教育和岗位节能培训。《节约能源法》第二十六条规定"用能单位应当定期开展节能教育和岗位节能培训。"

加强节能教育就是要通过丰富多彩的宣传形式开展节能减排教育活动，大力宣传国家有关节能环保方面的法律、法规和有关政策，进一步增强职工节能减排的忧患意识、危机意识和责任感、使命感。

开展岗位节能培训就是通过定期的经常性的专业培训，使用能单位的职工系统了解与本职工作密切相关的国家有关节能减排方面的法律、法规、制度；不断掌握开展节能减排工作的专业知识和专业技能，使节能减排工作真正落到实处。岗位培训既可以由用能单位自身承担，也可以委托具备条件的培训机构和节能服务机构组织开展。

4. 加强能源计量管理

《节约能源法》第二十七条第一款规定："用能单位应当加强能源计量管理，按照规定配备和使用经依法检定合格的能源计量器具。"

（1）能源计量管理相关的概念。

①能源计量器具。是指提供能源量值信息的仪表和器具（也可定义为一次能源、二次能源和载能工质的计量器具）。国家质检总局颁布的于 2007 年开始实施的《用能单位能源计量器具配备和管理通则》（GB 17167—2006）规定了用能单位应当执行的强制性国家标准，这是《节约能源法》关于能源计量器具配备重要的技术支撑配套规定。

②能源计量。是指在能源流程中，对各环节的数量、质量、性能参数、相关特征参数等进行检测、度量和计算。能源计量的范围即《节约能源法》第二条规定的"煤炭、石油、天然气、生物质能和电力、热力以及其他直接或者通过加工、转换而取得有用能的各种资源"。

（2）能源计量管理。能源计量管理是指配备和合理使用能源计量器具，准确、完整、及时地提供各种能源数据。用能单位加强能源计量管理应当抓好以下几个环节的工作：

①建立能源计量管理机构，设置专职管理人员并明确岗位职责制；

②按照《用能单位能源计量器具配备和管理通则》颁布的强制性国家标准和规定，配备计量器具并建立健全计量器具使用管理制度；

③根据用能单位的实际需要选取科学、实用、有效的计量方法；

④健全能源计量数据统计程序和管理监督制度，确保能源统计原始数据真实、准确和完整。

（3）处罚规定及法律责任。

《节约能源法》第七十四条对违反第二十七条第一款规定，作出了相应的处罚规定："用能单位未按照规定配备、使用能源计量器具的，由产品质量监督部门责令限期改正；逾期不改正的，处一万元以上五万元以下罚款。"该条处罚规定也包括对用能单位未配备计量工具、用能不计量，配备的计量器具不合格，使用过程达不到要求等行为的处罚。

5. 能源消费统计和能源利用状况分析制度

《节约能源法》第二十七条第二款规定："用能单位应当建立能源消费统计和能源利用状况分析制度，对各类能源的消费实行分类计量和统计，并确保能源消费统计数据真实、完整。"

（1）相关概念的含义。

①能源消费统计。是指用能单位按照规定，准确、及时、全面地对能源计量数据进行搜集、整理和归纳汇总的活动。

②能源的分类计量和统计。是指对不同热值的能源分别进行计量和统计，以准确掌握能源消费的真实数据。

③用能单位能源利用状况分析。是指用能单位在能源计量和统计的基础上，定期对主要用能设备、工艺系统以及全单位的能源利用状况进行技术经济分析，识别存在的工艺缺陷、节能潜力和管理漏洞，为实施节能技术改造和加强节能管理提供科学依据。

（2）建立能源消费统计和能源利用状况分析制度。

用能单位实行能源消费统计和能源利用状况分析制度，是提高能源管理水平的必要措施和重要手段。能源计量、能源消费统计、能源利用状况分析三者之间有重要的逻辑关系。能源计量是重要的基础性工作，正确严格地执行能源计量管理制度，才能确保能源计量原始数据的真实、准确和完整。据此数据整理、归纳和汇总出来的用能单位能源消费统计资料，又是研究分析用能单位能源利用状况、加强能源管理、挖掘节能潜力、提高能源利用效率的基础和重要依据。为此，《节约能源法》第五十三条还作出"重点用能单位应当每年向管理节能工作的部门报送上年度的能源利用状况报告"的规定。

（3）处罚规定及法律责任。

《节约能源法》第七十五条是对应第二十七条提出的，是关于能源统计不实的法律责任的规定。本条规定："瞒报、伪造、篡改能源统计资料或者编造虚假能源统计数据的，依照《中华人民共和国统计法》的规定处罚。"《统计法》第六章第三十七条至四十七条对处罚作了具体规定，可以归纳为：统计调查对象有虚报、瞒报统计资料的，伪造、篡改统计资料的，拒报或者屡次迟报统计资料的，先由县级以上人民政府统计机构责令改正并予以通报批评；如果情节较重的，可以对负有直接的主管人员和其他直接责任人员依法给予行政处分。如果调查对象是企业事业组织、个体工商户，由县级以上人民政府统计机构予以罚款，对不同行为的处罚金额也作出了具体的规定。同时对"情节较严重"的行为表现也作了具体的界定。

6. 禁止无偿提供能源和实行能源消费包费制

由于我国长期实行计划经济体制，许多能源生产行业如电力、煤气、煤炭、天然气等行业，企业长期向本单位职工提供无偿使用的各种能源产品，或交少量费用，采取能源敞开消费的包干制。实行社会主义市场经济体制以后，这种现象在国有企业依然大量存在。这种做法势必造成能源使用的巨大浪费。因此，《节约能源法》第二十八条规定："能源生产经营单位不得向本单位职工无偿提供能源。任何单位不得对能源消费实行包费制。"

（1）能源消费包费制概念的含义。

能源消费包费制是指能源消费单位或个人支付一定费用后，可以不加限制地使用能源。这样会致使能源消费者失去经济约束力，必然导致对能源的大量浪费。修订后的《节约能源法》扩大了包费制的禁止范围，由原来的生活用能延伸到所有能源消费，特别是禁止能源生产经营单位向高耗能企业等能源消费大户实行包费制。

（2）处罚规定及法律责任。

《节约能源法》第七十七条是对应违反第二十八条规定，对能源生产经营单位作出的相应的处罚规定。即"违反本法规定，无偿向本单位职工提供能源或者对能源消费实行包费制的，由管理节能工作的部门责令限期改正；逾期不改正的，处五万元以上二十万元以下罚款。"

2.3.2 工业节能

工业是我国能源消耗最大的产业，其能源消费量占全国能源消费总量的70%，因此，国家把工业节能作为全国节能工作的重点。《节约能源法》第二十九条至第三十三条，对工业节能涉及的行业结构、主要高耗能行业节能技术政策、节能技术、节能发电调度管理、电力节能等主要方面都作了相应的具体规定。"十二五"期间，我国将进一步加强工业节能减排。重点推进电力、煤炭、钢铁、有色金属、石油石化、化工、建材、造纸、纺织、印染、食品加工等行业节能减排，明确目标任务，加强行业指导，推动技术进步，强化监督管理。发展热电联产，推广分布式能源。开展智能电网试点。推广煤炭清洁利用，提高原煤入洗比例，加快煤层气开发利用。实施工业和信息化产业能效提升计划。推动信息数据中心、通信机房和机站节能改造。实行电力、钢铁、造纸、印染等行业主要污染物排放总量控制。新建燃煤机组全部安装脱硫脱硝设施，现役燃煤机组应当安装脱硫设施，不能稳定达标排放的要进行更新改造，煤气脱硫设施要按照规定取消煤气旁路。单机容量30万千瓦及以上燃煤机组全部加装脱硝设施。钢铁行业全面实施烧结机烟气脱硫，新建烧结机配套安装脱硫脱硝设施。石油石化、有色金属、建材等重点行业实施脱硫改造。新型干法水泥窑实施低氮燃烧技术改造，配套建设脱硫设施。加强重点区域、重点行业重金属污染防治，以湘江领域为重点开展重金属污染治理与修复试点示范。

1. 优化能源开发利用和用能结构

《节约能源法》第二十九条规定："国务院和省、自治区、直辖市人民政府推进能源资源优化开发利用和合理配置，推进有利于节能的行业结构调整，优化用能结构和企业布局。"根据本条规定，结合国家《"十二五"节能减排规划》提出的具体工作任务，国务院和省、自治区、直辖市人民政府具体应当做好以下几项工作：

（1）推进能源资源优化开发利用和合理配置。

①制定煤炭、石油、天然气、水电、核能等能源资源的综合开发利用计划和规划；优化煤、电、气、核能等多种能源的合理配置；对能源从开发、运输、储运、加工、转换、燃料替代等各个环节进行全盘考虑，科学统筹规划，从而实现能源利用的最佳效益。

②提高煤炭和石油天然气的高效开采和利用。发展煤炭大规模、集约化开采技术，按品位开采，提高回采率。加大原煤入洗比例，加快煤层气的开发利用。原油开采行业全面实施抽油机驱动电机节能改造，推广不加热集油技术和油田采出水余热回收利用技术，提高油田半生气回收水平。

（2）推进有利于节能的行业结构调整。

①控制高耗能高排放行业过快增长。合理控制固定资产投资增速和重点行业发展规模，抑制高耗能高排放产品出口。提高新建项目节能、环保、安全、质量等准入门槛，严格执行固定资产投资项目节能评估和审查、环境影响评价制度。完善新开工项目管理的部门联动机制和项目审批问责制。在符合国家产业政策的基础上，鼓励高耗能高排放行业向重点开发区和有富余环境容量的区域有序转移。

②淘汰落后产能。加快淘汰落后产能，完善落后产能退出机制，对未完成淘汰任务的地区和企业，依法落实惩罚措施。落实《产业结构调整指导目录》（2011 年本），加快淘汰落后生产工艺装备和落后产品。重点淘汰电力、钢铁、有色金属、建材、石油化工、造纸、印染、氮肥、制糖、饮料、皮革等行业的落后工艺装备，以及低效的电动机、变压器、车用发动机等产品。各地区要摸清底数，制定淘汰计划，并将责任逐级分解。鼓励各地区制定更严格的能耗和排放标准，提高淘汰门槛。

③加快发展服务业和战略性新兴产业。加快发展生产性服务业和生活性服务业，推进规模化、品牌化、网络化经营。调整服务业准入政策，鼓励非公经济参与电信、交通、金融、邮政等服务业发展。到 2015 年，服务业增加值占国内生产总值比重比 2010 年提高 4 个百分点。推动产业创新发展，优先发展节能环保、新一代信息技术、生物、高端装备制造、新能源、新材料、新能源汽车等战略性新兴产业。到 2015 年，战略性新兴产业增加值占国内生产总值比重达到 8% 左右。

④推动传统产业优化升级。运用高新技术和先进适用技术改造提升传统产业，促进信息化和工业化深度融合。加大企业技术改造力度，重点支持对产业升级带动作用大的重点项目和重点企业，鼓励重污染企业搬迁改造。调整加工贸易准入门槛。支持企业提升产品节能环保性能，打造绿色低碳品牌形象。合理引导企业兼并重组，提高产业集中度，培养具有自主创新能力和核心竞争力的大中型企业。

（3）优化能源结构和企业布局。

①调整能源结构。加快发展天然气，推进城市天然气管网建设。在保护生态基础上加快发展水电，在确保安全条件下稳步发展核电。大气联防联控重点区域开展煤炭消费总量控制试点。加快风能、太阳能、生物质能的商业化利用步伐。提高电网对非化石能源发电

的接受能力和调峰努力。到 2015 年，非化石能源消费总量占一次能源消费比重达到 11.4%。

②调整企业布局。《中华人民共和国国民经济和社会发展第十二个五年规划纲要》提出，国家在"十二五"期间实施主体功能区战略，调整企业布局主要是根据资源条件和环境承载能力，确定不同区域的发展方向和功能定位，优化产业布局，在能源生产地布局高耗能产业。从严控制东部地区新建燃煤火电机组，鼓励建设燃气联合循环电站。推广热电联产和分布式能源。

2. 节能技术政策

《节约能源法》第三十条规定："国务院管理节能工作的部门会同国务院有关部门制定电力、钢铁、有色金属、建材、石油加工、化工、煤炭等主要耗能行业的节能技术政策，推动企业节能技术改造。"这是关于制定主要耗能行业节能技术政策的规定。

（1）相关概念含义。

①节能技术。节能技术，从广义上讲是指提高能源开发利用效率和效益，降低对环境的污染，遏止能源资源浪费的技术。具体包括：能源优化开发利用技术；单项节能改造技术与节能技术的系统集成；节能型的生产工艺，高性能用能设备，可直接或间接减少内耗的新材料开发与应用技术以及与节约能源提高能源利用效率相关的一系列管理技术等。

②节能技术政策。节能技术政策是国家制定的推动节能技术开发、示范、推广的纲领和措施。国家发展改革委 1984 年首次发布了《中国节能技术政策大纲》，2007 年进行了修订，修订后的《中国节能技术政策大纲》（以下简称《大纲》）于 2007 年 2 月 28 日起实施。《大纲》对工业节能、建筑节能、交通节能、城市与民用节能、农业与农村节能、可再生能源利用等领域推广的节能技术分别进行了系统的阐述，并提出了措施和具体要求。《大纲》是我国推动节能技术开发、示范、推广的行动纲领和具体实施措施。

工业是我国节能减排的重点领域，工业能源消费占能源消费总量的 70%。其中，电力、钢铁、有色金属、建材、石油加工、化工、煤炭等主要耗能行业能源消费占整个工业能源消费的 60% 以上。近些年来，虽然我国高耗能产业整体技术水平有所提高，但从总体上看，技术装备良莠不齐，装备技术性能低下，生产工艺落后，导致单位产品能耗指标高，用能效率低，严重制约了国民经济和社会事业的持续、快速、健康发展。因此，制定电力、钢铁、有色金属、建材、石油加工、化工、煤炭等主要耗能行业的节能技术政策，对指导、鼓励这些行业加快研发，推广节能新技术、新工艺、新材料，优化生产过程，推动高耗能行业节能技术进步和企业节能技术改造，实现节能减排目标，具有十分重要的作用。《"十二五"节能减排综合性工作方案》提出，要进一步加快节能减排技术推广应用。编制节能减排技术政策大纲。继续发布国家重点节能技术推广目录，国家鼓励发展的重大环保技术装备目录，建立节能减排技术遴选、评定及推广目录。

3. 高效节能设备和先进节能技术

《节约能源法》第三十一条规定："国家鼓励工业企业采用高效、节能的电动机、锅炉、窑炉、风机、泵类等设备，采用热电联产、余热余压利用、洁净煤以及先进的用能监测和控制技术。"本条是国家关于鼓励工业企业采用节能设备和节能技术的规定。

（1）采用高效节能的电动机、风机、泵类等设备。

电动机、风机和泵类等设备是我国工业企业生产中的高耗能设备，电动机用电量约占全国用电量的60%，实际运行效率同世界发达国家相比，还有很大的差距。国家《"十二五"节能减排规划》对电机系统节能提出了具体要求，即要加快推广高效节能电机以及变频调速、永磁调速等先进调速技术，改善风机、泵类调节方式，合理匹配电机系统，提高系统整体运行效率。开展大型水利设备、电机总量10万千瓦以上电机系统的示范改造。"十二五"时期电机系统运行效率比2010年提高2～3个百分点，形成400亿千瓦时的节电能力。

（2）采用高效节能的锅炉、窑炉。

锅炉、窑炉是工业企业生产中的重要耗能设备。目前我国燃煤锅炉占工业锅炉总数的85%左右，实际运行效率在65%左右，节煤潜力很大。窑炉是焙烧、加热物料的炉子，有立式、卧式、旋转式等多种类型，我国主要用于建材、冶金等行业。当前，我国工业窑炉普遍规模比较小，装备陈旧，技术落后，平均能效与发达国家相比有很大差距。工业窑炉节能潜力很大。"十二五"期间，国家专门对锅炉（窑炉）改造提出具体要求，进一步实施燃煤锅炉以大代小和锅炉房系统更新改造，提高锅炉热效率；在部分地区开展锅炉专用煤集中加工，提高锅炉燃煤质量。推广四通道喷煤燃烧、并流蓄热石灰窑煅烧等高效窑炉节能技术。到2015年，工业锅炉、窑炉平均运行效率分别比2010年提高5个百分点和2个百分点，"十二五"时期要形成4500万吨标煤的节能能力。

（3）采用先进实用的节能技术及用能监测和控制技术。

①热电联产技术。热电联产是一种热能和电能联合生产的高效能源生产方式，其运行主体一般指既生产电力又生产热力的热力发电厂（站）。在我国北方许多热力发电厂采暖期一般以供热为主，非采暖期则以发电为主。"十二五"期间，国家鼓励建设高效燃气联合循环电站。支持西北资源丰富地区发展100万千瓦及超临界、超超临界燃煤发电机组和循环流化床发电机组。示范并推广整体煤气化联合循环（IGCC）电站和以煤气化为龙头的多联产电站。

②余热余压利用技术。余热余压利用技术泛指在工业等行业生产过程中产生的余热、余压、余能的回收利用技术。余热是热工艺过程中未加利用被直接排放的热能，主要是锅炉、窑炉排出的高温烟气、可燃气体、可燃废渣、高温固体、液体产品、冷凝水、化学反应余热等。余压是工业生产过程中排出的有一定压力的气体。如高炉顶排出的高压煤气等。余热余压的有效利用是实现节能减排目标的重要手段和途径。《中国节能技术大纲》（以下简称《大纲》）提出了"梯级利用，高质高用"的回收利用原则，即优先把高品位余热、余能用于做功或发电，低温余热用于空调、采暖或生活用热。同时，《大纲》就发展工业窑炉、钢铁、有色金属、建材、石化、化工、纺织等行业的余热、余压、余能的回

收技术也进行了系统介绍。

③洁煤技术。洁煤技术是指为了减少污染和提高效率，对煤炭在加工、燃烧、转换和污染控制中采取的一系列技术的总称。洁煤技术是当前世界各国解决煤炭污染问题的主导技术。根据中国煤炭资源品质和国情，我国的洁煤技术涵盖了从生产、加工、燃烧、转换到污染控制全过程，归纳起来洁煤技术主要包括了以下九个方面：一是选煤；二是型煤；三是水煤浆；四是超临界和超超临界火力发电；五是硫化床燃煤；六是烟道气脱硫；七是煤炭汽化；八是煤气化联合循环发电；九是煤炭液化等。

④先进的用能监测和控制技术。用能监测是指对产品在生产过程中，对从能源供应、使用、生产工艺、设备、系统、管理等各个环节的用能状况进行科学监测和评价。用能控制系统指用先进的科学技术手段控制生产工艺流程及全过程，以提高能源的有效利用。先进的用能监测和控制技术为开展固定资产投资项目节能评估和企业能源审计提供了重要的依据，是能源管理的重要内容，对企业提高能源利用效率、实现节能减排目标具有重要的意义。

4. 对电网企业的有关规定

《节约能源法》第三十二条规定："电网企业应当按照国务院有关部门规定的节能发电调度管理的规定，安排清洁、高效和符合规定的热电联产、利用余热余压发电的机组以及其他符合资源综合利用规定的发电机组与电网并网运行，上网电价执行国家有关规定。"这是关于电网企业应当按照规定安排清洁、高效以及其他符合资源综合利用规定发电机组并网发电的规定。

（1）节能发电调度。

根据国家发展改革委等部门制定的《节能发电调度办法（试行）》，节能发电调度就是在保障电力可靠供应的前提下，按照节能、环保、经济的原则，优先调度风能、太阳能、海洋能、水能、生物质能、核能，其次调度热电联产、资源综合利用（包括余热余压、煤层气、添埋气、煤矸石和垃圾等发电上网），天然气、煤气化发电，之后，按机组能耗和排污水平，对燃煤机组进行排序，依次调度。根据我国形势发展需要，国家《"十二五"节能减排综合性工作方案》提出，要加强节能发电调度和电力需求侧管理。优先安排节能、环保、高效火电机组发电上网。研究推行发电权交易。电网企业要及时、真实、准确、完整地公布节能发电调度信息，电力监管部门要加强对节能发电调度工作的监督。落实电力需求侧管理办法，指定配套政策，规范有序用电。以建设技术平台为基础，开展城市综合试点，推广能效电厂。

（2）处罚规定及法律责任。

《节约能源法》第七十八条规定："电网企业未按照本法规定安排符合规定的热电联产和利用余热余压发电的机组与电网并网运行，或者未执行国家有关上网电价规定的，由国家电力监管机构责令改正；造成发电企业经济损失的，依法承担赔偿责任。"这是对应第三十二条规定，也是针对目前我国存在的符合规定的热电联产和利用余热余压发电的机组不能及时并网，或上网电价低于国家规定等实际状况，有针对性地对电网企业违反节能发电调度行为而作出的相应处罚规定。

5. 禁止新建高耗能燃煤发电机组、燃油发电机组和燃煤热电机组

《节约能源法》第三十三条规定："禁止新建不符合国家规定的燃煤发电机组、燃油发电机组和燃煤热电机组。"这是关于禁止新建高耗能燃煤发电机组、燃油发电机组和燃煤热电机组的规定。

这里所称的不符合国家规定的燃煤发电机组、燃油发电机组和燃煤热电机组，主要指那些容量小、能效低、污染重，不符合国务院有关部门 2000 年印发的《关于发展热电联产的规定》以及国务院 2007 年批转国家发展改革委、国家能源局《关于加快关停小火电机组的若干意见》和国务院批准的《产业结构调整指导目录》等的有关规定的发电机组。在国家《"十二五"节能减排规划》中，对电力行业淘汰落后生产能力制定了具体完成指标，要求凡是大电网覆盖范围内单机容量在 10 万千瓦以下的常规燃煤火电机组、单机容量在 5 万千瓦及以下的小火电机组、以发电为主的燃油锅炉及发电机组（5 万千瓦及以下）、大电网覆盖范围内设计寿命期满的单机容量在 20 万千瓦以下的常规燃煤火电机组在"十二五"期间要淘汰 5 000 万千瓦的生产能力。

2.3.3 建筑节能

建筑节能是我国节能减排工作中的重要领域。为此，2007 年新修订的《节约能源法》专门增加了"建筑节能"一节。《节约能源法》第三十四条至第四十条是对建筑节能的有关规定。其主要内容包括：建筑节能监督管理部门及建筑节能规划、建筑工程执行建筑节能标准及对其实施监管、房地产开发企业将所售房屋节能信息告之购买人的义务、公共建筑实行室内温度控制、供热计量收费制度、城市节约用电、鼓励使用新型节能建筑材料、设备和可再生能源利用系统。"十二五"期间，我国将进一步推动建筑节能。制订并实施绿色行动方案，从规划、法规、技术、标准、设计等方面全面推进建筑节能，新建建筑严格执行建筑节能标准，提高标准执行率。推进北方采暖地区既有建筑供热计量和节能改造，实施"节能暖房"工程，改造供热老旧管网，实行供热计量收费和能耗定额管理。做好夏热冬冷地区建筑节能改造。推动可再生能源与建筑一体化应用，推广使用新型节能建材和再生建材，继续推广散装水泥。加强公共建筑节能监管体系建设，完善能源审计、能效公示，推动节能改造与运行管理。研究建立建筑使用全寿命管理制度，严格建筑拆除管理。加强城市照明管理，严格防止和纠正过度装饰和亮化。

1. 建筑监督管理部门及其职责

《节约能源法》明确了国家和地方建筑主管部门在建筑节能监督管理中的职责。

（1）国家建筑监督管理部门及职责。

《节约能源法》第三十四条第一款规定："国务院建设主管部门负责全国建筑节能的监督管理工作。"按照国务院部门职责分工，住房和城乡建设部负责全国的建筑节能监督

管理工作。其相关职责是：依据国家相关法律及国务院的要求制定有关建筑节能的方面的法规和规章制度，制定有关建筑节能的国家标准和行业标准，制定建设节能技术推广目录，组织实施建筑节能重点工程，进一步建立健全建筑节能监管体系，等等。

（2）地方建筑节能监管部门及职责。

《节约能源法》第三十四条第二款规定："县级以上地方各级人民政府建设主管部门负责本行政区域内建筑节能的监督管理工作。"县级以上地方各级人民政府建设主管部门，主要包括省级的建设厅、建委，市、县级的建设局。其相关职责是：依据国家相关法律、法规和住房和城乡建设部的规定和要求，负责本行政区域内建筑节能的监督管理工作，包括建筑规划、设计、建设、施工等各方面的节能监督管理工作。

2. 建筑节能规划

为了贯彻落实国家的能源战略和节能中长期专项规划，《节约能源法》第三十四条第三款规定："县级以上地方各级人民政府建设主管部门会同同级管理节能工作的部门编制本行政区域内的建设节能规划。建筑节能规划应当包括既有建筑节能改造计划。"这里对建设节能规划编制的部门及编制内容都作了明确规定。建筑节能要从新建建筑节能、既有建筑节能改造和可再生能源与建筑一体化应用等多方面同时推进。

3. 建筑节能标准

（1）建筑节能标准的执行与监管。

《节约能源法》第三十五条规定："建筑工程的建设、设计、施工和监理单位应当遵守建筑节能标准。不符合建筑节能标准的建筑工程，建设主管部门不得批准开工建设；已经开工建设的，应当责令停止施工、限期改正；已经建成的，不得销售或者使用。建设主管部门应当加强对在建建筑工程执行建筑节能标准情况的监督检查。"这是关于建筑工程执行建筑节能及对其实施监管的规定。

《节约能源法》第十四条明确规定，建筑节能的国家标准、行业标准由国务院建设主管部门组织制定，并依法定程序发布。第三十五条规定提到的节能标准是国家、行业强制性的建筑节能标准，从建筑工程的建设、设计、施工、监理等涉及的所有单位和部门都要认真执行。同时，这也是建设主管部门对建筑工程监督检查的重要依据。国家《"十二五"节能减排综合性工作方案》进一步提出，制订并实施绿色建筑行动方案，从规划、法规、技术、标准、设计等方面全面推进建筑节能。新建建筑严格执行建筑节能标准，提高标准执行率。

（2）处罚规定及法律责任。

《节约能源法》第七十九条规定"建设单位违反建筑节能标准的，由建设主管部门责令改正，处二十万元以上五十万元以下罚款。设计单位、施工单位、监理单位违反建筑节能标准的，由建设主管部门责令改正，处十万元以上五十万元以下罚款；情节严重的，由颁发资质证书的部门降低资质等级或者吊销资质证书；造成损失的，依法承担赔偿责任。"这是对应第三十五条对违反建筑节能标准行为的处罚规定。

4. 商品房节能信息告知要求

为了贯彻落实绿色建筑标准，保护购房者合法权益，《节约能源法》第三十六条规定："房地产开发企业在销售房屋时，应当向购买人明示所售房屋的节能措施、保温工程保修期等信息，在房屋买卖合同、质量保证书和使用说明书中载明，并对其真实性、准确性负责。"这是关于房地产开发企业将所售房屋节能信息告知购买人的义务的规定。

（1）信息告知的主要内容。

《节约能源法》第三十六条规定，房地产开发企业信息告知主要有三方面内容：一是销售房屋时，应当向购买人明示所售房屋的节能措施、保温工程保修期等信息，其中，节能措施应当符合国家和当地的节能标准；二是规定以上信息应当在房屋买卖合同、质量保证书和使用说明书中载明；三是应当保证其信息的真实性和准确性。

（2）处罚规定及法律责任。

《节约能源法》第八十条规定："房地产开发企业违反本法规定，在销售房屋时未向购买人明示所售房屋的节能措施、保温工程保修期等信息的，由建设主管部门责令限期改正，逾期不改正的，处三万元以上五万元以下罚款；对以上信息作虚假宣传的，由建设主管部门责令改正，处五万元以上二十万元以下罚款。"这是对应第三十六条对房地产开发企业未按规定向购买人明示所售房屋的节能措施、保温工程保修期等信息或信息不真实、不准确的行为的处罚规定。

5. 公共建筑室内温度控制

《节约能源法》第三十七条规定"使用空调采暖、制冷的公共建筑应当实行室内温度控制制度。具体办法由国务院建设主管部门制定。"这是关于公共建筑应当实行室内温度控制制度的规定。2007 年《国务院办公厅关于严格执行公共建筑空调温度控制标准的通知》下发，该《通知》要求，除医院等特殊单位以及经批准的用户外，夏季室内温度不得低于26 摄氏度，冬季室温不得高于 20 摄氏度。这项规定对使用空调采暖、制冷的公共建筑以实际行动开展节能减排工作起到积极的推动作用，收到了较好的效果。同时，本条规定也明确了该项工作由住房和城乡建设部负责。

6. 集中供热计量收费

《节约能源法》第三十八条规定："国家采取措施，对实行集中供热的建筑分步骤实行供热分户计量、按照用热量收费的制度。新建建筑或者对既有建筑进行节能改造，应当按照规定安装用热计量装置、室内温度调控装置和供热系统调控装置。具体办法由国务院建设主管部门会同国务院有关部门制定。"这是关于实行供热计量收费制度的规定。长期以来，我国对城市居民实行福利性供热制度，按建筑面积收费。随着城市化建设的推进，冬季供热已成为能源消费的重要方面。以法律形式确定供热计量收费制度，对我国城市推动节能减排工作具有重要的意义。"十二五"期间，我国将进一步加快既有建筑改造，全面实施"暖房子"工程，推动北方采暖地区既有居住建筑供热计量与节能改造，优先改造保障性住房和棚户区。推进城镇供热体制改革，全面推行供热分户计量收费。引导夏热冬冷和夏热冬暖地区实施遮阳、自然通风等被动节能技术改造。

7. 城市节约用电管理

《节约能源法》第三十九条规定："县级以上地方各级人民政府有关部门应当加强城市节约用电管理，严格控制公用设施和大型建筑物装饰性景观照明的能耗。"这是关于加强城市节约用电的规定。城市节约用电管理包括的内容很多，如制定节约用电管理规划，实行电力需求侧管理，推广节电新技术、新产品，采用多种形式广泛开展节能减排宣传教育活动，等等。北京市在开展城市节约用电管理和节能减排工作方面就很有特色。由北京市发展改革委主管、北京节能环保中心主办的《节能与环保》月刊是一本全面综合性介绍全国和北京市节能减排工作的重要刊物，对推动城市节能减排工作起到了积极的作用。

8. 新型节能建材、设备和可再生能源利用系统的应用

《节约能源法》第四十条规定："国家鼓励在新建建筑和既有建筑节能改造中使用新型墙体材料等节能建筑材料和节能设备，安装和使用太阳能等可再生能源利用系统。"这是关于国家鼓励使用新型节能建材、设备和可再生能源利用系统的规定。新型节能建材，是指具有良好隔热、隔音、保温、抗震、抗冲击等性能，生产过程也符合节能要求的建筑材料。节能设备，是指节能采暖、热水等设备。《可再生能源法》对可再生能源利用在建筑中推广使用作出了具体规定。利用新型墙体材料取代传统的实心黏土砖，对保护农田和环境，对废物利用具有重要的意义。国家也将不断制定鼓励使用节能建筑材料、节能设备和可再生能源利用系统的政策措施。

2.3.4 交通运输节能

交通运输是我国能源消费的重要领域，具有很大的节能潜力。为此，修订后的《节约能源法》专门增加了"交通运输节能"一节。《节约能源法》第四十一条至第四十六条是对交通运输节能的有关规定。其主要内容有：国务院有关交通运输节能主管部门在交通运输节能监督管理中的职责、建设节能型综合交通运输体系、优先发展公共交通体系和完善公共交通服务、加强交通运输组织管理、鼓励发展节能型交通工具和清洁燃料、石油替代燃料以及交通运输营运车船燃料消耗监督管理，等等。"十二五"期间，我国将进一步加快构建综合交通运输体系，优化交通运输结构。积极发展城市公共交通，科学合理配置城市各种交通资源，有序推进城市交通建设。提高铁路电气化比重。实施低碳交通运输体系建设城市试点，深入开展"车船路港"千家企业低碳交通运输专项行动，推广公路甩挂运输，全面推进不停车收费系统，实施内河船型标准化，优化航路航线，推进航空、远洋运输业节能减排。开展机场、码头、车站节能改造。加快淘汰老旧汽车、机车、船舶，基本淘汰 2005 年以前注册运营的"黄标车"，加快提升车用燃油品质。实施第四阶段机动车排放标准，在有条件的重点城市和地区逐步实施第五阶段排放标准。全面实施机动车环保标志管理，探索城市调控机动车保有总量，积极推广节能与新能源汽车。

1. 交通运输节能监管部门职责和交通运输节能规划

《节约能源法》第四十一条规定："国务院有关交通运输主管部门按照各自的职责负责全国交通运输相关领域的节能监督管理工作。国务院有关交通运输主管部门会同国务院管理节能工作的部门分别制定相关领域的节能规划。"这是关于交通运输节能监督管理部门及交通运输节能规划的规定。

（1）交通运输主管部门的分工和节能监管职责。

按照我国现行交通运输管理体制，大体分工是：铁道部负责全国铁路运输业的节能监督管理，交通运输部负责全国公路运输业和水运业节能监督管理，民用航空局负责全国民航运输业的节能监督管理，中国石油集团和中国石化集团公司分别负责各自管辖范围内的管道运输的节能监督管理，城市交通节能管理按照各城市交通管理体制的职责进行监督管理。

国务院有关交通运输节能主管部门的节能监督管理职责主要有：建立完善相关交通运输领域节能的规章制度；健全行业节能管理机构，加强交通节能监测机构能力建设；加强行业内重点用能单位管理；加强行业能源统计和监测；建立节能激励与约束机制；推动节能技术进步。

（2）交通运输相关领域节能规划。

制定节能规划是加强节能管理、完成节能目标任务的重要措施和手段。国家《节能中长期专项规划》将交通运输列入节能的重点领域，并提出了总体要求。国务院有关交通运输主管部门应会同国务院管理节能工作的部门，根据《节能中长期专项规划》的要求和本行业的具体实际情况，分别组织制定相关领域的节能规划。

2. 节能型综合交通运输体系

《节约能源法》第四十二条规定："国务院及其有关部门指导、促进各种交通运输方式协调发展和有效衔接，优化交通运输结构，建设节能型综合交通运输体系。"这是关于建设节能型交通运输体系的规定。

（1）节能型交通运输体系的含义。

综合交通运输体系是指在社会化的运输范围内和统一的运输过程中，按照各种运输方式的技术特点，形成分工协作、有机结合、布局合理、联接贯通的交通运输综合体，其基本要求是根据不同交通方式的技术经济比较优势，优化配置交通运输资源，实现交通运输系统中不同运输方式之间以及某种运输方式内部不同环节之间的协调发展，从而为社会经济发展提供高效的运输服务。

（2）节能型交通运输体系的构建。

按照《节约能源法》的规定，国家应该在构建节约型交通运输体系中发挥主导作用，具体措施有：

①指导、促进各种交通运输方式协调发展和有效衔接。长期以来，我国各种交通运输方式缺乏总体规划、政策指导和宏观调控，致使各种交通运输方式各自独立发展，从而降低了交通运输体系的总体效率，增加了能源消耗和运输成本。要做到各种交通运输方式的

协调发展，一是在继续发展公路和航空运输的同时，还要加快发展铁路、水运、管道等运输方式的发展；二是要加强各种交通运输方式之间的有效衔接，大力发展多式联运，如综合交通枢纽的规划和建设、货运综合枢纽物流中心和园区的建设和发展。

②优化交通运输结构。各种运输工具具有不同的运行特征、适用范围、运行条件和能源消费特点。科学优化交通运输结构是构建节能型交通运输体系的一项非常重要的工作。铁路、公路、水路、民航和管道运输作为我国交通运输网络的五大支柱的比较优势没有充分发挥出来，各种运输方式的内部结构也不尽合理。按照"宜路则路、宜水则水、宜空则空"的原则，采用科学合理的方法选择和优化各种运输方式，调整运输结构，充分发挥交通运输系统的整体效益和综合效益。2007 年首次发布的《综合交通运输网中长期发展规划》是我国第一项全国性的综合衔接铁路、公路、水路、民航及管道五种运输方式的总体交通规划。这项规划对指导节能型交通运输体系具有十分重要的意义。

3. 优先发展公共交通

《节约能源法》第四十三条规定："县级以上地方各级人民政府应当优先发展公共交通，加大对公共交通的投入，完善公共交通服务体系，鼓励利用公共交通工具出行；鼓励使用非机动交通工具出行。"这是关于优先发展公共交通、鼓励使用非机动交通工具出行的规定。

（1）优先发展公共交通的政策措施。

公共交通具有运量大、占地少、单位运输量能耗低的优势，是城市人民群众出行的重要交通工具。许多经济发达国家为提高交通资源利用效率，降低能源消耗，缓解城市交通堵塞，都在采取多种措施积极发展公共交通。《节约能源法》本条规定要求，各地方政府要采取措施加快各种城市公共交通设施的发展，为社会公众出行提供便捷、快速、安全、高效的公共交通服务，鼓励人民群众利用公共交通工具出行。近些年来，国家提出了一些政策措施：

①进一步加大对公共交通的投入。将公共交通发展纳入公共财政体系，建立健全公共交通投入、补偿机制，统筹安排，重点扶持。

②完善公共交通服务体系。合理规划设置公共交通场站和配套设施，完善公共交通基础设施。

③建立低票价补偿机制。2006 年建设部、国家发展改革委、财政部、劳动和社会保障部联合发布了《关于优先发展城市公共交通若干经济政策的意见》，该《意见》明确提出，城市公共交通是公益性事业，是城市交通的主要载体，应当实行低票价政策，以最大限度吸引客流，提高城市公共交通的利用效率。北京市在全国率先推行"低价公交"，收到了非常好的效果，对缓解首都交通拥挤、减少环境污染、方便人民群众出行起到了积极作用。

（2）鼓励使用非机动交通工具出行。

根据中国国情，我国政府一直鼓励使用自行车等非机动交通工具出行。按照《节约能源法》要求，各城市主管部门及有关部门要根据各地的实际情况，积极为使用自行车及其他交通工具出行的人民群众创造便利条件。

4. 加强交通运输组织管理

《节约能源法》第四十四条规定："国务院有关交通运输主管部门应当加强交通运输组织管理，引导道路、水路、航空运输企业提高运输组织化程度和集约化水平，提高能源利用效率。"这是关于交通运输组织管理的规定。实施科学化的交通运输组织管理，应当引导道路、水路、航空运输企业提高运输组织化程度和集约化水平，提高运输效率，降低交通运输能源消耗，不断提高能源利用效率。一是加强综合运输枢纽的规划和建设，实现各种运输方式的有效衔接，提高一体化运输程度和运输效率。二是大力扶植先进运输组织方式，如要积极推广体现现代道路运输的先进组织方式——甩挂运输，不断降低能耗、降低成本、提高运输效率。三是鼓励集约化经营。培育发展不同所有制形式的企业，不断提高运输的集约化和组织化程度，为先进的运输组织方式调整创造条件。四是推进运输市场的信息化网络化建设。建立健全运输信息服务网络和交通信息系统，实现车辆的统一调度和信息化、可视化管理，提高运输组织效率和运输工具的实载率。

5. 节能型交通运输工具及其使用的清洁燃料、石油替代燃料

（1）鼓励开发、生产、使用节能环保型交通运输工具。

《节约能源法》第四十五条第一款规定："国家鼓励开发、生产、使用节能环保型汽车、摩托车、铁路机车车辆、船舶和其他交通运输工具，实行老旧交通运输工具的报废、更新制度。"这是国家鼓励发展节能型交通运输工具的规定。长期以来，我国交通运输工具由于生产技术水平和运行条件等诸多因素，能源利用效率一直比较低。所以加快推广应用节能环保型交通运输工具，是提高交通运输业能源利用效率的重要措施。"十二五"期间，国家将进一步积极推广节能与新能源汽车，加快加气站、充电站等配套设施规划和建设。此外，在城市交通建设方面，将严格执行乘用车、轻型商用车燃料消耗量限值标准，加速淘汰老旧车辆。在公路运输建设方面，将全面实施营运车辆燃料消耗量限值标准，开展老旧车辆提前退出运输市场试点。在铁路运输建设方面，将大力发展电气化铁路。优化运输管理，推行节能调度。积极推进货运重载化。加快淘汰老旧机车机型，推广铁路机车节油、节电技术，对铁路运输设备实施节能改造。推进客运站节能优化设计，加强大型客运站能耗综合管理。在水路运输建设方面，将建设以高等级航道网为主体的内河航道网，优化港口布局。淘汰老旧船舶，加快船型标准化工作。

（2）鼓励开发和推广应用清洁燃料、石油替代燃料。

《节约能源法》第四十五条第二款规定："国家鼓励开发和推广应用交通运输工具使用的清洁燃料、石油替代燃料。"这是国家鼓励开发和推广应用交通运输工具使用清洁燃料、石油替代燃料的规定。通常讲的清洁燃料是指有害物质组分低、符合环保要求的燃料。所谓的石油替代燃料，是指代替传统石油燃料——汽油和柴油作为汽车等交通工具燃料的能源。目前，从世界现阶段技术开发与实验应用进展以及各种替代燃料的可获性看，主要替代燃料包括天然气、液化石油气、氢燃料、电动汽车、生物质液体燃料、醇类燃

料、二甲醚等。在汽车等交通工具中应用比较广泛的是天然气和液化石油气等替代燃料。与传统的石油燃料相比，采用清洁燃料和石油替代燃料作为汽车等交通运输工具燃料，其尾气排放中的一氧化碳、碳氢化合物、二氧化碳污染物的排放量要低得多。同时，由于石油是不可再生的战略资源，我国又是世界石油消耗的大国，对国外的依存度很高，研究、开发、推广清洁燃料、石油替代燃料，对国家的能源安全和减少对环境的污染等具有重要的意义。"十二五"期间，国家将进一步加大力度开展交通节油技术改造，在城市公交客车、出租车等推广天然气汽车，因地制宜推广乙醇、生物柴油等车用替代燃料。"十二五"时期形成节约和替代 400 万吨石油的能力。

6. 交通运输营运车船燃料消耗监督管理

《节约能源法》第四十六条规定："国务院有关部门制定交通运输营运车船的燃料消耗量限值标准；不符合标准的，不得用于营运。国务院有关交通运输主管部门应当加强对交通运输营运车船燃料消耗检测的监督管理。"这是关于制定交通运输营运车船的燃料消耗量限值标准，并加强对交通运输营运车船燃料消耗监督管理的规定。

（1）制定交通运输营运车船的燃料消耗量限值标准。

交通运输营运车船的燃料消耗量限值是指从事交通运输营运的车船在行驶过程中平均单位行驶里程燃料消耗量所容许达到的最大值。交通运输营运车船的燃料消耗占全国燃料消耗的 40% 以上，节能潜力非常大。目前，国家已出台《乘用车燃料消耗量限值》强制性国家标准，并开始分阶段实施。这对全面贯彻落实国家节能减排要求，健全完善节能标准体系，为营业性车船准入和退出提供依据，提高营业车船能源利用效率都有非常重要的意义和作用。

（2）加强对交通运输营运车船燃料消耗检测的监督管理。

按照国务院的职能分工，交通运输部负责制定交通运输营运车船的燃料消耗量限值标准，并行使对交通运输营运车船燃料消耗检测的监督管理职责。为了贯彻落实《节约能源法》该条规定，交通运输部 2009 年制定并在全国实施了《道路运输车辆燃料消耗检测和监督管理办法》，这对完善道路运输车辆准入制度以及从事客运、货运经营许可条件，推动我国交通运输领域的节能减排起到了十分重要的作用。

2.3.5 公共机构节能

公共机构是我国能源消费和和节能工作的重要领域，对推动和引导全社会节能减排工作具有重要的示范带头作用。为此，修订后的《节约能源法》专门增加了"公共机构节能"一节。《节约能源法》第四十七条至第五十一条是对公共机构节能的有关规定。其主要内容有总体要求、制定节能规划、制定年度节能目标和实施方案、加强能源消费统计和监测管理、实施能源消耗定额管理、加强单位用能系统管理、优先采购节能产品及设备等等。"十二五"期间，国家将进一步加强公共机构节能减排。公共机构新建建筑实行更加严格的建筑节能标准。加快公共机构办公区的节能改造，完成办公建筑节能改造 6 000 万平方米。国家机关供热实行按热量收费。开展节约型公共机构示范单位创建活动，创建2 000家示范单位。推进公务用车制度的改革，严格用车油耗定额管理，提高节能与新能源汽车比例。建立完善公共机构能源审计、能效公示和能耗定额管理制度，加强能耗监测平台和节能监管体系建设。支持军队重点用能设施设备节能改造。

1. 公共机构节能的总体要求

《节约能源法》第四十七条规定："公共机构应当厉行节约，杜绝浪费，带头使用节能产品、设备，提高能源利用效率。本法所称公共机构，是指全部或者部分使用财政性资金的国家机关、事业单位和团体组织。"这是关于公共机构节能总体要求的规定。由于公共机构的性质、职能、社会影响和其能源消耗逐年快速增长等诸多因素，长期以来，我国高度重视公共机构节能工作，2011年国务院机关事务管理局以"节能低碳新生活，公共机构做表率"为主题，在全国公共机构中开展节能宣传周活动，对全国公共机构节能减排起到了很好的推动作用。各级、各类公共机构要高度重视节能工作的重要意义，从部门做起，从自身做起，从点滴做起，提倡勤俭节约，带头使用节能产品和设备，积极推广应用节能产品和设备。要通过科学决策、加强管理、技术进步和宣传教育，优化公共机构资源配置，率先垂范，以实际行动带头做好节能减排工作。

2. 公共机构节能规划

《节约能源法》第四十八条规定："国务院和县级以上地方各级人民政府管理机关事务工作的机构会同同级有关部门制定和组织实施本级公共机构节能规划。公共机构节能规划应当包括公共机构既有建筑节能改造计划。"这是关于制定和组织实施公共机构节能规划的规定。组织制定和实施节能规划是公共机构开展节能减排工作的重要措施，通过编制规划，明确公共机构节能减排工作的指导思想、基本原则、工作任务、节能技术措施，实现节能减排的阶段性工作目标。其目的就是要把公共机构的节能减排工作真正落到实处。

（1）规划编制主体。

公共机构节能规划的编制主体是县级以上各级人民政府管理机关事务工作的机构和同级有关部门。从我国实际情况出发，按照本条规定，政府管理机关事务工作的机构主要承担公共机构节能规划的编制，同时，会同同级管理节能工作的部门及其他有关部门开展这项工作。这样有利于规划的编制和实施。

（2）公共机构节能内容。

公共机构节能内容包括办公与业务用房节能、公务车节能、办公设备与信息资源节能、用能系统节能和既有建筑节能改造，等等。其中，既有建筑节能改造是难点和重点，也是降低公共机构建筑能耗的关键所在。

3. 公共机构能源消费管理

《节约能源法》第四十九条规定："公共机构应当制定年度节能目标和实施方案，加强能源消费计量和监督管理，向本级人民政府管理机关事务工作的机构报送上年度的能源消费状况报告。国务院和县级以上地方各级人民政府管理机关事务工作的机构会同同级有关部门按照管理权限，制定本级公共机构的能源消耗定额，财政部门根据该定额制定能源消耗支出标准。"这是关于公共机构能源消费管理工作方面的规定。

（1）公共机构应当制订年度节能目标和实施方案。

近些年的实践证明，公共机构制订年度节能目标和实施方案是推进节能减排工作的重要手段和具体措施，只有通过分解节能任务和明确节能目标，才能进一步增强节能减排工作的有序性、计划性和前瞻性，对增强公共机构工作人员的节能意识、实现节能目标和节能任务具有重要的意义。

（2）加强能源消费计量和监测管理。

能源消费计量是公共机构能源管理的基础性工作。公共机构制订指令性节能目标和节能实施方案以后，只有通过加强能源消费计量，才能准确掌握其能源利用状况和目标完成情况，发现问题和节能潜力，从而制定并采取行之有效的节能措施。为确保公共机构节能目标的落实，公共机构应当加强能源消费计量和监测管理。

（3）公共机构报送能源消费状况报告的义务。

为了加强对公共机构能源消费的管理，《节约能源法》规定公共机构有报送能源消费状况报告的义务。其作用：一是有利于管理机关事务工作的机构了解和掌握公共机构能源消耗情况，以便于有针对性地制定相应的节能措施，不断提高节能管理工作水平。二是作为公共机构也可以通过报送能源消费状况报告，准确、及时了解自身用能状况和存在的问题，积极采取措施，实现节能减排的工作目标。

（4）实施能源消耗定额管理。

实施公共机构能源消耗定额管理，是推进公共机构节能的重要措施。政府管理机关事务工作的机构会同同级有关部门按照管理权限，组织制定公共机构能源消耗定额等量化指标，财政部门根据该定额，制定公共机构能源消耗支出标准。这有利于从预算经费安排的源头严格控制能耗支出，促使公共机构加强能耗支出的核算，从预算经费安排的角度促进节能目标的实现。

4. 公共机构用能系统管理和能源审计

《节约能源法》第五十条规定："公共机构应当加强本单位用能系统管理，保证用能系统的运行符合国家相关标准。公共机构应当按照规定进行能源审计，并根据能源审计结果采取提高能源利用效率的措施。"这是关于公共机构用能系统管理和能源审计工作的规定。

（1）公共机构用能系统管理。

建筑物内用能系统的运行管理是公共机构用能系统管理的重点。有关能源专家曾对我国政府机构的部分建筑物内用能系统进行节能诊断，结果表明，集中空调系统、室内办公设备系统、照明系统、采暖系统、通风系统、分散空调系统及其他能源利用系统均存在许多问题，公共机构节能的潜力很大。往往只要采用低投入的节能改造和制定科学的运行管理方法即可取得显著的收效。公共机构可聘请大专院校和节能服务公司，对建筑物内用能系统进行节能诊断和有效的节能改造。同时制定出科学的运行管理方法，从而实现对用能系统事半功倍的节能改造和行之有效的科学管理。

对公共机构交通运输工具系统也要严格管理，要下决心压缩公务车辆规模。参照国际经济发达国家的普遍做法，制定科学的公务车辆配置标准与管理办法，实现公务用车的能源节约。

（2）公共机构能源审计。

能源审计是评估能源利用状况和节能潜力、制定节能目标和措施、改进能源管理的基础。能源审计的主要内容是：能源管理状况、能源计量及统计、用能设备运行效率分析、节能量计算等。开展能源审计，可以及时发现能源管理存在的问题，积极采取相关措施，减少能源利用不合理现象，提高能源利用效率，以达到节能减排的目的。公共机构在能源管理过程中积极开展能源审计，寻找存在的问题，挖掘节能潜力，有的放矢地采取提高能源利用效率的措施，对实现节能目标和节能任务具有非常重要的作用。

5. 公共机构用能产品和设备的采购

《节约能源法》第五十一条规定："公共机构采购用能产品、设备，应当优先采购列入节能产品、设备政府采购名录中的产品、设备。禁止采购国家明令淘汰的用能产品、设备。节能产品、设备政府采购名录由省级以上人民政府的政府采购监督管理部门会同同级有关部门制定并公布。"这是关于公共机构采购用能产品、设备的要求规定。公共机构优先采购节能产品、设备，能够有效控制预算支出，提高财政资金使用效益；同时，可以从源头上控制和减少政府机构的直接能源消耗，这不仅有利于降低政府机构能耗水平，而且有利于节能产品、设备的推广和使用。

（1）政府采购概念的含义。

政府采购是指各级国家机关、事业单位和团体组织，使用财政性资金采购依法指定的集中采购目录以内的或者采购限额标准以上的货物、工程和服务的行为。

（2）对公共机构采购用能产品、设备的要求。

该条规定对公共机构采购用能产品、设备提出了两条具体的要求：一是优先采购列入节能产品、设备政府采购明录中的产品、设备；二是禁止采购国家明令淘汰的用能产品、设备。

（3）节能产品、设备政府采购名录制定主体。

《政府采购法》第七条规定："集中采购的范围由省级以上人民政府公布的集中采购目录确定；属于中央预算的政府采购项目，其集中采购目录由国务院确定并公布；属于地方预算的政府采购项目，其集中采购目录由省、自治区、直辖市人民政府或者其授权的机构确定并公布。"根据上述要求，该条规定的节能产品、设备政府采购名录的制定主体，是省级以上人民政府采购监督管理部门及同级的有关部门。

（4）处罚规定及法律责任。

《节约能源法》第八十一条规定："公共机构采购用能产品、设备，未优先采购列入节能产品、设备政府采购名录中的产品、设备，或者采购国家明令淘汰的用能产品、设备的，由政府采购监督管理部门给予警告，可以并处罚款；对直接负责的主管人员和其他直接责任人员依法给予处分，并予通报。"这是对应第五十一条对违反节能产品政府采购规定的行为的处罚规定。

2.3.6 重点用能单位节能

工业一直是我国能源消费的重要领域，年用能1万吨标准煤以上的用能单位又是工业能源消费的重点。区分重点用能单位和一般用能单位，实行分类指导和管理，加强对重点用能单位的监督管理，是我国实践证明行之有效的节能管理办法。《节约能源法》第五十二条至第五十五条对重点用能单位的能源管理作出了具体规定。其主要内容包括重点用能单位的定义、能源利用状况报告、对重点用能单位的监督检查、能源管理岗位的设立等。"十二五"期间，国家将进一步强化重点用能单位的节能管理。依法加强年耗能万吨标准煤以上用能单位节能管理，开展万家企业节能低碳行动，实现节能2.5亿吨标准煤。落实目标责任，实行能源审计制度，开展能效水平对标活动，建立健全企业能源管理体系，扩大能源管理师试点；实行能源利用状况报告制度，加快实施节能改造，提高能源管理水平。地方节能主管部门每年组织对进入万家企业节能低碳行动的企业节能目标完成情况进行考核，公告考核结果。对未完成年度节能任务的企业，强制进行能源审计，限期整改。中央企业要接受所在地区节能主管部门的监管，争当行业节能减排的排头兵。

1. 重点用能单位的定义

《节约能源法》第五十二条第二款规定，"下列用能单位为重点用能单位：（1）年综合能源消费总量一万吨标准煤以上的用能单位；（2）国务院有关部门或者省、自治区、直辖市人民政府管理节能工作的部门指定的年综合能源消费总量五千吨以上不满一万吨标准煤的用能单位"。这里将重点用能单位分为以下两类。

（1）法定的重点用能单位。

根据《节约能源法》的规定，年综合能源消费总量达到及超过一万吨标准煤的用能单位。

（2）指定的重点用能单位。

我国幅员辽阔，地区之间经济、技术发展极不平衡，因此，《节约能源法》允许国务院有关部门和省、自治区、直辖市管理节能工作的部门根据实际情况，指定年综合能耗达到或超过五千吨标准煤的单位，作为重点用能单位。

2. 重点用能单位的节能管理

《节约能源法》第五十二条第一款规定："国家加强对重点用能单位的节能管理。"第五十二条第三款规定："重点用能单位节能管理办法，由国务院管理节能工作的部门会同国务院有关部门制定。"1993年国家经贸委发布了《重点用能单位节能管理办法》，明确规定了重点用能单位的节能管理制度和具体措施。为配合新修订的《节约能源法》的颁布和实施，国家发展改革委正在会同有关部门修订《重点用能单位节能管理办法》。

3. 能源利用状况报告制度

《节约能源法》第五十三条和第五十四条明确规定了重点用能单位的能源利用状况报告制度。

（1）报送能源利用状况报告的义务。

《节约能源法》第五十三条规定："重点用能单位应当每年向管理节能工作的部门报送上年度的能源利用状况报告。能源利用状况包括能源消费情况、能源利用效率、节能目标完成情况和节能效益分析、节能措施等内容。"这是关于重点用能单位报告能源利用状况的规定。报送能源利用状况报告是国家对重点用能单位的节能管理的一项基础性工作，以此了解其在能源利用中存在的问题，及时制定相应的政策措施，确保节能减排目标的顺利完成。重点用能单位也可以通过能源利用状况报告，及时、准确了解自身用能状况和存在的问题，积极采取节能措施，不断提高节能管理水平。将报送能源利用状况报告列入重点用能单位的法定义务，对推动这些单位的节能减排工作将起到至关重要的作用。

（2）能源利用状况报告报送形式、要求及内容。

①报送形式和要求。根据本条规定，重点用能单位应当每年向管理节能工作的部门报告上年度的能源利用状况，具体形式是提供能源利用状况报告。

②主要内容。

能源消费情况。即用能单位能源消费用途和能源消费种类以及各种能源的消费量。

能源利用效率。主要包括单位产值能耗、单位产品能耗等。

节能目标完成情况。按照国务院批转的节能减排统计、监测及考核实施方案和办法规定，政府有关部门要对重点耗能企业实施节能评价考核，能源利用状况报告中，节能目标完成情况是极为重要的内容。

节能效益分析。即用能单位为节能所投入的成本，与节能所产出的效益之间的分析。

节能措施。用能单位采取加强节能制度建设、节能技改和宣传培训等手段，开展节能减排工作。

（3）对重点用能单位的监督管理。

《节约能源法》第五十四条规定："管理节能工作的部门应当对重点用能单位报送的能源利用状况报告进行审查。对节能管理制度不健全、节能措施不落实、能源利用效率低的重点用能单位，管理节能工作的部门应当开展现场调查，组织实施用能设备能源效率检测，责令实施能源审计，并提出书面整改要求，限期整改。"这是关于节能管理工作的部门对重点用能单位监督管理的规定。

①监督管理职责。按照该条规定，管理节能工作部门对重点用能单位报送的能源利用状况报告，要组织专家和有关人员认真地审查其内容的真实性和准确性。对能源利用状况报告的审查，关系到重点用能单位节能目标任务的落实和完成。这是一项非常重要的工作。这也是《节约能源法》赋予管理节能工作部门的监督管理职责。

②监督管理措施。按照该条规定，对审查出来的"节能管理工作制度不健全、节能措施不落实、能源利用效率低的重点用能单位"，管理节能工作的部门有权采取进一步措施：

现场调查。管理节能工作的部门组成调查组，进入重点用能单位，针对报告中的有关问题进行现场系统调查。

实施用能设备能效检测。对调查中存在的问题，管理节能工作的部门有责任对其组织实施用能设备能效检测。

实施全面能源审计。能源审计是对企业能源核算系统、合理用能评价系统和用能状况审核系统的统称。对检测不符合要求的，责令实施全面能源审计是十分必要的。

书面限期整改要求。根据审计出来的问题，要求其单位提出具体的书面整改要求，并限期整改。

4. 处罚规定及法律责任

《节约能源法》第八十二条规定："重点用能单位未按照本法规定报送能源利用状况报告或者报告内容不实的，由管理节能工作的部门责令限期改正；逾期不改正的，处一万元以上五万元以下罚款。"这是关于对用能单位未按照规定报送能源利用状况报告或者报告内容不实的行为的处罚规定。

《节约能源法》第八十三条规定："重点用能单位无正当理由拒不落实本法第五十四条规定的整改要求或者整改没有达到要求的，由管理节能工作的部门处十万元以上三十万元以下罚款。"这是关于对重点用能单位无正当理由拒不落实本法第五十四条规定的整改要求或者整改没有达到要求的行为的处罚规定。

5. 设立能源管理岗位和聘用能源管理负责人

《节约能源法》第五十五条规定："重点用能单位应当设立能源管理岗位，在具有节能专业知识、实际经验以及中级以上技术职称的人员中聘任能源管理负责人，并报管理节能工作的部门和有关部门备案。能源管理负责人负责组织对本单位用能状况进行分析、评价，组织编写本单位能源利用状况报告，提出本单位节能工作的改进措施并组织实施。"这是关于重点用能单位应当设立能源管理岗位和聘任能源管理负责人的规定。"十二五"期间，国家逐步扩大能源管理师试点，为了避免走过场，在借鉴发展国家能源管理成功经验的基础上，稳步推进能源管理师聘任工作。

（1）设立能源管理岗位。

多年的实践证明，重点用能单位缺少能源管理岗位，能源管理的各个方面工作没有专门机构和人员负责监督管理，势必造成能源的严重浪费。从法律角度强制要求企业必须设立能源管理岗位，对提高能源管理在重点用能单位企业经营管理中的地位，建立健全企业能源管理体系，落实节能目标和提高能源管理水平都具有十分重要的推动及保证作用。

（2）能源管理负责人的条件。

《节约能源法》第五十五条规定了能源管理负责人应具备的五项条件：

①具备相关专业知识。能源管理负责人应当具备热工学、电工学等节能方面的专业知

识，同时还应该懂管理、懂技术、懂工艺流程，才能很好地履行其职责。

②具备节能工作经验。重点用能单位的能源使用量大、环节多、工艺流程复杂。没有丰富的节能工作实践的人员是很难胜任的。

③具备中级以上技术职称。中级以上技术职称是国家承认的专业技术职称。经国家认可具有技术职称的人员已经具备相应的专业知识和技能。

④能源管理负责人备案制。为了督促重点用能单位依法设立能源管理岗位，确定能源管理负责人，同时也便于有关部门考核，防止不称职的人员充当能源管理负责人，有利于建立稳定的能源管理队伍。

⑤能源管理负责人应当接受培训。这种培训可以是管理节能工作的部门或者其他有关部门组织的，也可以是行业协会、本单位组织的。国家发展改革委培训中心近些年组织开展的节能评估报告编写、能源审计报告编写及案例分析培训班一直受到全国节能管理部门和广大节能工作者的欢迎，为提高我国企业能源管理工作水平，培训造就大批的能源管理专业技术人员作出了积极的贡献。

（3）能源管理负责人的职责。

①组织对本单位用能状况进行分析、评价；

②在对用能状况进行分析、评价的基础上组织编写本单位能源利用状况报告；

③提出本单位节能工作的改进措施并组织实施。

（4）处罚规定及法律责任。

《节约能源法》第八十四条规定："重点用能单位未按照本法规定设立能源管理岗位，聘任能源管理负责人，并报管理节能工作的部门和有关部门备案的，由管理节能工作的部门责令改正；拒不改正的，处一万元以上三万元以下罚款。"这是对应《节约能源法》第五十五条，对重点用能单位未按照本法规定设立能源管理岗位，聘任能源管理负责人，并报管理节能工作的部门和有关部门备案的行为的处罚规定。

2.4 节能技术进步

《节约能源法》第五十六条至第五十九条是关于推进技术进步的规定，进一步明确了各级政府及相关部门在推动节能技术进步方面的职责。主要内容包括：国务院节能主管部门会同科技主管部门发布节能技术政策大纲；县级以上人民政府应把节能技术研究开发作为政府科技投入的重点领域；国务院节能主管部门会同有关部门制定并公布节能技术、节能产品的推广目录，组织实施重大节能科研项目、节能示范项目、重点节能工程；县级以上人民政府应加强农业和农村节能工作；农业、科技等有关主管部门应当支持、推广、应用节能技术和节能产品；国家鼓励、支持在农村大力发展沼气，推广可再生能源利用技术等。

国家支持节能技术进步的措施有：

1. 发布节能技术政策大纲

《节约能源法》第五十六条规定："国务院管理节能工作的部门会同国务院科技主管部门发布节能技术政策大纲，指导节能技术研究、开发和推广应用。"这是关于国家发布节能技术政策大纲的规定。

（1）节能技术进步概念的含义。

节能技术进步是促进节约能源和优化用能结构、提高能源利用效率、实现节能降耗的有效途径。

（2）节能技术概念的含义。

《节约能源法》第五十六条所指的节能技术是指提高能源开发利用效率和效益、减少对环境影响、遏止能源资源浪费的技术，主要包括能源资源优化开发利用技术、单项节能改造技术与节能技术的系统集成，节能型的生产工艺、高性能用能设备，可直接或间接减少能源消耗的新材料开发应用技术，以及节约能源、提高用能效率的管理技术等。

2. 节能技术大纲的作用

国家计委早在1984年就会同国务院有关部门共同组织制定发布了我国第一部《节能技术大纲》（以下简称《大纲》）。1996年、2007年（国家发展改革委）根据形势发展变化需要，又组织有关部门两次修改发布《大纲》。《大纲》的颁布实施，对国家开展的重点节能工程、节能行动、节能技术改造、节能技术研究、开发、推广、应用起到了积极的推动作用，为政府主管部门定期发布节能技术大纲提供了法律基础和依据，同时也为落实国家节能减排目标奠定了技术基础。"十二五"期间，国家提出要进一步加快节能减排技术推广应用。编制节能减排技术政策大纲。继续发布国家重点节能技术推广目录、国家鼓励发展的重大环保技术装备目录，建立节能减排技术遴选、评定及推广机制。重点推广能量梯级利用、低温余热发电、先进煤气化、高压变频调速、干熄焦、蓄热式加热炉、吸收式热泵供暖、冰蓄冷、高效换热器，以及干法和半干法烟气脱硫、膜生物反应器、选择性催化还原氮氧化物控制等节能减排技术。加强与有关国际组织、政府在节能环保领域的交流与合作，积极引进、消化、吸收国外先进节能环保技术，加大推广力度。

（1）提供节能技术财政支持。

《节约能源法》第五十七条规定："县级以上各级人民政府应当把节能技术研究开发作为政府科技投入的重点领域，支持科研单位和企业开展节能技术应用研究，制定节能标准，开发节能共性和关键技术，促进节能技术创新与成果转化。"这是国家要求县级以上各级人民政府推动节能技术进步的规定。

政府科技投入是指政府为扶持和推动科技进步安排的财政资金，包括对各项科技活动的资金支持。我国是发展中国家，每年财政收入有限，不可能对所有节能技术项目给予足够的资金支持。为保证各级政府对节能技术的财政支持，发挥财政资金的引领和带动作用，县级以上政府应把节能技术研究开发作为政府科技投入的重点领域，支持科研单位和企业开展节能技术应用研究，制定节能标准，开发节能共性和关键技术，促进节能技术创新与成果转化。

（2）制定和公布节能技术、节能产品推广目录。

《节约能源法》第五十八条规定："国务院管理节能工作的部门会同国务院有关部门制定并公布节能技术、节能产品的推广目录，引导用能单位和个人使用先进的节能技术、节能产品。国务院管理节能工作的部门会同国务院有关部门组织实施重大节能科研项目、节能示范项目、重大节能工程。"

①节能产品概念的含义。节能产品（设备）是指符合与该种产品（设备）有关的质量、安全和环境标准要求，与同类产品或完成同类功能的产品相比，它的能源利用效率（能效、能耗）指标符合相关能效标准中 1 级或节能评价值的规定。节能产品一般是通过能效标识制度和节能产品认证制度两种方式确认，以公告的形式向社会公布，引导全社会宣传、推广、采购和使用节能产品。

②制定和公布节能技术、节能产品推广目录。节能技术、节能产品推广目录，是指在一定时期内，根据国家节能中长期专项规划和节能技术政策大纲等政策文件规定制定的节能技术和节能产品的优先发展推广目录。为了确保推广目录的真实性、实用性和权威性，根据本条规定，国务院管理节能工作的部门会同国务院有关部门组织有关专业机构和专家，采用科学民主的方式，在对现有的节能技术进行认真的筛选和评定的基础上，把那些真正是技术先进、节能潜力大、应用范围广的节能技术列入国家重点推广目录，并向社会公布，引导用能单位和个人采用、使用先进的节能技术和节能产品。

③组织实施重大节能科研项目、示范项目和重点节能工程。《节约能源法》第五十八条第二款规定"国务院管理节能工作的部门会同国务院有关部门组织实施重大节能科研项目、节能示范项目、重点节能工程。"重大节能科研项目，是指对节能进步有重要推动作用的重大节能科学研究项目。重点节能工程，是指对实现节能降耗有重要促进作用或节能潜力较大的节能工程。由于重大节能科研项目、节能示范项目、重点节能工程的投资大及涉及面广泛等特殊性，应当由国务院管理节能工作的部门会同国务院有关部门组织实施。

3. 加强农业和农村节能工作

《节约能源法》第五十九条规定："县级以上各级人民政府应当按照因地制宜、多能互补、综合利用、讲求效益的原则，加强农业和农村节能工作，增加对农业和农村节能技术、节能产品推广应用的资金投入。农业、科技等有关主管部门应当支持、推广在农业生产、农产品加工储运等方面应用节能技术和节能产品，鼓励更新和淘汰高耗能的农业机械和渔业船舶。国家鼓励、支持在农村大力发展沼气，推广生物质能、太阳能和风能等可再生能源利用技术，按照科学规划、有序开发的原则发展小型水力发电，推广节能型的农村住宅和炉灶等，鼓励利用非耕地种植能源植物，大力发展薪炭林等能源林。"这是关于加强农业和农村节能工作的规定。农业和农村是我国节能工作的重要组成部分。抓好农业和农村节能工作，对优化能源结构、缓解能源压力、保护改善农村生态环境、提高农民生活质量，对于实现国家节能减排工作目标具有重要的意义。"十二五"期间，国家提出要进一步促进农业和农村节能减排。加快淘汰老旧农用机具，推广农用节能机械、设备和渔船。推进节能型住宅建设，推动省柴节煤灶更新换代，开展农村水电增效扩容改造。发展户用沼气和大中型沼气，加强运行管理和维护服务。治理农业面源污染，加强农村环境综合整治，实施农村清洁工程，规模化养殖场和养殖小区配套建设废弃物处理设施的比例达到50%以上，鼓励污染物统一收集、集中处理。因地制宜推进农村分布式、低成本、易维护的污水处理设施建设。推广测土配方施肥，鼓励使用高效、安全、低毒农药，推动有机农业发展。

（1）农业和农村节能工作的基本原则。

在农业和农村节能工作中应当坚持"因地制宜、多能互补、综合利用、讲求效益"的原则。根据当地自然资源状况，选择能源开发重点。同时，还应全面考虑充分开发利用当地的各种能源资源，互为补充，以弥补煤炭等常规能源的不足。在综合利用方面，要广开利用途径，积极开发沼气能源，从整体上研究制定综合利用一体化工作思路。从而使资源得到充分的综合利用。在农业和农村的节能工作中要特别讲求经济效益和经济成果，不搞"花架子"，不做劳民伤财、违背经济客观规律的事情。

（2）农业和农村节能资金的投入。

农业及农村节能工作是我国节能工作的薄弱环节。县级以上人民政府要增加对农业和农村节能技术、节能产品推广应用的资金投入。努力做到五个推进：一是推进乡镇企业节能；二是推进农业机械节能；三是推进耕作制度节能；四是推进禽畜养殖节能；五是推进农村生活节能。

（3）农业机械和渔业船舶节能。

农业机械和渔业船舶是我国农业用能的主要领域，在这方面推广应用节能技术和节能产品，是节约农业用能的重要途径。大力发展节油、节电等农业机械和渔业机械，完善标准，强化检测，加快淘汰高耗能的农业机械和渔业船舶，对我国农业领域节能具有重要的意义。

（4）农村可再生能源利用。

我国农村能源商品化率很低，积极开发生物质能、太阳能、风能、地热能、小水电等可再生能源，对解决农村能源短缺矛盾是十分重要的。目前，国家已从五方面推进农村可再生能源利用：一是大力普及农村沼气工程建设；二是大力促进省柴节煤炉、灶、炕等用能实施的升级换代；三是大力推广太阳能、风能、微水电等可再生能源技术的应用；四是积极稳妥推进生物质能源的开发和应用；五是加强农业生产的节能管理。可再生能源的开发和利用，在我国农村具有广阔的前景，国家仍需要从人力、财力、物力、政策及节能技术等方面给予大力的支持和帮助。

2.5 节能激励措施

节能技术、节能产品的研究开发和推广具有很大的风险性，世界许多经济发达国家都采取一系列经济、法律等手段，对市场主体用能行为引导和调节。国家实行大量有利于节能技术、节能产品研发推广的财政、税收、政府采购、信贷和价格等措施。修订后的《节约能源法》专门设置了"激励措施"一章，构建了我国第一个从国家层面上全方位推动节能的激励措施政策构架。《节约能源法》第六十条至第六十七条规定了国家支持节能工作的激励措施。"十二五"期间，国家将进一步完善财政激励政策。加大中央预算内投资和中央财政节能减排专项资金的投入力度，加快节能减排重点工程实施和能力建设。深化"以奖代补"、"以奖促治"以及采用财政补贴方式推广高效节能家用电器、照明产品、节能汽车、高效电机产品等支持机制，强化财政资金的引导作用。国有资本经营预算要继续支持企业实施节能减排项目。地方各级人民政府要加大对节能减排的投入。推行政府绿色采购，完善强制采购和优先采购制度，逐步提高节能环保产品比重，研究实行节能环保服务政府采购。同时，国家还将进一步健全税收支持政策。落实国家支持节能减排所得税、增值税等优惠政策。积极推进资源税费改革，将原油、天然气和煤炭资源税计征办法由从量征收改为从价征收，并适当提高税负水平，依法清理取消涉及矿产资源的不合理收费基金项目。完善和落实资源综合利用和可再生能源发展的税收优惠政策。对节能减排金融支持力度也将进一步地加强。国家将加大各类金融机构对节能减排项目的信贷支持力度，鼓励金融机构创新适合节能减排项目特点的信贷管理模式。引导各类创业投资企业、股权投资企业、社会捐赠资金和国际援助资金增加对节能减排领域的投入。

2.5.1 节能专项资金

《节约能源法》第六十条规定"中央财政和省级地方财政安排节能专项资金，支持节能技术研究开发、节能技术和产品的示范与推广、重点节能工程的实施、节能宣传培训、信息服务和表彰奖励等。"这是关于节能专项资金及其使用方向的规定。修订前的《节约能源法》对安排节能专项资金没有明确的规定。但国内外的实践证明，建立节能专项财政资金是政府推进节能管理的重要措施和有力保证。修订后的《节约能源法》对安排节能专项资金作了明确的规定。从2007年开始到现在，中央和各省份都设立了节能专项资金，采用补助和奖励等方式支持全国和地方开展节能减排工作，在很大程度上推动了我国节能减排目标实现和节能减排任务的顺利完成，这项措施取得了很好的效果。

1. 中央财政和省级地方财政节能专项资金

该条规定了中央财政和省级地方财政安排节能专项资金。考虑我国幅员辽阔，市县经济发展不平衡，有的市县财政比较困难，《节约能源法》没有对市县财政设立节能专项资金予以规定。但有条件的市县地方人民政府，可根据各自情况，在财政预算中安排节能专项资金。

2. 节能专项资金的使用范围

根据本条规定，财政预算安排的节能专项资金，重点用于节能技术研究开发、节能技术和产品的示范与推广、重点节能工程的实施、节能宣传培训、信息服务和表彰奖励等方面。

2.5.2　推广目录

《节约能源法》第六十一条规定："国家对生产、使用列入本法第五十八条规定的推广目录的需要支持的节能技术、节能产品，实行税收优惠等扶持政策。国家通过财政补贴支持节能照明器具等节能产品的推广和使用。"这是对列入推广目录的节能技术和产品实行扶持政策以及对节能产品的推广和使用给予财政补贴的规定。列入推广目录的一般都是具备广阔的发展前景，产品节能潜力大且使用量大面广，在技术等方面具备推广条件，在推广中存在价格难度且市场占有率比较低等特性的节能技术和节能产品。然而，节能技术、节能产品都是有时效期的，国家的扶持政策也会随着节能技术和节能产品的成熟和普遍认同而逐步退出。

2.5.3　税收政策和能源矿产资源有偿使用

《节约能源法》第六十二条规定："国家实行有利于节约能源资源的税收政策，健全能源矿产资源有偿使用制度，促进能源资源的节约及其开采利用水平的提高。"

1. 税收政策

促进能源资源节约的税收政策，对能源的生产和消费都能够起到积极的调控和引导作用。近些年来，对采用综合利用方式生产的建筑产品，国家采取免征增值税、减征所得税的优惠税收政策，对高耗能的能源产品列入消费税范围，本着多用能多交税的原则，从生产和消费两个环节上，运用税收政策的杠杆作用进行有效的调控和引导。

2. 能源矿产资源有偿使用

能源矿产资源有偿使用制度，是指国家以能源矿产资源所有者和管理者的身份，为实现所有者权益，保障能源矿产资源的合理有序开发和可持续利用，向使用能源矿产资源的单位和个人收取能源矿产资源使用费的制度。建立健全能源矿产资源的有偿使用制度，对有效地制止和约束我国能源矿产资源开发中存在的破坏、浪费、低效行为，提高开采利用水平，促进能源矿产资源的使用者、开发者和消费者保护和节约能源，都有十分重要的意义和作用。

2.5.4　节能技术、节能产品进出口政策

《节约能源法》第六十三条规定："国家运用税收等政策，鼓励先进节能技术、设备

的进口，控制在生产过程中耗能高、污染重的产品的出口。"这是关于运用税收政策鼓励进口先进节能技术、设备和控制在生产过程中耗能高、污染重的产品出口的规定。这里所讲的税收政策，主要指进出口关税政策，出口环节增值税、消费税政策和将部分产品列入加工贸易禁止类目录等政策措施。

1. 国家鼓励进口先进的节能技术和设备

引进发达国家的节能技术、设备，对转变经济增长方式、加快我国企业的技术进步具有十分重要的意义。长期以来，为了鼓励企业引进先进节能技术、设备，国家采取了一系列政策措施，取得了一定的效果。今后，国家还将继续通过降低进口关税等措施，鼓励企业进口先进的节能技术和设备，提高企业节能改造的积极性。

2. 国家控制耗能高、污染重的产品出口

长期以来，一些高耗能、高污染产品出口数量和速度不断提高。这实际上是以产品形态出口大量的能源，对我国能源产业造成了巨大的压力。为限制高耗能、高污染和资源性产品的出口，我国相继出台了一系列政策措施。今后，国家还要继续运用调整出口退税、加征出口关税、将部分产品列入加工贸易禁止类目录等措施，坚持严格控制高耗能、高污染和资源性产品的出口，以保证国家的能源安全。

2.5.5 政府采购节能产品、设备的政策

《节约能源法》第六十四条规定："政府采购监督管理部门会同有关部门制定节能产品、设备政府采购名录，应当优先列入取得节能产品认证证书的产品、设备。"这是关于将取得节能产品、设备优先列入政府采购名录的规定。政府采购名录是以节能产品政府采购清单形式颁布的，按照国务院规定的职责分工，由财政部、国家发展改革委负责制定。节能产品认证证书是取得认证资格的第三方机构根据国家相关的标准和技术要求，按照规定程序，对符合节能产品条件的用能产品予以确认，由中国节能产品认证管理委员会统一颁发。本条规定的将取得节能产品认证证书的产品、设备优先列入政府采购名录，有利于保证列入名录的产品的节能性能和产品质量，有利于增强名录的可信度和公信力，也有利于促进节能产品认证工作的健康发展。

2.5.6 国家对节能工作的信贷政策

《节约能源法》第六十五条规定："国家引导金融机构增加对节能项目的信贷支持，为符合条件的节能技术研究开发、节能产品生产以及节能技术改造等项目提供优惠贷款。国家推动和引导社会有关方面加大对节能的资金投入，加快节能技术改造。"这是关于国家引导金融机构支持节能项目和引导社会各方面加大对节能的资金投入的规定。

1. 国家引导金融机构增加对节能项目的信贷支持

节能项目一般都具有一定的公益性质，节能技术研究开发、节能产品生产以及节能技术改造等项目，往往资金需求量大，投资期回报期较长。现实中，节能项目融资普遍比较

困难。因此应当发挥政府的导向作用。一方面要加大政策性金融对节能减排项目的支持力度；另一方面政府可通过实行贷款贴息、提供贷款担保、对金融机构给予税收优惠等措施，引导金融机构增加对节能项目的优惠等信贷支持。同时政府也要加大对金融机构的宣传教育的力度，节能减排是社会的共同责任，所有金融机构都是义不容辞。

2. 国家推动和引导社会有关方面加大对节能的资金投入

为了加快节能技术改造的步伐，除了各级政府的资金支持外，还可采取发行节能项目债券、企业直接通过市场进行融资和利用国际金融组织、外国政府贷款等多渠道筹集节能减排资金，对企业、节能服务公司、融资租赁公司、风险投资公司等节能项目给予税收等方面的优惠。

2.5.7 节能价格政策和节能新机制

《节约能源法》第六十六条规定："国家实行有利于节能的价格政策，引导用能单位和个人节能。国家运用财税、价格等政策，支持推广电力需求侧管理、合同能源管理、节能自愿协议等节能办法。国家实行峰谷分时电价、季节性电价、可中断负荷电价制度，鼓励电力用户合理调整用电负荷；对钢铁、有色金属、建材、化工和其他主要耗能行业的企业，分淘汰、限制、允许和鼓励类实行差别电价政策。"这是关于实行有利于节能的价格政策和支持推广节能新机制的规定。

1. 节能价格政策

长期以来，我国许多重要能源或资源性产品的价格仍然实行政府定价或政府指导价。这些能源产品的价格普遍低于市场水平，既不反映价值，也不反映资源稀缺程度和供求关系，更不反映环境治理成本和资源枯竭后的治理成本。在一定程度上导致我国能源资源开发利用效率低下和浪费。因此，应当必须建立基于市场的价格形成机制，使能源和资源价格灵活有效。通过符合市场机制的价格政策体系，正确引导用能单位和个人节约使用能源。

2. 节能新机制

经济发达国家推动节能减排工作的实践证明，电力需求侧管理、合同能源管理、节能自愿协议等是行之有效的节能办法，这些能源管理新机制对提高能源管理水平起到了积极的推进作用。

（1）电力需求侧管理。

电力需求侧管理是指通过提高终端用电效率和优化用电方式，在满足同样用电功能的同时减少电力消耗和电力需求，达到节约能源和保护环境、实现低成本电力服务所进行的用电管理活动。通常是采用"削峰填谷"的办法，减少高峰用电，充分利用低谷期电能，达到均衡、经济、合理利用电能的目的。

（2）合同能源管理。

合同能源管理是经济发达国家在20世纪后期逐步形成和发展起来的一种节能新机制，

发源地在美国。合同能源管理一般是由以赢利为目的的专业化能源服务公司引入市场机制运作的。由能源服务公司与企业签订"能源管理合同",由能源服务公司负责为企业的节能项目提供从投融资、能效审计、项目设计、施工、监测、管理、风险承担等全过程的系列服务,同时通过与企业分享节能项目实施后产生的节能效益来取得赢利和滚动发展。

（3）节能自愿协议。

节能自愿协议是指行业协会或企业在自愿的基础上为提高能效与政府签订的一种协议,发源地在荷兰。协议一般包括两方面:一是行业协会或企业承诺在一定时间内达到某一能效目标;二是政府承诺给予某种形式的激励政策。节能自愿协议作为一种节能新机制,在经济发达国家得到普遍的认同和卓有成效的开展。

3. 节能电价制度

国家实行鼓励电力用户合理调整用电负荷的电价制度,主要包括以下政策。

（1）峰谷分时电价制度。

峰谷分时电价制度,是指根据用户用电需求和电网在不同时段的实际负荷情况,将每天的时间划分为高峰、平段、低谷三个时段或高峰、低谷两个时段,对各时段分别制定不同的电价水平,以鼓励用户和发电企业削峰填谷,提高电力资源的利用效率。

（2）季节性电价制度。

季节性电价制度,是指根据供电成本、用户用电需求和电网在不同时段的实际负荷情况,确定不同季节的电价。

（3）可中断负荷电价制度。

可中断负荷电价制度,是通过电力公司与电力用户签订可中断合同的方式,允许电力公司在某个特定的时期（如负荷高峰期或者是紧急状态下）,根据合同规定的权限范围中断或削减部分的用户负荷,同时给予用户一定的缺电补偿,这样可有效降低电网高峰时的用电负荷,缓解用电高峰期的供电紧张状况。

（4）差别电价制度。

国家对主要耗能行业实行差别电价,就是将限制高耗能、高污染行业发展的产业政策和价格政策有机结合起来。对主要耗能行业的企业实行差别电价政策的基本原则:一是以国家产业政策为依据确定电价政策;二是合理确定主要耗能行业的总体电价水平,对允许和鼓励类企业用电执行正常电价水平,对限制类、淘汰类企业用电适当提高电价;三是实行区别对待,各地可以结合实际情况,适当加大差别电价实施力度。

2.5.8 表彰和奖励

《节约能源法》第六十七条规定:"各级人民政府对在节能管理、节能科学技术研究和推广应用中有显著成绩以及检举严重浪费能源行为的单位和个人,给予表彰和鼓励。"这是关于表彰和奖励节能先进单位和个人的规定。

1. 表彰、奖励的主体和受表彰、奖励的对象

表彰、奖励的主体是各级人民政府；受表彰、奖励的对象是单位或个人。

2. 表彰和奖励的条件

在节能管理、节能科学技术研究和推广应用中有显著成绩；对严重浪费行为进行检举。

3. 表彰和奖励的形式

表彰和奖励的形式有精神奖励、物质奖励和提职、晋级奖励。2011 年国家发展改革委出台了《节能技术改造财政奖励资金管理办法》，各省、自治区、直辖市也都据此制定了节能减排奖励制度。

复习思考题

一．单项选择题（在备选答案中选择 1 个最佳答案，并把它的标号写在括号内）

1. 1998 年 1 月 1 日起实行的（　　　）标志着中国节约能源工作开始步入法治轨道。

A.《环境保护法》　　　　　　　　B.《循环经济促进法》

C.《清洁生产法》　　　　　　　　D.《节约能源法》

2. 修订后的《节约能源法》从（　　　）起执行。

A. 2008 年 4 月 1 日　　　　　　　B. 2007 年 10 月 28 日

C. 2008 年 6 月 1 日　　　　　　　D. 2007 年 6 月 1 日

3. 修订后的《节约能源法》共（　　　）。

A. 六章八十条　　　　　　　　　B. 八章八十六条

C. 七章八十七条　　　　　　　　D. 六章八十七条

4. 修订后的《节约能源法》在工业节能中增加了一些重要规定，其中专门增加了（　　　）的内容。

A. 重点用能单位节能　　　　　　B. 重点节能单位

C. 重点用能单位　　　　　　　　D. 工业用能单位节能

5. 节约能源是我国的（　　　）。

A. 基本战略　　　B. 基本国策　　　C. 基本方针　　　D. 基本任务

二．多项选择题（在备选答案中有 2～5 个是正确的，将其全部选出并将它们的标号写在括号内，选错、漏选和不选均不得分）

1. 修订后的《节约能源法》第三章增设了（　　　）、（　　　）和（　　　）的内容。

A. 建筑节能　　　　　　　　　　B. 交通运输节能

C. 化工节能　　　　　　　　　　D. 公共机构节能

E. 电力节能

2. 《节约能源法》所称能源，是指（　　）和电力、热力以及其他直接或者通过加工、转换而取得有用能的各种资源。

　　A. 煤炭、石油　　　　　　　　B. 太阳能、风能

　　C. 水电、核能　　　　　　　　D. 生物质能

　　E. 天然气

3. 国家实行有利于节能和环境保护的产业政策，（　　），发展节能环保型产业。

　　A. 限制发展高耗能　　　　　　B. 鼓励发展第三产业

　　C. 限制发展资源性行业　　　　D. 高污染行业

　　E. 鼓励发展节能工业

4. 国家实行（　　），将节能目标完成情况作为对地方人民政府及其负责人考核评价的内容。

　　A. 节能目标责任制　　　　　　B. 节能考核评价制度

　　C. 节能管理责任制　　　　　　D. 节能目标考评制

　　E. 节能监测考核责任制

5. 节约资源是我国的基本国策。国家实施（　　）的能源发展战略。

　　A. 把节约放在首位　　　　　　B. 利用为主，加强开发

　　C. 开发与节约并举　　　　　　D. 节约与开发并举

　　E. 把开发放在首位

三、简答题

1. 什么是能源？什么是节约能源？

2. 修订后的《节约能源法》增加了一些新内容，主要体现在几个方面？修订后的《节约能源法》明确了哪些强制性的标准？

四、论述题

1. 国家如何实行节能目标责任制和节能考核评价制度？

2. 管理节能工作的部门应当如何加强对重点用能单位的监管？

第3章　能源管理相关法律

▶ **学习目标**

1. 应知道、识记、理解的内容
- 《电力法》与《节约能源法》相关的内容
- 《煤炭法》与《节约能源法》相关的内容
- 《可再生能源法》与《节约能源法》相关的内容
- 《清洁生产促进法》与《节约能源法》相关的内容
- 《循环经济促进法》与《节约能源法》相关的内容
- 《标准化法》与《节约能源法》相关的内容*
- 《环境保护法》与《节约能源法》相关的内容*
2. 应领会、掌握和应用的内容
- 《电力法》与《节约能源法》相关的学习要点
- 《煤炭法》与《节约能源法》相关的学习要点
- 《可再生能源法》与《节约能源法》相关的学习要点
- 《清洁生产促进法》与《节约能源法》相关的学习要点
- 《循环经济促进法》与《节约能源法》相关的学习要点
- 《标准化法》与《节约能源法》相关的学习要点*
- 《环境保护法》与《节约能源法》相关的学习要点*

▶ **自学时数**

8～10学时

▶ **教师导学**

- 除了《节约能源法》对节约能源做了系统、具体的规定外，还有一些与《节约能源法》密切相关的法律使节约能源法律更趋向于完备和完善。本章选录了《电力法》、《煤炭法》、《可再生能源法》、《清洁生产促进法》、《循环经济法》、《标准化法》、《环境保护法》等法律以供学员系统学习。

3.1 电力法

中华人民共和国电力法

1995 年 12 月 28 日八届全国人大常委会第十七次会议通过

第一章 总 则

第一条 为了保障和促进电力事业的发展，维护电力投资者、经营者和使用者的合法权益，保障电力安全运行，制定本法。

第二条 本法适用于中华人民共和国境内的电力建设、生产、供应和使用活动。

第三条 电力事业应当适应国民经济和社会发展的需要，适当超前发展。国家鼓励、引导国内外的经济组织和个人依法投资开发电源，兴办电力生产企业。

电力事业投资，实行谁投资、谁收益的原则。

第四条 电力设施受国家保护。

禁止任何单位和个人危害电力设施安全或者非法侵占、使用电能。

第五条 电力建设、生产、供应和使用应当依法保护环境，采取新技术，减少有害物质排放，防治污染和其他公害。

国家鼓励和支持利用可再生能源和清洁能源发电。

第六条 国务院电力管理部门负责全国电力事业的监督管理。国务院有关部门在各自的职责范围内负责电力事业的监督管理。

县级以上地方人民政府经济综合主管部门是本行政区域内的电力管理部门，负责电力事业的监督管理。县级以上地方人民政府有关部门在各自的职责范围内负责电力事业的监督管理。

第七条 电力建设企业、电力生产企业、电网经营企业依法实行自主经营、自负盈亏，并接受电力管理部门的监督。

第八条 国家帮助和扶持少数民族地区、边远地区和贫困地区发展电力事业。

第九条 国家鼓励在电力建设、生产、供应和使用过程中，采用先进的科学技术和管理方法，对在研究、开发、采用先进的科学技术和管理方法等方面作出显著成绩的单位和个人给予奖励。

第二章 电力建设

第十条 电力发展规划应当根据国民经济和社会发展的需要制定，并纳入国民经济和社会发展计划。

电力发展规划，应当体现合理利用能源、电源与电网配套发展、提高经济效益和有利于环境保护的原则。

第十一条　城市电网的建设与改造规划，应当纳入城市总体规划。城市人民政府应当按照规划，安排变电设施用地、输电线路走廊和电缆通道。

任何单位和个人不得非法占用变电设施用地、输电线路走廊和电缆通道。

第十二条　国家通过制定有关政策，支持、促进电力建设。

地方人民政府应当根据电力发展规划，因地制宜，采取多种措施开发电源，发展电力建设。

第十三条　电力投资者对其投资形成的电力，享有法定权益。并网运行的，电力投资者有优先使用权；未并网的自备电厂，电力投资者自行支配使用。

第十四条　电力建设项目应当符合电力发展规划，符合国家电力产业政策。

电力建设项目不得使用国家明令淘汰的电力设备和技术。

第十五条　输变电工程、调度通信自动化工程等电网配套工程和环境保护工程，应当与发电工程项目同时设计、同时建设、同时验收、同时投入使用。

第十六条　电力建设项目使用土地，应当依照有关法律、行政法规的规定办理；依法征用土地的，应当依法支付土地补偿费和安置补偿费，做好迁移居民的安置工作。

电力建设应当贯彻切实保护耕地、节约利用土地的原则。

地方人民政府对电力事业依法使用土地和迁移居民，应当予以支持和协助。

第十七条　地方人民政府应当支持电力企业为发电工程建设勘探水源和依法取水、用水。电力企业应当节约用水。

第三章　电力生产与电网管理

第十八条　电力生产与电网运行应当遵循安全、优质、经济的原则。

电网运行应当连续、稳定，保证供电可靠性。

第十九条　电力企业应当加强安全生产管理，坚持安全第一、预防为主的方针，建立、健全安全生产责任制度。

电力企业应当对电力设施定期进行检修和维护，保证其正常运行。

第二十条　发电燃料供应企业、运输企业和电力生产企业应当依照国务院有关规定或者合同约定供应、运输和接卸燃料。

第二十一条　电网运行实行统一调度、分级管理。任何单位和个人不得非法干预电网调度。

第二十二条　国家提倡电力生产企业与电网、电网与电网并网运行。具有独立法人资格的电力生产企业要求将生产的电力并网运行的，电网经营企业应当接受。

并网运行必须符合国家标准或者电力行业标准。

并网双方应当按照统一调度、分级管理和平等互利、协商一致的原则，签订并网协议，确定双方的权利和义务；并网双方达不成协议的，由省级以上电力管理部门协调决定。

第二十三条　电网调度管理办法，由国务院依照本办法的规定制定。

第四章　电力供应与使用

第二十四条　国家对电力供应和使用，实行安全用电、节约用电、计划用电的管理原则。

电力供应与使用办法由国务院依照本法的规定制定。

第二十五条　供电企业在批准的供电营业区内向用户供电。

供电营业区的划分，应当考虑电网的结构和供电合理性等因素。一个供电营业区内只设立一个供电营业机构。

省、自治区、直辖市范围内的供电营业区的设立、变更，由供电企业提出申请，经省、自治区、直辖市人民政府电力管理部门会同同级有关部门审查批准后，由省、自治区、直辖市人民政府电力管理部门发给《供电营业许可证》。跨省、自治区、直辖市的供电营业区的设立、变更，由国务院电力管理部门审查批准并发给《供电营业许可证》。供电营业机构持《供电营业许可证》向工商行政管理部门申请领取营业执照，方可营业。

第二十六条　供电营业区内的供电营业机构，对本营业区内的用户有按照国家规定供电的义务；不得违反国家规定对其营业区内申请用电的单位和个人拒绝供电。

申请新装用电、临时用电、增加用电容量、变更用电和终止用电，应当依照规定的程序办理手续。

供电企业应当在其营业场所公告用电的程序、制度和收费标准，并提供用户须知资料。

第二十七条　电力供应与使用双方应当根据平等自愿、协商一致的原则，按照国务院制定的电力供应与使用办法签订供用电合同，确定双方的权利和义务。

第二十八条　供电企业应当保证供给用户的供电质量符合国家标准。对公用供电设施引起的供电质量问题，应当及时处理。

用户对供电质量有特殊要求的，供电企业应当根据其必要性和电网的可能，提供相应的电力。

第二十九条　供电企业在发电、供电系统正常的情况下，应当连续向用户供电，不得中断。因供电设施检修、依法限电或者用户违法用电等原因，需要中断供电时，供电企业应当按照国家有关规定事先通知用户。

用户对供电企业中断供电有异议的，可以向电力管理部门投诉；受理投诉的电力管理部门应当依法处理。

第三十条　因抢险救灾需要紧急供电时，供电企业必须尽速安排供电，所需供电工程费用和应付电费依照国家有关规定执行。

第三十一条　用户应当安装用电计量装置。用户使用的电力电量，以计量检定机构依法认可的用电计量装置的记录为准。

用户受电装置的设计、施工安装和运行管理，应当符合国家标准或者电力行业标准。

第三十二条　用户用电不得危害供电、用电安全和扰乱供电、用电秩序。

对危害供电、用电安全和扰乱供电、用电秩序的，供电企业有权制止。

第三十三条　供电企业应当按照国家核准的电价和用电计量装置的记录，向用户计收电费。

供电企业查电人员和抄表收费人员进入用户，进行用电安全检查或者抄表收费时，应当出示有关证件。

用户应当按照国家核准的电价和用电计量装置的记录，按时交纳电费；对供电企业查电人员和抄表收费人员依法履行职责，应当提供方便。

第三十四条　供电企业和用户应当遵守国家有关规定，采取有效措施，做好安全用电、节约用电和计划用电工作。

第五章　电价与电费

第三十五条　本法所称电价，是指电力生产企业的上网电价、电网间的互供电价、电网销售电价。

电价实行统一政策，统一定价原则，分级管理。

第三十六条　制定电价，应当合理补偿成本，合理确定收益，依法计入税金，坚持公平负担，促进电力建设。

第三十七条　上网电价实行同网同质同价。具体办法和实施步骤由国务院规定。

电力生产企业有特殊情况需另行制定上网电价的，具体办法由国务院规定。

第三十八条　跨省、自治区、直辖市电网和省级电网内的上网电价，由电力生产企业和电网经营企业协商提出方案，报国务院物价行政主管部门核准。

独立电网内的上网电价，由电力生产企业和电网经营企业协商提出方案，报有管理权的物价行政主管部门核准。

地方投资的电力生产企业所生产的电力，属于在省内各地区形成独立电网的或者自发自用的，其电价可以由省、自治区、直辖市人民政府管理。

第三十九条　跨省、自治区、直辖市电网和独立电网之间、省级电网和独立电网之间的互供电价，由双方协商提出方案，报国务院物价行政主管部门或者其授权的部门核准。

独立电网与独立电网之间的互供电价，由双方协商提出方案，报有管理权的物价行政主管部门核准。

第四十条　跨省、自治区、直辖市电网和省级电网的销售电价，由电网经营企业提出方案，报国务院物价行政主管部门或者其授权的部门核准。

独立电网的销售电价，由电网经营企业提出方案，报有管理权的物价行政主管部门核准。

第四十一条　国家实行分类电价和分时电价。分类标准和分时办法由国务院确定。

对同一电网内的同一电压等级、同一用电类别的用户，执行相同的电价标准。

第四十二条　用户用电增容收费标准，由国务院物价行政主管部门会同国务院电力管理部门制定。

第四十三条　任何单位不得超越电价管理权限制定电价。供电企业不得擅自变更电价。

第四十四条　禁止任何单位和个人在电费中加收其他费用；但是，法律、行政法规另有规定的，按照规定执行。

地方集资办电在电费中加收费用的，由省、自治区、直辖市人民政府依照国务院有关规定制定办法。

禁止供电企业在收取电费时，代收其他费用。

第四十五条　电价的管理办法，由国务院依照本法的规定制定。

第六章　农村电力建设和农业用电

第四十六条　省、自治区、直辖市人民政府应当制定农村电气化发展规划，并将其纳入当地电力发展规划及国民经济和社会发展计划。

第四十七条　国家对农村电气化实行优惠政策，对少数民族地区、边远地区和贫困地区的农村电力建设给予重点扶持。

第四十八条　国家提倡农村开发水能资源，建设中、小型水电站，促进农村电气化。

国家鼓励和支持农村利用太阳能、风能、地热能、生物质能和其他能源进行农村电源建设，增加农村电力供应。

第四十九条　县级以上地方人民政府及其经济综合主管部门在安排用电指标时，应当保证农业和农村用电的适当比例，优先保证农村排涝、抗旱和农业季节性生产用电。

电力企业应当执行前款的用电安排，不得减少农业和农村用电指标。

第五十条　农业用电价格按照保本、微利的原则确定。

农民生产用电与当地城镇居民生活用电应当逐步实行相同的电价。

第五十一条　农业和农村用电管理办法，由国务院依照本办法的规定制定。

第七章　电力设施保护

第五十二条　任何单位和个人不得危害发电设施、变电设施和电力线路设施及其有关辅助设施。

在电力设施周围进行爆破及其他可能危及电力设施安全的作业的，应当按照国务院有关电力设施保护的规定，经批准并采取确保电力设施安全的措施后，方可进行作业。

第五十三条　电力管理部门应当按照国务院有关电力设施保护的规定，对电力设施保护区设立标志。

任何单位和个人不得在依法划定的电力设施保护区内修建可能危及电力设施安全的建筑物、构筑物，不得种植可能危及电力设施安全的植物，不得堆放可能危及电力设施安全的物品。

在依法划定电力设施保护区前已经种植的植物妨碍电力设施安全的，应当修剪或者砍伐。

第五十四条　任何单位和个人需要在依法划定的电力设施保护区内进行可能危及电力设施安全的作业时，应当经电力管理部门批准并采取安全措施后，方可进行作业。

第五十五条　电力设施与公用工程、绿化工程和其他工程在新建、改建或者扩建中相互妨碍时，有关单位应当按照国家有关规定协商，达成协议后方可施工。

第八章　监督检查

第五十六条　电力管理部门依法对电力企业和用户执行电力法律、行政法规的情况进行监督检查。

第五十七条　电力管理部门根据工作需要，可以配备电力监督检查人员。

电力监督检查人员应当公正廉洁，秉公执法，熟悉电力法律、法规，掌握有关电力专业技术。

第五十八条　电力监督检查人员进行监督检查时，有权向电力向企业或者用户了解有关执行电力法律、行政法规的情况，查阅有关资料，并有权进入现场进行检查。

电力企业和用户对执行监督检查任务的电力监督检查人员应当提供方便。

电力监督检查人员进行监督检查进，应当出示证件。

第九章　法律责任

第五十九条　电力企业或者用户违反供用电合同，给对方造成损失的，应当依法承担赔偿责任。

电力企业违反本法第二十八条、第二十九条一款的规定，未保证供电质量或者未事先通知用户中断供电，给用户造成损失的，应当依法承担赔偿责任。

第六十条　因电力运行事故给用户或者第三人造成损害的，电力企业应当依法承担赔偿责任。

电力运行事故由下列原因之一造成的，电力企业不承担赔偿责任：

（一）不可抗力；

（二）用户自身的过错。

因用户或者第三人的过错给电力企业或者其他用户造成损害的，该用户或者第三人应当依法承担赔偿责任。

第六十一条　违反本法第十一条第二款的规定，非法占用变电设施用地、输电线路走廊或者电缆通道的，由县级以上地方人民政府责令限期改正；逾期不改正的，强制清除障碍。

第六十二条　违反本法第十四条规定，电力建设项目不符合电力发展规划、产业政策的，由电力管理部门责令停止建设。

违反本法第十四条规定，电力建设项目使用国家明令淘汰的电力设备和技术的，由电力管理部门责令停止使用，没收国家明令淘汰的电力设备，并处五万元以下的罚款。

第六十三条　违反本法第二十五条规定，未经许可，从事供电或者变更供电营业区的，由电力管理部门责令改正，没收违法所得，可以并处违法所得五倍以下的罚款。

第六十四条 违反本法第二十六条、第二十九条规定，拒绝供电或者中断供电的，由电力管理部门责令改正，给予警告；情节严重的，对有关主管人员和直接责任人员给予行政处分。

第六十五条 违反本法第三十二条规定，危害供电、用电安全或者扰乱供电、用电秩序的，由电力管理部门责令改正，给予警告；情节严重或者拒绝改正的，可以中止供电，可以并处五万元以下的罚款。

第六十六条 违反本法第三十三条、第四十三条、第四十四条规定，未按照国家核准的电价和用电计量装置的记录向用户计收电费、超越权限制定电价或者在电费中加收其他费用的，由物价行政主管部门给予警告，责令返还违法收取的费用，可以并处违法收取费用五倍以下的罚款；情节严重的，对有关主管人员和直接责任人员给予行政处分。

第六十七条 违反本法第四十九条第二款规定，减少农业和农村用电指标的，由电力管理部门责令改正；情节严重的，对有关主管人员和直接责任人员给予行政处分；造成损失的，责令赔偿损失。

第六十八条 违反本法第五十二条第二款和第五十四条规定，未经批准或者未采取安全措施在电力设施周围或者在依法划定的电力设施保护区内进行作业，危及电力设施安全的，由电力管理部门责令停止作业、恢复原状并赔偿损失。

第六十九条 违反本法第五十三条规定，在依法划定的电力设施保护区内修建建筑物、构筑物或者种植植物、堆放物品，危及电力设施安全的，由当地人民政府责令强制拆除、砍伐或者清除。

第七十条 有下列行为之一，应当给予治安管理处罚的，由公安机关依照治安管理处罚条例的有关规定予以处罚；构成犯罪的，依法追究刑事责任：

（一）阻碍电力建设或者电力设施抢修，致使电力建设或者电力设施抢修不能正常进行的；

（二）扰乱电力生产企业、变电所、电力调度机构和供电企业的秩序，致使生产、工作和营业不能正常进行的；

（三）殴打、公然侮辱履行职务的查电人员或者抄表收费人员的；

（四）拒绝、阻碍电力监督检查人员依法执行职务的。

第七十一条 盗窃电能的，由电力管理部门责令停止违法行为，追缴电费并处应交电费五倍以下的罚款；构成犯罪的，依照刑法第一百五十一条或者第一百五十二条的规定追究刑事责任。

第七十二条 盗窃电力设施或者以其他方法破坏电力设施，危害公共安全的，依照刑法第一百零九条或者第一百一十条的规定追究刑事责任。

第七十三条 电力管理部门的工作人员滥用职权、玩忽职守、徇私舞弊，构成犯罪的，依法追究刑事责任；尚不构成犯罪的，依法给予行政处分。

第七十四条　电力企业职工违反规章制度、违章调度或者不服从调度指令，造成重大事故的，比照刑法第一百一十四条的规定追究刑事责任。

电力企业职工故意延误电力设施抢修或者抢险救灾供电，造成严重后果的，比照刑法第一百一十四条的规定追究刑事责任。

电力企业的管理人员和查电人员、抄表收费人员勒索用户、以电谋私，构成犯罪的，依法追究刑事责任；尚不构成犯罪的，依法给予行政处分。

第十章　附　则

第七十五条　本法自 1996 年 4 月 1 日起施行。

附：刑法有关条款

第一百零九条　破坏电力、煤气或者其他易燃易爆设备，危害公共安全，尚未造成严重后果的，处三年以上十年以下有期徒刑。

第一百一十条　破坏交通工具、交通设备、电力煤气设备、易燃易爆设备造成严重后果的，处十年以上有期徒刑、无期徒刑或者死刑。

过失犯前款罪的，处七年以下有期徒刑或者拘役。

第一百一十四条　工厂、矿山、林场、建筑企业或者其他企业、事业单位的职工，由于不服管理、违反规章制度，或者强令工人违章冒险作业，因而发生重大伤亡事故，造成严重后果的，处三年以下有期徒刑或者拘役；情节特别恶劣的，处三年以上七年以下有期徒刑。

第一百五十一条　盗窃、诈骗、抢夺公私财物数额较大的，处五年以下有期徒刑、拘役或者管制。

第一百五十二条　惯窃、惯骗或者盗窃、诈骗、抢夺公私财物数额巨大的，处五年以上十年以下有期徒刑；情节特别严重的，处十年以上有期徒刑或者无期徒刑，可以并处没收财产。

3.2　煤炭法

中华人民共和国煤炭法

1996 年 8 月 29 日八届全国人大常委会第二十一次会议通过　根据 2009 年 8 月 27 日十一届全国人大常委会第十次会议《关于修改部分法律的决定》第一次修正　根据 2011 年 4 月 22 日十一届全国人大常委会第二十次会议《关于修改〈中华人民共和国煤炭法〉的决定》第二次修正

目　录

第一章　总　则

第二章　煤炭生产开发规划与煤矿建设

第三章　煤炭生产与煤矿安全

第四章　煤炭经营

第五章　煤矿矿区保护

第六章　监督检查

第七章　法律责任

第八章　附　则

第一章　总　则

第一条　为了合理开发利用和保护煤炭资源，规范煤炭生产、经营活动，促进和保障煤炭行业的发展，制定本法。

第二条　在中华人民共和国领域和中华人民共和国管辖的其他海域从事煤炭生产、经营活动，适用本法。

第三条　煤炭资源属于国家所有。地表或者地下的煤炭资源的国家所有权，不因其依附的土地的所有权或者使用权的不同而改变。

第四条　国家对煤炭开发实行统一规划、合理布局、综合利用的方针。

第五条　国家依法保护煤炭资源，禁止任何乱采、滥挖破坏煤炭资源的行为。

第六条　国家保护依法投资开发煤炭资源的投资者的合法权益。

国家保障国有煤矿的健康发展。

国家对乡镇煤矿采取扶持、改造、整顿、联合、提高的方针，实行正规合理开发和有序发展。

第七条　煤矿企业必须坚持安全第一、预防为主的安全生产方针，建立健全安全生产的责任制度和群防群治制度。

第八条　各级人民政府及其有关部门和煤矿企业必须采取措施加强劳动保护，保障煤矿职工的安全和健康。

国家对煤矿井下作业的职工采取特殊保护措施。

第九条　国家鼓励和支持在开发利用煤炭资源过程中采用先进的科学技术和管理方法。

煤矿企业应当加强和改善经营管理，提高劳动生产率和经济效益。

第十条　国家维护煤矿矿区的生产秩序、工作秩序，保护煤矿企业设施。

第十一条　开发利用煤炭资源，应当遵守有关环境保护的法律、法规，防治污染和其他公害，保护生态环境。

第十二条　国务院煤炭管理部门依法负责全国煤炭行业的监督管理。国务院有关部门在各自的职责范围内负责煤炭行业的监督管理。

县级以上地方人民政府煤炭管理部门和有关部门依法负责本行政区域内煤炭行业的监督管理。

第十三条　煤炭矿务局是国有煤矿企业，具有独立法人资格。

矿务局和其他具有独立法人资格的煤矿企业、煤炭经营企业依法实行自主经营、自负盈亏、自我约束、自我发展。

第二章　煤炭生产开发规划与煤矿建设

第十四条　国务院煤炭管理部门根据全国矿产资源勘查规划编制全国煤炭资源勘查规划。

第十五条　国务院煤炭管理部门根据全国矿产资源规划规定的煤炭资源，组织编制和实施煤炭生产开发规划。

省、自治区、直辖市人民政府煤炭管理部门根据全国矿产资源规划规定的煤炭资源，组织编制和实施本地区煤炭生产开发规划，并报国务院煤炭管理部门备案。

第十六条　煤炭生产开发规划应当根据国民经济和社会发展的需要制定，并纳入国民经济和社会发展计划。

第十七条　国家制定优惠政策，支持煤炭工业发展，促进煤矿建设。

煤矿建设项目应当符合煤炭生产开发规划和煤炭产业政策。

第十八条　开办煤矿企业，应当具备下列条件：

（一）有煤矿建设项目可行性研究报告或者开采方案；

（二）有计划开采的矿区范围、开采范围和资源综合利用方案；

（三）有开采所需的地质、测量、水文资料和其他资料；

（四）有符合煤矿安全生产和环境保护要求的矿山设计；

（五）有合理的煤矿矿井生产规模和与其相适应的资金、设备和技术人员；

（六）法律、行政法规规定的其他条件。

第十九条　开办煤矿企业，必须依法向煤炭管理部门提出申请；依照本法规定的条件和国务院规定的分级管理的权限审查批准。

审查批准煤矿企业，须由地质矿产主管部门对其开采范围和资源综合利用方案进行复核并签署意见。

经批准开办的煤矿企业，凭批准文件由地质矿产主管部门颁发采矿许可证。

第二十条　煤矿建设使用土地，应当依照有关法律、行政法规的规定办理。征收土地的，应当依法支付土地补偿费和安置补偿费，做好迁移居民的安置工作。

煤矿建设应当贯彻保护耕地、合理利用土地的原则。

地方人民政府对煤矿建设依法使用土地和迁移居民，应当给予支持和协助。

第二十一条　煤矿建设应当坚持煤炭开发与环境治理同步进行。煤矿建设项目的环境保护设施必须与主体工程同时设计、同时施工、同时验收、同时投入使用。

第三章 煤炭生产与煤矿安全

第二十二条 煤矿投入生产前，煤矿企业应当依照本法规定向煤炭管理部门申请领取煤炭生产许可证，由煤炭管理部门对其实际生产条件和安全条件进行审查，符合本法规定条件的，发给煤炭生产许可证。

未取得煤炭生产许可证的，不得从事煤炭生产。

第二十三条 取得煤炭生产许可证，应当具备下列条件：

（一）有依法取得的采矿许可证；

（二）矿井生产系统符合国家规定的煤矿安全规程；

（三）矿长经依法培训合格，取得矿长资格证书；

（四）特种作业人员经依法培训合格，取得操作资格证书；

（五）井上、井下、矿内、矿外调度通讯畅通；

（六）有实测的井上、井下工程对照图、采掘工程平面图、通风系统图；

（七）有竣工验收合格的保障煤矿生产安全的设施和环境保护设施；

（八）法律、行政法规规定的其他条件。

第二十四条 国务院煤炭管理部门负责下列煤矿企业的煤炭生产许可证的颁发管理工作：

（一）国务院和依法应当由国务院煤炭管理部门审查批准开办的煤矿企业；

（二）跨省、自治区、直辖市行政区域的煤矿企业。

省、自治区、直辖市人民政府煤炭管理部门负责前款规定以外的其他煤矿企业的煤炭生产许可证的颁发管理工作。

省、自治区、直辖市人民政府煤炭管理部门可以授权设区的市、自治州人民政府煤炭管理部门负责煤炭生产许可证的颁发管理工作。

第二十五条 煤炭生产许可证的颁发管理机关，负责对煤炭生产许可证的监督管理。

依法取得煤炭生产许可证的煤矿企业不得将其煤炭生产许可证转让或者出租给他人。

第二十六条 在同一开采范围内不得重复颁发煤炭生产许可证。

煤炭生产许可证的有效期限届满或者经批准开采范围内的煤炭资源已经枯竭的，其煤炭生产许可证由发证机关予以注销并公告。

煤矿企业的生产条件和安全条件发生变化，经核查不符合本法规定条件的，其煤炭生产许可证由发证机关予以吊销并公告。

第二十七条 煤炭生产许可证管理办法，由国务院依照本法制定。

省、自治区、直辖市人民代表大会常务委员会可以根据本法和国务院的规定制定本地区煤炭生产许可证管理办法。

第二十八条 对国民经济具有重要价值的特殊煤种或者稀缺煤种，国家实行保护性开采。

第二十九条 开采煤炭资源必须符合煤矿开采规程，遵守合理的开采顺序，达到规定的煤炭资源回采率。

煤炭资源回采率由国务院煤炭管理部门根据不同的资源和开采条件确定。

国家鼓励煤矿企业进行复采或者开采边角残煤和极薄煤。

第三十条 煤矿企业应当加强煤炭产品质量的监督检查和管理。煤炭产品质量应当按照国家标准或者行业标准分等论级。

第三十一条 煤炭生产应当依法在批准的开采范围内进行，不得超越批准的开采范围越界、越层开采。

采矿作业不得擅自开采保安煤柱，不得采用可能危及相邻煤矿生产安全的决水、爆破、贯通巷道等危险方法。

第三十二条 因开采煤炭压占土地或者造成地表土地塌陷、挖损，由采矿者负责进行复垦，恢复到可供利用的状态；造成他人损失的，应当依法给予补偿。

第三十三条 关闭煤矿和报废矿井，应当依照有关法律、法规和国务院煤炭管理部门的规定办理。

第三十四条 国家建立煤矿企业积累煤矿衰老期转产资金的制度。

国家鼓励和扶持煤矿企业发展多种经营。

第三十五条 国家提倡和支持煤矿企业和其他企业发展煤电联产、炼焦、煤化工、煤建材等，进行煤炭的深加工和精加工。

国家鼓励煤矿企业发展煤炭洗选加工，综合开发利用煤层气、煤矸石、煤泥、石煤和泥炭。

第三十六条 国家发展和推广洁净煤技术。

国家采取措施取缔土法炼焦。禁止新建土法炼焦窑炉；现有的土法炼焦限期改造。

第三十七条 县级以上各级人民政府及其煤炭管理部门和其他有关部门，应当加强对煤矿安全生产工作的监督管理。

第三十八条 煤矿企业的安全生产管理，实行矿务局长、矿长负责制。

第三十九条 矿务局长、矿长及煤矿企业的其他主要负责人必须遵守有关矿山安全的法律、法规和煤炭行业安全规章、规程，加强对煤矿安全生产工作的管理，执行安全生产责任制度，采取有效措施，防止伤亡和其他安全生产事故的发生。

第四十条 煤矿企业应当对职工进行安全生产教育、培训；未经安全生产教育、培训的，不得上岗作业。

煤矿企业职工必须遵守有关安全生产的法律、法规、煤炭行业规章、规程和企业规章制度。

第四十一条 在煤矿井下作业中，出现危及职工生命安全并无法排除的紧急情况时，作业现场负责人或者安全管理人员应当立即组织职工撤离危险现场，并及时报告有关方面负责人。

第四十二条 煤矿企业工会发现企业行政方面违章指挥、强令职工冒险作业或者生产过程中发现明显重大事故隐患，可能危及职工生命安全的情况，有权提出解决问题的建议，煤矿企业行政方面必须及时作出处理决定。企业行政方面拒不处理的，工会有权提出批评、检举和控告。

第四十三条　煤矿企业必须为职工提供保障安全生产所需的劳动保护用品。

第四十四条　煤矿企业应当依法为职工参加工伤保险缴纳工伤保险费。鼓励企业为井下作业职工办理意外伤害保险，支付保险费。

第四十五条　煤矿企业使用的设备、器材、火工产品和安全仪器，必须符合国家标准或者行业标准。

第四章　煤炭经营

第四十六条　依法取得煤炭生产许可证的煤矿企业，有权销售本企业生产的煤炭。

第四十七条　设立煤炭经营企业，应当具备下列条件：

（一）有与其经营规模相适应的注册资金；

（二）有固定的经营场所；

（三）有必要的设施和储存煤炭的场地；

（四）有符合标准的计量和质量检验设备；

（五）符合国家对煤炭经营企业合理布局的要求；

（六）法律、行政法规规定的其他条件。

第四十八条　设立煤炭经营企业，须向国务院指定的部门或者省、自治区、直辖市人民政府指定的部门提出申请；由国务院指定的部门或者省、自治区、直辖市人民政府指定的部门依照本法第四十七条规定的条件和国务院规定的分级管理的权限进行资格审查；符合条件的，予以批准。申请人凭批准文件向工商行政管理部门申请领取营业执照后，方可从事煤炭经营。

第四十九条　煤炭经营企业从事煤炭经营，应当遵守有关法律、法规的规定，改善服务，保障供应。禁止一切非法经营活动。

第五十条　煤炭经营应当减少中间环节和取消不合理的中间环节，提倡有条件的煤矿企业直销。

煤炭用户和煤炭销区的煤炭经营企业有权直接从煤矿企业购进煤炭。在煤炭产区可以组成煤炭销售、运输服务机构，为中小煤矿办理经销、运输业务。

禁止行政机关违反国家规定擅自设立煤炭供应的中间环节和额外加收费用。

第五十一条　从事煤炭运输的车站、港口及其他运输企业不得利用其掌握的运力作为参与煤炭经营、谋取不正当利益的手段。

第五十二条　国务院物价行政主管部门会同国务院煤炭管理部门和有关部门对煤炭的销售价格进行监督管理。

第五十三条　煤矿企业和煤炭经营企业供应用户的煤炭质量应当符合国家标准或者行业标准，质级相符，质价相符。用户对煤炭质量有特殊要求的，由供需双方在煤炭购销合同中约定。

煤矿企业和煤炭经营企业不得在煤炭中掺杂、掺假，以次充好。

第五十四条　煤矿企业和煤炭经营企业供应用户的煤炭质量不符合国家标准或者行业标准，或者不符合合同约定，或者质级不符、质价不符，给用户造成损失的，应当依法给予赔偿。

第五十五条　煤矿企业、煤炭经营企业、运输企业和煤炭用户应当依照法律、国务院有关规定或者合同约定供应、运输和接卸煤炭。

运输企业应当将承运的不同质量的煤炭分装、分堆。

第五十六条　煤炭的进出口依照国务院的规定，实行统一管理。

具备条件的大型煤矿企业经国务院对外经济贸易主管部门依法许可，有权从事煤炭出口经营。

第五十七条　煤炭经营管理办法，由国务院依照本法制定。

第五章　煤矿矿区保护

第五十八条　任何单位或者个人不得危害煤矿矿区的电力、通讯、水源、交通及其他生产设施。

禁止任何单位和个人扰乱煤矿矿区的生产秩序和工作秩序。

第五十九条　对盗窃或者破坏煤矿矿区设施、器材及其他危及煤矿矿区安全的行为，一切单位和个人都有权检举、控告。

第六十条　未经煤矿企业同意，任何单位或者个人不得在煤矿企业依法取得土地使用权的有效期间内在该土地上种植、养殖、取土或者修建建筑物、构筑物。

第六十一条　未经煤矿企业同意，任何单位或者个人不得占用煤矿企业的铁路专用线、专用道路、专用航道、专用码头、电力专用线、专用供水管路。

第六十二条　任何单位或者个人需要在煤矿采区范围内进行可能危及煤矿安全的作业时，应当经煤矿企业同意，报煤炭管理部门批准，并采取安全措施后，方可进行作业。

在煤矿矿区范围内需要建设公用工程或者其他工程的，有关单位应当事先与煤矿企业协商并达成协议后，方可施工。

第六章　监督检查

第六十三条　煤炭管理部门和有关部门依法对煤矿企业和煤炭经营企业执行煤炭法律、法规的情况进行监督检查。

第六十四条　煤炭管理部门和有关部门的监督检查人员应当熟悉煤炭法律、法规，掌握有关煤炭专业技术，公正廉洁，秉公执法。

第六十五条　煤炭管理部门和有关部门的监督检查人员进行监督检查时，有权向煤矿企业、煤炭经营企业或者用户了解有关执行煤炭法律、法规的情况，查阅有关资料，并有权进入现场进行检查。

煤矿企业、煤炭经营企业和用户对依法执行监督检查任务的煤炭管理部门和有关部门的监督检查人员应当提供方便。

第六十六条　煤炭管理部门和有关部门的监督检查人员对煤矿企业和煤炭经营企业违反煤炭法律、法规的行为，有权要求其依法改正。

煤炭管理部门和有关部门的监督检查人员进行监督检查时，应当出示证件。

第七章　法律责任

第六十七条　违反本法第二十二条的规定，未取得煤炭生产许可证，擅自从事煤炭生产的，由煤炭管理部门责令停止生产，没收违法所得，可以并处违法所得一倍以上五倍以下的罚款；拒不停止生产的，由县级以上地方人民政府强制停产。

第六十八条　违反本法第二十五条的规定，转让或者出租煤炭生产许可证的，由煤炭管理部门吊销煤炭生产许可证，没收违法所得，并处违法所得一倍以上五倍以下的罚款。

第六十九条　违反本法第二十九条的规定，开采煤炭资源未达到国务院煤炭管理部门规定的煤炭资源回采率的，由煤炭管理部门责令限期改正；逾期仍达不到规定的回采率的，吊销其煤炭生产许可证。

第七十条　违反本法第三十一条的规定，擅自开采保安煤柱或者采用危及相邻煤矿生产安全的危险方法进行采矿作业的，由劳动行政主管部门会同煤炭管理部门责令停止作业；由煤炭管理部门没收违法所得，并处违法所得一倍以上五倍以下的罚款，吊销其煤炭生产许可证；构成犯罪的，由司法机关依法追究刑事责任；造成损失的，依法承担赔偿责任。

第七十一条　违反本法第四十八条的规定，未经审查批准，擅自从事煤炭经营活动的，由负责审批的部门责令停止经营，没收违法所得，可以并处违法所得一倍以上五倍以下的罚款。

第七十二条　违反本法第五十三条的规定，在煤炭产品中掺杂、掺假，以次充好的，责令停止销售，没收违法所得，并处违法所得一倍以上五倍以下的罚款，可以依法吊销煤炭生产许可证或者取消煤炭经营资格；构成犯罪的，由司法机关依法追究刑事责任。

第七十三条　违反本法第六十条的规定，未经煤矿企业同意，在煤矿企业依法取得土地使用权的有效期间内在该土地上修建建筑物、构筑物的，由当地人民政府动员拆除；拒不拆除的，责令拆除。

第七十四条　违反本法第六十一条的规定，未经煤矿企业同意，占用煤矿企业的铁路专用线、专用道路、专用航道、专用码头、电力专用线、专用供水管路的，由县级以上地方人民政府责令限期改正；逾期不改正的，强制清除，可以并处五万元以下的罚款；造成损失的，依法承担赔偿责任。

第七十五条　违反本法第六十二条的规定，未经批准或者未采取安全措施，在煤矿采区范围内进行危及煤矿安全作业的，由煤炭管理部门责令停止作业，可以并处五万元以下的罚款；造成损失的，依法承担赔偿责任。

第七十六条　有下列行为之一的，由公安机关依照治安管理处罚条例的有关规定处罚；构成犯罪的，由司法机关依法追究刑事责任：

（一）阻碍煤矿建设，致使煤矿建设不能正常进行的；

（二）故意损坏煤矿矿区的电力、通讯、水源、交通及其他生产设施的；

（三）扰乱煤矿矿区秩序，致使生产、工作不能正常进行的；

（四）拒绝、阻碍监督检查人员依法执行职务的。

第七十七条　对不符合本法规定条件的煤矿企业颁发煤炭生产许可证或者对不符合本法规定条件设立煤炭经营企业予以批准的，由其上级主管机关或者监察机关责令改正，并给予直接负责的主管人员和其他直接责任人员行政处分；构成犯罪的，由司法机关依法追究刑事责任。

第七十八条　煤矿企业的管理人员违章指挥、强令职工冒险作业，发生重大伤亡事故的，依照刑法有关规定追究刑事责任。

第七十九条　煤矿企业的管理人员对煤矿事故隐患不采取措施予以消除，发生重大伤亡事故的，依照刑法有关规定追究刑事责任。

第八十条　煤炭管理部门和有关部门的工作人员玩忽职守、徇私舞弊、滥用职权的，依法给予行政处分；构成犯罪的，由司法机关依法追究刑事责任。

第八章　附　则

第八十一条　本法自 1996 年 12 月 1 日起施行。

3.3　可再生能源法

中华人民共和国可再生能源法

2005 年 2 月 28 日十届全国人大常委会第十四次会议通过　根据 2009 年 12 月 26 日十一届全国人大常委会第十二次会议《关于修改〈中华人民共和国可再生能源法〉的决定》修正

目　录

第一章　总　则

第二章　资源调查与发展规划

第三章　产业指导与技术支持

第四章　推广与应用

第五章　价格管理与费用补偿

第六章　经济激励与监督措施

第七章　法律责任

第八章　附　则

第一章　总　则

第一条　为了促进可再生能源的开发利用，增加能源供应，改善能源结构，保障能源安全，保护环境，实现经济社会的可持续发展，制定本法。

第二条　本法所称可再生能源，是指风能、太阳能、水能、生物质能、地热能、海洋能等非化石能源。

水力发电对本法的适用，由国务院能源主管部门规定，报国务院批准。

通过低效率炉灶直接燃烧方式利用秸秆、薪柴、粪便等，不适用本法。

第三条　本法适用于中华人民共和国领域和管辖的其他海域。

第四条　国家将可再生能源的开发利用列为能源发展的优先领域，通过制定可再生能源开发利用总量目标和采取相应措施，推动可再生能源市场的建立和发展。

国家鼓励各种所有制经济主体参与可再生能源的开发利用，依法保护可再生能源开发利用者的合法权益。

第五条　国务院能源主管部门对全国可再生能源的开发利用实施统一管理。国务院有关部门在各自的职责范围内负责有关的可再生能源开发利用管理工作。

县级以上地方人民政府管理能源工作的部门负责本行政区域内可再生能源开发利用的管理工作。县级以上地方人民政府有关部门在各自的职责范围内负责有关的可再生能源开发利用管理工作。

第二章　资源调查与发展规划

第六条　国务院能源主管部门负责组织和协调全国可再生能源资源的调查，并会同国务院有关部门组织制定资源调查的技术规范。

国务院有关部门在各自的职责范围内负责相关可再生能源资源的调查，调查结果报国务院能源主管部门汇总。

可再生能源资源的调查结果应当公布；但是，国家规定需要保密的内容除外。

第七条　国务院能源主管部门根据全国能源需求与可再生能源资源实际状况，制定全国可再生能源开发利用中长期总量目标，报国务院批准后执行，并予公布。

国务院能源主管部门根据前款规定的总量目标和省、自治区、直辖市经济发展与可再生能源资源实际状况，会同省、自治区、直辖市人民政府确定各行政区域可再生能源开发利用中长期目标，并予公布。

第八条　国务院能源主管部门会同国务院有关部门，根据全国可再生能源开发利用中长期总量目标和可再生能源技术发展状况，编制全国可再生能源开发利用规划，报国务院批准后实施。

国务院有关部门应当制定有利于促进全国可再生能源开发利用中长期总量目标实现的相关规划。

省、自治区、直辖市人民政府管理能源工作的部门会同本级人民政府有关部门，依据全国可再生能源开发利用规划和本行政区域可再生能源开发利用中长期目标，编制本行政区域可再生能源开发利用规划，经本级人民政府批准后，报国务院能源主管部门和国家电力监管机构备案，并组织实施。

经批准的规划应当公布；但是，国家规定需要保密的内容除外。

经批准的规划需要修改的，须经原批准机关批准。

第九条　编制可再生能源开发利用规划，应当遵循因地制宜、统筹兼顾、合理布局、有序发展的原则，对风能、太阳能、水能、生物质能、地热能、海洋能等可再生能源的开发利用作出统筹安排。规划内容应当包括发展目标、主要任务、区域布局、重点项目、实施进度、配套电网建设、服务体系和保障措施等。

组织编制机关应当征求有关单位、专家和公众的意见，进行科学论证。

第三章　产业指导与技术支持

第十条　国务院能源主管部门根据全国可再生能源开发利用规划，制定、公布可再生能源产业发展指导目录。

第十一条　国务院标准化行政主管部门应当制定、公布国家可再生能源电力的并网技术标准和其他需要在全国范围内统一技术要求的有关可再生能源技术和产品的国家标准。

对前款规定的国家标准中未作规定的技术要求，国务院有关部门可以制定相关的行业标准，并报国务院标准化行政主管部门备案。

第十二条　国家将可再生能源开发利用的科学技术研究和产业化发展列为科技发展与高技术产业发展的优先领域，纳入国家科技发展规划和高技术产业发展规划，并安排资金支持可再生能源开发利用的科学技术研究、应用示范和产业化发展，促进可再生能源开发利用的技术进步，降低可再生能源产品的生产成本，提高产品质量。

国务院教育行政部门应当将可再生能源知识和技术纳入普通教育、职业教育课程。

第四章　推广与应用

第十三条　国家鼓励和支持可再生能源并网发电。

建设可再生能源并网发电项目，应当依照法律和国务院的规定取得行政许可或者报送备案。

建设应当取得行政许可的可再生能源并网发电项目，有多人申请同一项目许可的，应当依法通过招标确定被许可人。

第十四条　国家实行可再生能源发电全额保障性收购制度。

国务院能源主管部门会同国家电力监管机构和国务院财政部门，按照全国可再生能源开发利用规划，确定在规划期内应当达到的可再生能源发电量占全部发电量的比重，制定电网企业优先调度和全额收购可再生能源发电的具体办法，并由国务院能源主管部门会同国家电力监管机构在年度中督促落实。

电网企业应当与按照可再生能源开发利用规划建设，依法取得行政许可或者报送备案的可再生能源发电企业签订并网协议，全额收购其电网覆盖范围内符合并网技术标准的可再生能源并网发电项目的上网电量。发电企业有义务配合电网企业保障电网安全。

电网企业应当加强电网建设，扩大可再生能源电力配置范围，发展和应用智能电网、储能等技术，完善电网运行管理，提高吸纳可再生能源电力的能力，为可再生能源发电提供上网服务。

第十五条　国家扶持在电网未覆盖的地区建设可再生能源独立电力系统，为当地生产和生活提供电力服务。

第十六条　国家鼓励清洁、高效地开发利用生物质燃料，鼓励发展能源作物。

利用生物质资源生产的燃气和热力，符合城市燃气管网、热力管网的入网技术标准的，经营燃气管网、热力管网的企业应当接收其入网。

国家鼓励生产和利用生物液体燃料。石油销售企业应当按照国务院能源主管部门或者省级人民政府的规定，将符合国家标准的生物液体燃料纳入其燃料销售体系。

第十七条　国家鼓励单位和个人安装和使用太阳能热水系统、太阳能供热采暖和制冷系统、太阳能光伏发电系统等太阳能利用系统。

国务院建设行政主管部门会同国务院有关部门制定太阳能利用系统与建筑结合的技术经济政策和技术规范。

房地产开发企业应当根据前款规定的技术规范，在建筑物的设计和施工中，为太阳能利用提供必备条件。

对已建成的建筑物，住户可以在不影响其质量与安全的前提下安装符合技术规范和产品标准的太阳能利用系统；但是，当事人另有约定的除外。

第十八条　国家鼓励和支持农村地区的可再生能源开发利用。

县级以上地方人民政府管理能源工作的部门会同有关部门，根据当地经济社会发展、生态保护和卫生综合治理需要等实际情况，制定农村地区可再生能源发展规划，因地制宜地推广应用沼气等生物质资源转化、户用太阳能、小型风能、小型水能等技术。

县级以上人民政府应当对农村地区的可再生能源利用项目提供财政支持。

第五章　价格管理与费用补偿

第十九条　可再生能源发电项目的上网电价，由国务院价格主管部门根据不同类型可再生能源发电的特点和不同地区的情况，按照有利于促进可再生能源开发利用和经济合理的原则确定，并根据可再生能源开发利用技术的发展适时调整。上网电价应当公布。

依照本法第十三条第三款规定实行招标的可再生能源发电项目的上网电价，按照中标确定的价格执行；但是，不得高于依照前款规定确定的同类可再生能源发电项目的上网电价水平。

第二十条　电网企业依照本法第十九条规定确定的上网电价收购可再生能源电量所发生的费用，高于按照常规能源发电平均上网电价计算所发生费用之间的差额，由在全国范围对销售电量征收可再生能源电价附加补偿。

第二十一条　电网企业为收购可再生能源电量而支付的合理的接网费用以及其他合理的相关费用，可以计入电网企业输电成本，并从销售电价中回收。

第二十二条　国家投资或者补贴建设的公共可再生能源独立电力系统的销售电价，执行同一地区分类销售电价，其合理的运行和管理费用超出销售电价的部分，依照本法第二十条的规定补偿。

第二十三条　进入城市管网的可再生能源热力和燃气的价格，按照有利于促进可再生能源开发利用和经济合理的原则，根据价格管理权限确定。

第六章　经济激励与监督措施

第二十四条　国家财政设立可再生能源发展基金，资金来源包括国家财政年度安排的专项资金和依法征收的可再生能源电价附加收入等。

可再生能源发展基金用于补偿本法第二十条、第二十二条规定的差额费用，并用于支持以下事项：

（一）可再生能源开发利用的科学技术研究、标准制定和示范工程；

（二）农村、牧区的可再生能源利用项目；

（三）偏远地区和海岛可再生能源独立电力系统建设；

（四）可再生能源的资源勘查、评价和相关信息系统建设；

（五）促进可再生能源开发利用设备的本地化生产。

本法第二十一条规定的接网费用以及其他相关费用，电网企业不能通过销售电价回收的，可以申请可再生能源发展基金补助。

可再生能源发展基金征收使用管理的具体办法，由国务院财政部门会同国务院能源、价格主管部门制定。

第二十五条　对列入国家可再生能源产业发展指导目录、符合信贷条件的可再生能源开发利用项目，金融机构可以提供有财政贴息的优惠贷款。

第二十六条　国家对列入可再生能源产业发展指导目录的项目给予税收优惠。具体办法由国务院规定。

第二十七条　电力企业应当真实、完整地记载和保存可再生能源发电的有关资料，并接受电力监管机构的检查和监督。

电力监管机构进行检查时，应当依照规定的程序进行，并为被检查单位保守商业秘密和其他秘密。

第七章　法律责任

第二十八条　国务院能源主管部门和县级以上地方人民政府管理能源工作的部门和其他有关部门在可再生能源开发利用监督管理工作中，违反本法规定，有下列行为之一的，由本级人民政府或者上级人民政府有关部门责令改正，对负有责任的主管人员和其他直接责任人员依法给予行政处分；构成犯罪的，依法追究刑事责任：

（一）不依法作出行政许可决定的；

（二）发现违法行为不予查处的；

（三）有不依法履行监督管理职责的其他行为的。

第二十九条 违反本法第十四条规定，电网企业未按照规定完成收购可再生能源电量，造成可再生能源发电企业经济损失的，应当承担赔偿责任，并由国家电力监管机构责令限期改正；拒不改正的，处以可再生能源发电企业经济损失额一倍以下的罚款。

第三十条 违反本法第十六条第二款规定，经营燃气管网、热力管网的企业不准许符合入网技术标准的燃气、热力入网，造成燃气、热力生产企业经济损失的，应当承担赔偿责任，并由省级人民政府管理能源工作的部门责令限期改正；拒不改正的，处以燃气、热力生产企业经济损失额一倍以下的罚款。

第三十一条 违反本法第十六条第三款规定，石油销售企业未按照规定将符合国家标准的生物液体燃料纳入其燃料销售体系，造成生物液体燃料生产企业经济损失的，应当承担赔偿责任，并由国务院能源主管部门或者省级人民政府管理能源工作的部门责令限期改正；拒不改正的，处以生物液体燃料生产企业经济损失额一倍以下的罚款。

第八章 附 则

第三十二条 本法中下列用语的含义：

（一）生物质能，是指利用自然界的植物、粪便以及城乡有机废物转化成的能源。

（二）可再生能源独立电力系统，是指不与电网连接的单独运行的可再生能源电力系统。

（三）能源作物，是指经专门种植，用以提供能源原料的草本和木本植物。

（四）生物液体燃料，是指利用生物质资源生产的甲醇、乙醇和生物柴油等液体燃料。

第三十三条 本法自 2006 年 1 月 1 日起施行。

3.4 清洁生产促进法

中华人民共和国清洁生产促进法

2002 年 6 月 29 日九届全国人大常委会第二十八次会议通过　根据 2012 年 2 月 29 日十一届全国人大常委会第二十五次会议《关于修改〈中华人民共和国清洁生产促进法〉的决定》修正

目 录

第一章　总　则

第二章　清洁生产的推行

第三章　清洁生产的实施

第四章　鼓励措施

第五章　法律责任

第六章　附　则

第一章 总 则

第一条 为了促进清洁生产，提高资源利用效率，减少和避免污染物的产生，保护和改善环境，保障人体健康，促进经济与社会可持续发展，制定本法。

第二条 本法所称清洁生产，是指不断采取改进设计、使用清洁的能源和原料、采用先进的工艺技术与设备、改善管理、综合利用等措施，从源头削减污染，提高资源利用效率，减少或者避免生产、服务和产品使用过程中污染物的产生和排放，以减轻或者消除对人类健康和环境的危害。

第三条 在中华人民共和国领域内，从事生产和服务活动的单位以及从事相关管理活动的部门依照本法规定，组织、实施清洁生产。

第四条 国家鼓励和促进清洁生产。国务院和县级以上地方人民政府，应当将清洁生产促进工作纳入国民经济和社会发展规划、年度计划以及环境保护、资源利用、产业发展、区域开发等规划。

第五条 国务院清洁生产综合协调部门负责组织、协调全国的清洁生产促进工作。国务院环境保护、工业、科学技术、财政部门和其他有关部门，按照各自的职责，负责有关的清洁生产促进工作。

县级以上地方人民政府负责领导本行政区域内的清洁生产促进工作。县级以上地方人民政府确定的清洁生产综合协调部门负责组织、协调本行政区域内的清洁生产促进工作。县级以上地方人民政府其他有关部门，按照各自的职责，负责有关的清洁生产促进工作。

第六条 国家鼓励开展有关清洁生产的科学研究、技术开发和国际合作，组织宣传、普及清洁生产知识，推广清洁生产技术。

国家鼓励社会团体和公众参与清洁生产的宣传、教育、推广、实施及监督。

第二章 清洁生产的推行

第七条 国务院应当制定有利于实施清洁生产的财政税收政策。

国务院及其有关部门和省、自治区、直辖市人民政府，应当制定有利于实施清洁生产的产业政策、技术开发和推广政策。

第八条 国务院清洁生产综合协调部门会同国务院环境保护、工业、科学技术部门和其他有关部门，根据国民经济和社会发展规划及国家节约资源、降低能源消耗、减少重点污染物排放的要求，编制国家清洁生产推行规划，报经国务院批准后及时公布。

国家清洁生产推行规划应当包括：推行清洁生产的目标、主要任务和保障措施，按照资源能源消耗、污染物排放水平确定开展清洁生产的重点领域、重点行业和重点工程。

国务院有关行业主管部门根据国家清洁生产推行规划确定本行业清洁生产的重点项目，制定行业专项清洁生产推行规划并组织实施。

县级以上地方人民政府根据国家清洁生产推行规划、有关行业专项清洁生产推行规划，按照本地区节约资源、降低能源消耗、减少重点污染物排放的要求，确定本地区清洁生产的重点项目，制定推行清洁生产的实施规划并组织落实。

第九条　中央预算应当加强对清洁生产促进工作的资金投入，包括中央财政清洁生产专项资金和中央预算安排的其他清洁生产资金，用于支持国家清洁生产推行规划确定的重点领域、重点行业、重点工程实施清洁生产及其技术推广工作，以及生态脆弱地区实施清洁生产的项目。中央预算用于支持清洁生产促进工作的资金使用的具体办法，由国务院财政部门、清洁生产综合协调部门会同国务院有关部门制定。

县级以上地方人民政府应当统筹地方财政安排的清洁生产促进工作的资金，引导社会资金，支持清洁生产重点项目。

第十条　国务院和省、自治区、直辖市人民政府的有关部门，应当组织和支持建立促进清洁生产信息系统和技术咨询服务体系，向社会提供有关清洁生产方法和技术、可再生利用的废物供求以及清洁生产政策等方面的信息和服务。

第十一条　国务院清洁生产综合协调部门会同国务院环境保护、工业、科学技术、建设、农业等有关部门定期发布清洁生产技术、工艺、设备和产品导向目录。

国务院清洁生产综合协调部门、环境保护部门和省、自治区、直辖市人民政府负责清洁生产综合协调的部门、环境保护部门会同同级有关部门，组织编制重点行业或者地区的清洁生产指南，指导实施清洁生产。

第十二条　国家对浪费资源和严重污染环境的落后生产技术、工艺、设备和产品实行限期淘汰制度。国务院有关部门按照职责分工，制定并发布限期淘汰的生产技术、工艺、设备以及产品的名录。

第十三条　国务院有关部门可以根据需要批准设立节能、节水、废物再生利用等环境与资源保护方面的产品标志，并按照国家规定制定相应标准。

第十四条　县级以上人民政府科学技术部门和其他有关部门，应当指导和支持清洁生产技术和有利于环境与资源保护的产品的研究、开发以及清洁生产技术的示范和推广工作。

第十五条　国务院教育部门，应当将清洁生产技术和管理课程纳入有关高等教育、职业教育和技术培训体系。

县级以上人民政府有关部门组织开展清洁生产的宣传和培训，提高国家工作人员、企业经营管理者和公众的清洁生产意识，培养清洁生产管理和技术人员。

新闻出版、广播影视、文化等单位和有关社会团体，应当发挥各自优势做好清洁生产宣传工作。

第十六条　各级人民政府应当优先采购节能、节水、废物再生利用等有利于环境与资源保护的产品。

各级人民政府应当通过宣传、教育等措施，鼓励公众购买和使用节能、节水、废物再生利用等有利于环境与资源保护的产品。

第十七条　省、自治区、直辖市人民政府负责清洁生产综合协调的部门、环境保护部门，根据促进清洁生产工作的需要，在本地区主要媒体上公布未达到能源消耗控制指标、重点污染物排放控制指标的企业的名单，为公众监督企业实施清洁生产提供依据。

列入前款规定名单的企业，应当按照国务院清洁生产综合协调部门、环境保护部门的规定公布能源消耗或者重点污染物产生、排放情况，接受公众监督。

第三章　清洁生产的实施

第十八条　新建、改建和扩建项目应当进行环境影响评价，对原料使用、资源消耗、资源综合利用以及污染物产生与处置等进行分析论证，优先采用资源利用率高以及污染物产生量少的清洁生产技术、工艺和设备。

第十九条　企业在进行技术改造过程中，应当采取以下清洁生产措施：

（一）采用无毒、无害或者低毒、低害的原料，替代毒性大、危害严重的原料；

（二）采用资源利用率高、污染物产生量少的工艺和设备，替代资源利用率低、污染物产生量多的工艺和设备；

（三）对生产过程中产生的废物、废水和余热等进行综合利用或者循环使用；

（四）采用能够达到国家或者地方规定的污染物排放标准和污染物排放总量控制指标的污染防治技术。

第二十条　产品和包装物的设计，应当考虑其在生命周期中对人类健康和环境的影响，优先选择无毒、无害、易于降解或者便于回收利用的方案。

企业对产品的包装应当合理，包装的材质、结构和成本应当与内装产品的质量、规格和成本相适应，减少包装性废物的产生，不得进行过度包装。

第二十一条　生产大型机电设备、机动运输工具以及国务院工业部门指定的其他产品的企业，应当按照国务院标准化部门或者其授权机构制定的技术规范，在产品的主体构件上注明材料成分的标准牌号。

第二十二条　农业生产者应当科学地使用化肥、农药、农用薄膜和饲料添加剂，改进种植和养殖技术，实现农产品的优质、无害和农业生产废物的资源化，防止农业环境污染。

禁止将有毒、有害废物用作肥料或者用于造田。

第二十三条　餐饮、娱乐、宾馆等服务性企业，应当采用节能、节水和其他有利于环境保护的技术和设备，减少使用或者不使用浪费资源、污染环境的消费品。

第二十四条　建筑工程应当采用节能、节水等有利于环境与资源保护的建筑设计方案、建筑和装修材料、建筑构配件及设备。

建筑和装修材料必须符合国家标准。禁止生产、销售和使用有毒、有害物质超过国家标准的建筑和装修材料。

第二十五条　矿产资源的勘查、开采，应当采用有利于合理利用资源、保护环境和防止污染的勘查、开采方法和工艺技术，提高资源利用水平。

第二十六条　企业应当在经济技术可行的条件下对生产和服务过程中产生的废物、余热等自行回收利用或者转让给有条件的其他企业和个人利用。

第二十七条　企业应当对生产和服务过程中的资源消耗以及废物的产生情况进行监测，并根据需要对生产和服务实施清洁生产审核。

有下列情形之一的企业，应当实施强制性清洁生产审核：

（一）污染物排放超过国家或者地方规定的排放标准，或者虽未超过国家或者地方规定的排放标准，但超过重点污染物排放总量控制指标的；

（二）超过单位产品能源消耗限额标准构成高耗能的；

（三）使用有毒、有害原料进行生产或者在生产中排放有毒、有害物质的。

污染物排放超过国家或者地方规定的排放标准的企业，应当按照环境保护相关法律的规定治理。

实施强制性清洁生产审核的企业，应当将审核结果向所在地县级以上地方人民政府负责清洁生产综合协调的部门、环境保护部门报告，并在本地区主要媒体上公布，接受公众监督，但涉及商业秘密的除外。

县级以上地方人民政府有关部门应当对企业实施强制性清洁生产审核的情况进行监督，必要时可以组织对企业实施清洁生产的效果进行评估验收，所需费用纳入同级政府预算。承担评估验收工作的部门或者单位不得向被评估验收企业收取费用。

实施清洁生产审核的具体办法，由国务院清洁生产综合协调部门、环境保护部门会同国务院有关部门制定。

第二十八条　本法第二十七条第二款规定以外的企业，可以自愿与清洁生产综合协调部门和环境保护部门签订进一步节约资源、削减污染物排放量的协议。该清洁生产综合协调部门和环境保护部门应当在本地区主要媒体上公布该企业的名称以及节约资源、防治污染的成果。

第二十九条　企业可以根据自愿原则，按照国家有关环境管理体系等认证的规定，委托经国务院认证认可监督管理部门认可的认证机构进行认证，提高清洁生产水平。

第四章　鼓励措施

第三十条　国家建立清洁生产表彰奖励制度。对在清洁生产工作中做出显著成绩的单位和个人，由人民政府给予表彰和奖励。

第三十一条　对从事清洁生产研究、示范和培训，实施国家清洁生产重点技术改造项目和本法第二十八条规定的自愿节约资源、削减污染物排放量协议中载明的技术改造项目，由县级以上人民政府给予资金支持。

第三十二条　在依照国家规定设立的中小企业发展基金中，应当根据需要安排适当数额用于支持中小企业实施清洁生产。

第三十三条　依法利用废物和从废物中回收原料生产产品的，按照国家规定享受税收优惠。

第三十四条　企业用于清洁生产审核和培训的费用，可以列入企业经营成本。

第五章　法律责任

第三十五条　清洁生产综合协调部门或者其他有关部门未依照本法规定履行职责的，对直接负责的主管人员和其他直接责任人员依法给予处分。

第三十六条　违反本法第十七条第二款规定，未按照规定公布能源消耗或者重点污染物产生、排放情况的，由县级以上地方人民政府负责清洁生产综合协调的部门、环境保护部门按照职责分工责令公布，可以处十万元以下的罚款。

第三十七条　违反本法第二十一条规定，未标注产品材料的成分或者不如实标注的，由县级以上地方人民政府质量技术监督部门责令限期改正；拒不改正的，处以五万元以下的罚款。

第三十八条　违反本法第二十四条第二款规定，生产、销售有毒、有害物质超过国家标准的建筑和装修材料的，依照产品质量法和有关民事、刑事法律的规定，追究行政、民事、刑事法律责任。

第三十九条　违反本法第二十七条第二款、第四款规定，不实施强制性清洁生产审核或者在清洁生产审核中弄虚作假的，或者实施强制性清洁生产审核的企业不报告或者不如实报告审核结果的，由县级以上地方人民政府负责清洁生产综合协调的部门、环境保护部门按照职责分工责令限期改正；拒不改正的，处以五万元以上五十万元以下的罚款。

违反本法第二十七条第五款规定，承担评估验收工作的部门或者单位及其工作人员向被评估验收企业收取费用的，不如实评估验收或者在评估验收中弄虚作假的，或者利用职务上的便利谋取利益的，对直接负责的主管人员和其他直接责任人员依法给予处分；构成犯罪的，依法追究刑事责任。

第六章　附　则

第四十条　本法自 2003 年 1 月 1 日起施行。

3.5　循环经济促进法

中华人民共和国循环经济促进法

2008 年 8 月 29 日十一届全国人大常委会第四次会议通过

目　　录

第一章　总　则

第二章　基本管理制度

第三章　减量化

第四章　再利用和资源化

第五章　激励措施

第六章 法律责任

第七章 附 则

第一章 总 则

第一条 为了促进循环经济发展，提高资源利用效率，保护和改善环境，实现可持续发展，制定本法。

第二条 本法所称循环经济，是指在生产、流通和消费等过程中进行的减量化、再利用、资源化活动的总称。

本法所称减量化，是指在生产、流通和消费等过程中减少资源消耗和废物产生。

本法所称再利用，是指将废物直接作为产品或者经修复、翻新、再制造后继续作为产品使用，或者将废物的全部或者部分作为其他产品的部件予以使用。

本法所称资源化，是指将废物直接作为原料进行利用或者对废物进行再生利用。

第三条 发展循环经济是国家经济社会发展的一项重大战略，应当遵循统筹规划、合理布局，因地制宜、注重实效，政府推动、市场引导，企业实施、公众参与的方针。

第四条 发展循环经济应当在技术可行、经济合理和有利于节约资源、保护环境的前提下，按照减量化优先的原则实施。

在废物再利用和资源化过程中，应当保障生产安全，保证产品质量符合国家规定的标准，并防止产生再次污染。

第五条 国务院循环经济发展综合管理部门负责组织协调、监督管理全国循环经济发展工作；国务院环境保护等有关主管部门按照各自的职责负责有关循环经济的监督管理工作。

县级以上地方人民政府循环经济发展综合管理部门负责组织协调、监督管理本行政区域的循环经济发展工作；县级以上地方人民政府环境保护等有关主管部门按照各自的职责负责有关循环经济的监督管理工作。

第六条 国家制定产业政策，应当符合发展循环经济的要求。

县级以上人民政府编制国民经济和社会发展规划及年度计划，县级以上人民政府有关部门编制环境保护、科学技术等规划，应当包括发展循环经济的内容。

第七条 国家鼓励和支持开展循环经济科学技术的研究、开发和推广，鼓励开展循环经济宣传、教育、科学知识普及和国际合作。

第八条 县级以上人民政府应当建立发展循环经济的目标责任制，采取规划、财政、投资、政府采购等措施，促进循环经济发展。

第九条 企业事业单位应当建立健全管理制度，采取措施，降低资源消耗，减少废物的产生量和排放量，提高废物的再利用和资源化水平。

第十条 公民应当增强节约资源和保护环境意识，合理消费，节约资源。

国家鼓励和引导公民使用节能、节水、节材和有利于保护环境的产品及再生产品，减少废物的产生量和排放量。

公民有权举报浪费资源、破坏环境的行为，有权了解政府发展循环经济的信息并提出意见和建议。

第十一条　国家鼓励和支持行业协会在循环经济发展中发挥技术指导和服务作用。县级以上人民政府可以委托有条件的行业协会等社会组织开展促进循环经济发展的公共服务。

国家鼓励和支持中介机构、学会和其他社会组织开展循环经济宣传、技术推广和咨询服务，促进循环经济发展。

第二章　基本管理制度

第十二条　国务院循环经济发展综合管理部门会同国务院环境保护等有关主管部门编制全国循环经济发展规划，报国务院批准后公布施行。设区的市级以上地方人民政府循环经济发展综合管理部门会同本级人民政府环境保护等有关主管部门编制本行政区域循环经济发展规划，报本级人民政府批准后公布施行。

循环经济发展规划应当包括规划目标、适用范围、主要内容、重点任务和保障措施等，并规定资源产出率、废物再利用和资源化率等指标。

第十三条　县级以上地方人民政府应当依据上级人民政府下达的本行政区域主要污染物排放、建设用地和用水总量控制指标，规划和调整本行政区域的产业结构，促进循环经济发展。

新建、改建、扩建建设项目，必须符合本行政区域主要污染物排放、建设用地和用水总量控制指标的要求。

第十四条　国务院循环经济发展综合管理部门会同国务院统计、环境保护等有关主管部门建立和完善循环经济评价指标体系。

上级人民政府根据前款规定的循环经济主要评价指标，对下级人民政府发展循环经济的状况定期进行考核，并将主要评价指标完成情况作为对地方人民政府及其负责人考核评价的内容。

第十五条　生产列入强制回收名录的产品或者包装物的企业，必须对废弃的产品或者包装物负责回收；对其中可以利用的，由各该生产企业负责利用；对因不具备技术经济条件而不适合利用的，由各该生产企业负责无害化处置。

对前款规定的废弃产品或者包装物，生产者委托销售者或者其他组织进行回收的，或者委托废物利用或者处置企业进行利用或者处置的，受托方应当依照有关法律、行政法规的规定和合同的约定负责回收或者利用、处置。

对列入强制回收名录的产品和包装物，消费者应当将废弃的产品或者包装物交给生产者或者其委托回收的销售者或者其他组织。

强制回收的产品和包装物的名录及管理办法，由国务院循环经济发展综合管理部门规定。

第十六条　国家对钢铁、有色金属、煤炭、电力、石油加工、化工、建材、建筑、造纸、印染等行业年综合能源消费量、用水量超过国家规定总量的重点企业，实行能耗、水耗的重点监督管理制度。

重点能源消费单位的节能监督管理，依照《中华人民共和国节约能源法》的规定执行。

重点用水单位的监督管理办法，由国务院循环经济发展综合管理部门会同国务院有关部门规定。

第十七条　国家建立健全循环经济统计制度，加强资源消耗、综合利用和废物产生的统计管理，并将主要统计指标定期向社会公布。

国务院标准化主管部门会同国务院循环经济发展综合管理和环境保护等有关主管部门建立健全循环经济标准体系，制定和完善节能、节水、节材和废物再利用、资源化等标准。

国家建立健全能源效率标识等产品资源消耗标识制度。

第三章　减量化

第十八条　国务院循环经济发展综合管理部门会同国务院环境保护等有关主管部门，定期发布鼓励、限制和淘汰的技术、工艺、设备、材料和产品名录。

禁止生产、进口、销售列入淘汰名录的设备、材料和产品，禁止使用列入淘汰名录的技术、工艺、设备和材料。

第十九条　从事工艺、设备、产品及包装物设计，应当按照减少资源消耗和废物产生的要求，优先选择采用易回收、易拆解、易降解、无毒无害或者低毒低害的材料和设计方案，并应当符合有关国家标准的强制性要求。

对在拆解和处置过程中可能造成环境污染的电器电子等产品，不得设计使用国家禁止使用的有毒有害物质。禁止在电器电子等产品中使用的有毒有害物质名录，由国务院循环经济发展综合管理部门会同国务院环境保护等有关主管部门制定。

设计产品包装物应当执行产品包装标准，防止过度包装造成资源浪费和环境污染。

第二十条　工业企业应当采用先进或者适用的节水技术、工艺和设备，制定并实施节水计划，加强节水管理，对生产用水进行全过程控制。

工业企业应当加强用水计量管理，配备和使用合格的用水计量器具，建立水耗统计和用水状况分析制度。

新建、改建、扩建建设项目，应当配套建设节水设施。节水设施应当与主体工程同时设计、同时施工、同时投产使用。

国家鼓励和支持沿海地区进行海水淡化和海水直接利用，节约淡水资源。

第二十一条　国家鼓励和支持企业使用高效节油产品。

电力、石油加工、化工、钢铁、有色金属和建材等企业，必须在国家规定的范围和期限内，以洁净煤、石油焦、天然气等清洁能源替代燃料油，停止使用不符合国家规定的燃油发电机组和燃油锅炉。

内燃机和机动车制造企业应当按照国家规定的内燃机和机动车燃油经济性标准，采用节油技术，减少石油产品消耗量。

第二十二条 开采矿产资源，应当统筹规划，制定合理的开发利用方案，采用合理的开采顺序、方法和选矿工艺。采矿许可证颁发机关应当对申请人提交的开发利用方案中的开采回采率、采矿贫化率、选矿回收率、矿山水循环利用率和土地复垦率等指标依法进行审查；审查不合格的，不予颁发采矿许可证。采矿许可证颁发机关应当依法加强对开采矿产资源的监督管理。

矿山企业在开采主要矿种的同时，应当对具有工业价值的共生和伴生矿实行综合开采、合理利用；对必须同时采出而暂时不能利用的矿产以及含有有用组分的尾矿，应当采取保护措施，防止资源损失和生态破坏。

第二十三条 建筑设计、建设、施工等单位应当按照国家有关规定和标准，对其设计、建设、施工的建筑物及构筑物采用节能、节水、节地、节材的技术工艺和小型、轻型、再生产品。有条件的地区，应当充分利用太阳能、地热能、风能等可再生能源。

国家鼓励利用无毒无害的固体废物生产建筑材料，鼓励使用散装水泥，推广使用预拌混凝土和预拌砂浆。

禁止损毁耕地烧砖。在国务院或者省、自治区、直辖市人民政府规定的期限和区域内，禁止生产、销售和使用粘土砖。

第二十四条 县级以上人民政府及其农业等主管部门应当推进土地集约利用，鼓励和支持农业生产者采用节水、节肥、节药的先进种植、养殖和灌溉技术，推动农业机械节能，优先发展生态农业。

在缺水地区，应当调整种植结构，优先发展节水型农业，推进雨水集蓄利用，建设和管护节水灌溉设施，提高用水效率，减少水的蒸发和漏失。

第二十五条 国家机关及使用财政性资金的其他组织应当厉行节约、杜绝浪费，带头使用节能、节水、节地、节材和有利于保护环境的产品、设备和设施，节约使用办公用品。国务院和县级以上地方人民政府管理机关事务工作的机构会同本级人民政府有关部门制定本级国家机关等机构的用能、用水定额指标，财政部门根据该定额指标制定支出标准。

城市人民政府和建筑物的所有者或者使用者，应当采取措施，加强建筑物维护管理，延长建筑物使用寿命。对符合城市规划和工程建设标准，在合理使用寿命内的建筑物，除为了公共利益的需要外，城市人民政府不得决定拆除。

第二十六条 餐饮、娱乐、宾馆等服务性企业，应当采用节能、节水、节材和有利于保护环境的产品，减少使用或者不使用浪费资源、污染环境的产品。

本法施行后新建的餐饮、娱乐、宾馆等服务性企业，应当采用节能、节水、节材和有利于保护环境的技术、设备和设施。

第二十七条 国家鼓励和支持使用再生水。在有条件使用再生水的地区，限制或者禁止将自来水作为城市道路清扫、城市绿化和景观用水使用。

第二十八条 国家在保障产品安全和卫生的前提下，限制一次性消费品的生产和销售。具体名录由国务院循环经济发展综合管理部门会同国务院财政、环境保护等有关主管部门制定。

对列入前款规定名录中的一次性消费品的生产和销售，由国务院财政、税务和对外贸易等主管部门制定限制性的税收和出口等措施。

第四章 再利用和资源化

第二十九条 县级以上人民政府应当统筹规划区域经济布局，合理调整产业结构，促进企业在资源综合利用等领域进行合作，实现资源的高效利用和循环使用。

各类产业园区应当组织区内企业进行资源综合利用，促进循环经济发展。

国家鼓励各类产业园区的企业进行废物交换利用、能量梯级利用、土地集约利用、水的分类利用和循环使用，共同使用基础设施和其他有关设施。

新建和改造各类产业园区应当依法进行环境影响评价，并采取生态保护和污染控制措施，确保本区域的环境质量达到规定的标准。

第三十条 企业应当按照国家规定，对生产过程中产生的粉煤灰、煤矸石、尾矿、废石、废料、废气等工业废物进行综合利用。

第三十一条 企业应当发展串联用水系统和循环用水系统，提高水的重复利用率。

企业应当采用先进技术、工艺和设备，对生产过程中产生的废水进行再生利用。

第三十二条 企业应当采用先进或者适用的回收技术、工艺和设备，对生产过程中产生的余热、余压等进行综合利用。

建设利用余热、余压、煤层气以及煤矸石、煤泥、垃圾等低热值燃料的并网发电项目，应当依照法律和国务院的规定取得行政许可或者报送备案。电网企业应当按照国家规定，与综合利用资源发电的企业签订并网协议，提供上网服务，并全额收购并网发电项目的上网电量。

第三十三条 建设单位应当对工程施工中产生的建筑废物进行综合利用；不具备综合利用条件的，应当委托具备条件的生产经营者进行综合利用或者无害化处置。

第三十四条 国家鼓励和支持农业生产者和相关企业采用先进或者适用技术，对农作物秸秆、畜禽粪便、农产品加工业副产品、废农用薄膜等进行综合利用，开发利用沼气等生物质能源。

第三十五条 县级以上人民政府及其林业主管部门应当积极发展生态林业，鼓励和支持林业生产者和相关企业采用木材节约和代用技术，开展林业废弃物和次小薪材、沙生灌木等综合利用，提高木材综合利用率。

第三十六条 国家支持生产经营者建立产业废物交换信息系统，促进企业交流产业废物信息。

企业对生产过程中产生的废物不具备综合利用条件的，应当提供给具备条件的生产经营者进行综合利用。

第三十七条　国家鼓励和推进废物回收体系建设。

地方人民政府应当按照城乡规划，合理布局废物回收网点和交易市场，支持废物回收企业和其他组织开展废物的收集、储存、运输及信息交流。

废物回收交易市场应当符合国家环境保护、安全和消防等规定。

第三十八条　对废电器电子产品、报废机动车船、废轮胎、废铅酸电池等特定产品进行拆解或者再利用，应当符合有关法律、行政法规的规定。

第三十九条　回收的电器电子产品，经过修复后销售的，必须符合再利用产品标准，并在显著位置标识为再利用产品。

回收的电器电子产品，需要拆解和再生利用的，应当交售给具备条件的拆解企业。

第四十条　国家支持企业开展机动车零部件、工程机械、机床等产品的再制造和轮胎翻新。

销售的再制造产品和翻新产品的质量必须符合国家规定的标准，并在显著位置标识为再制造产品或者翻新产品。

第四十一条　县级以上人民政府应当统筹规划建设城乡生活垃圾分类收集和资源化利用设施，建立和完善分类收集和资源化利用体系，提高生活垃圾资源化率。

县级以上人民政府应当支持企业建设污泥资源化利用和处置设施，提高污泥综合利用水平，防止产生再次污染。

第五章　激励措施

第四十二条　国务院和省、自治区、直辖市人民政府设立发展循环经济的有关专项资金，支持循环经济的科技研究开发、循环经济技术和产品的示范与推广、重大循环经济项目的实施、发展循环经济的信息服务等。具体办法由国务院财政部门会同国务院循环经济发展综合管理等有关主管部门制定。

第四十三条　国务院和省、自治区、直辖市人民政府及其有关部门应当将循环经济重大科技攻关项目的自主创新研究、应用示范和产业化发展列入国家或者省级科技发展规划和高技术产业发展规划，并安排财政性资金予以支持。

利用财政性资金引进循环经济重大技术、装备的，应当制定消化、吸收和创新方案，报有关主管部门审批并由其监督实施；有关主管部门应当根据实际需要建立协调机制，对重大技术、装备的引进和消化、吸收、创新实行统筹协调，并给予资金支持。

第四十四条　国家对促进循环经济发展的产业活动给予税收优惠，并运用税收等措施鼓励进口先进的节能、节水、节材等技术、设备和产品，限制在生产过程中耗能高、污染重的产品的出口。具体办法由国务院财政、税务主管部门制定。

企业使用或者生产列入国家清洁生产、资源综合利用等鼓励名录的技术、工艺、设备或者产品的，按照国家有关规定享受税收优惠。

第四十五条　县级以上人民政府循环经济发展综合管理部门在制定和实施投资计划时，应当将节能、节水、节地、节材、资源综合利用等项目列为重点投资领域。

对符合国家产业政策的节能、节水、节地、节材、资源综合利用等项目，金融机构应当给予优先贷款等信贷支持，并积极提供配套金融服务。

对生产、进口、销售或者使用列入淘汰名录的技术、工艺、设备、材料或者产品的企业，金融机构不得提供任何形式的授信支持。

第四十六条　国家实行有利于资源节约和合理利用的价格政策，引导单位和个人节约和合理使用水、电、气等资源性产品。

国务院和省、自治区、直辖市人民政府的价格主管部门应当按照国家产业政策，对资源高消耗行业中的限制类项目，实行限制性的价格政策。

对利用余热、余压、煤层气以及煤矸石、煤泥、垃圾等低热值燃料的并网发电项目，价格主管部门按照有利于资源综合利用的原则确定其上网电价。

省、自治区、直辖市人民政府可以根据本行政区域经济社会发展状况，实行垃圾排放收费制度。收取的费用专项用于垃圾分类、收集、运输、贮存、利用和处置，不得挪作他用。

国家鼓励通过以旧换新、押金等方式回收废物。

第四十七条　国家实行有利于循环经济发展的政府采购政策。使用财政性资金进行采购的，应当优先采购节能、节水、节材和有利于保护环境的产品及再生产品。

第四十八条　县级以上人民政府及其有关部门应当对在循环经济管理、科学技术研究、产品开发、示范和推广工作中做出显著成绩的单位和个人给予表彰和奖励。

企业事业单位应当对在循环经济发展中做出突出贡献的集体和个人给予表彰和奖励。

第六章　法律责任

第四十九条　县级以上人民政府循环经济发展综合管理部门或者其他有关主管部门发现违反本法的行为或者接到对违法行为的举报后不予查处，或者有其他不依法履行监督管理职责行为的，由本级人民政府或者上一级人民政府有关主管部门责令改正，对直接负责的主管人员和其他直接责任人员依法给予处分。

第五十条　生产、销售列入淘汰名录的产品、设备的，依照《中华人民共和国产品质量法》的规定处罚。

使用列入淘汰名录的技术、工艺、设备、材料的，由县级以上地方人民政府循环经济发展综合管理部门责令停止使用，没收违法使用的设备、材料，并处五万元以上二十万元以下的罚款；情节严重的，由县级以上人民政府循环经济发展综合管理部门提出意见，报请本级人民政府按照国务院规定的权限责令停业或者关闭。

违反本法规定，进口列入淘汰名录的设备、材料或者产品的，由海关责令退运，可以处十万元以上一百万元以下的罚款。进口者不明的，由承运人承担退运责任，或者承担有关处置费用。

第五十一条　违反本法规定，对在拆解或者处置过程中可能造成环境污染的电器电子等产品，设计使用列入国家禁止使用名录的有毒有害物质的，由县级以上地方人民政府产品质量监督部门责令限期改正；逾期不改正的，处二万元以上二十万元以下的罚款；情节严重的，由县级以上地方人民政府产品质量监督部门向本级工商行政管理部门通报有关情况，由工商行政管理部门依法吊销营业执照。

第五十二条　违反本法规定，电力、石油加工、化工、钢铁、有色金属和建材等企业未在规定的范围或者期限内停止使用不符合国家规定的燃油发电机组或者燃油锅炉的，由县级以上地方人民政府循环经济发展综合管理部门责令限期改正；逾期不改正的，责令拆除该燃油发电机组或者燃油锅炉，并处五万元以上五十万元以下的罚款。

第五十三条　违反本法规定，矿山企业未达到经依法审查确定的开采回采率、采矿贫化率、选矿回收率、矿山水循环利用率和土地复垦率等指标的，由县级以上人民政府地质矿产主管部门责令限期改正，处五万元以上五十万元以下的罚款；逾期不改正的，由采矿许可证颁发机关依法吊销采矿许可证。

第五十四条　违反本法规定，在国务院或者省、自治区、直辖市人民政府规定禁止生产、销售、使用粘土砖的期限或者区域内生产、销售或者使用粘土砖的，由县级以上地方人民政府指定的部门责令限期改正；有违法所得的，没收违法所得；逾期继续生产、销售的，由地方人民政府工商行政管理部门依法吊销营业执照。

第五十五条　违反本法规定，电网企业拒不收购企业利用余热、余压、煤层气以及煤矸石、煤泥、垃圾等低热值燃料生产的电力的，由国家电力监管机构责令限期改正；造成企业损失的，依法承担赔偿责任。

第五十六条　违反本法规定，有下列行为之一的，由地方人民政府工商行政管理部门责令限期改正，可以处五千元以上五万元以下的罚款；逾期不改正的，依法吊销营业执照；造成损失的，依法承担赔偿责任：

（一）销售没有再利用产品标识的再利用电器电子产品的；

（二）销售没有再制造或者翻新产品标识的再制造或者翻新产品的。

第五十七条　违反本法规定，构成犯罪的，依法追究刑事责任。

第七章　附　则

第五十八条　本法自 2009 年 1 月 1 日起施行。

3.6　标准化法 *

中华人民共和国标准化法

1988 年 12 月 29 日七届全国人大常委会第五次会议通过　自 1989 年 4 月 1 日起施行

目　录

第一章　总　则

第二章　标准的制定

第三章　标准的实施

第四章　法律责任

第五章　附　则

第一章　总　则

第一条　为了发展社会主义商品经济，促进技术进步，改进产品质量，提高社会经济效益，维护国家和人民的利益，使标准化工作适应社会主义现代化建设和发展对外经济关系的需要，制定本法。

第二条　对下列需要统一的技术要求，应当制定标准：

（一）工业产品的品种、规格、质量、等级或者安全、卫生要求。

（二）工业产品的设计、生产、检验、包装、储存、运输、使用的方法或者生产、储存、运输过程中的安全、卫生要求。

（三）有关环境保护的各项技术要求和检验方法。

（四）建设工程的设计、施工方法和安全要求。

（五）有关工业生产、工程建设和环境保护的技术术语、符号、代号和制图方法。

重要农产品和其他需要制定标准的项目，由国务院规定。

第三条　标准化工作的任务是制定标准、组织实施标准和对标准的实施进行监督。

标准化工作应当纳入国民经济和社会发展计划。

第四条　国家鼓励积极采用国际标准。

第五条　国务院标准化行政主管部门统一管理全国标准化工作。国务院有关行政主管部门分工管理本部门、本行业的标准化工作。

省、自治区、直辖市标准化行政主管部门统一管理本行政区域的标准化工作。省、自治区、直辖市政府有关行政主管部门分工管理本行政区域内本部门、本行业的标准化工作。

市、县标准化行政主管部门和有关行政主管部门，按照省、自治区、直辖市政府规定的各自的职责，管理本行政区域内的标准化工作。

第二章　标准的制定

第六条　对需要在全国范围内统一的技术要求，应当制定国家标准。国家标准由国务院标准化行政主管部门制定。对没有国家标准而又需要在全国某个行业范围内统一的技术要求，可以制定行业标准。行业标准由国务院有关行政主管部门制定，并报国务院标准化行政主管部门备案，在公布国家标准之后，该项行业标准即行废止。对没有国家标准和行业标准而又需要在省、自治区、直辖市范围内统一的工业产品的安全、卫生要求，可以制定地方标准。地方标准由省、自治区、直辖市标准化行政主管部门制定，并报国务院标准化行政主管部门和国务院有关行政主管部门备案，在公布国家标准或者行业标准之后，该项地方标准即行废止。

企业生产的产品没有国家标准和行业标准的，应当制定企业标准，作为组织生产的依据。企业的产品标准须报当地政府标准化行政主管部门和有关行政主管部门备案。已有国家标准或者行业标准的，国家鼓励企业制定严于国家标准或者行业标准的企业标准，在企业内部适用。

法律对标准的制定另有规定的，依照法律的规定执行。

第七条　国家标准、行业标准分为强制性标准和推荐性标准。保障人体健康，人身、财产安全的标准和法律、行政法规规定强制执行的标准是强制性标准，其他标准是推荐性标准。

省、自治区、直辖市标准化行政主管部门制定的工业产品的安全、卫生要求的地方标准，在本行政区域内是强制性标准。

第八条　制定标准应当有利于保障安全和人民的身体健康，保护消费者的利益，保护环境。

第九条　制定标准应当有利于合理利用国家资源，推广科学技术成果，提高经济效益，并符合使用要求，有利于产品的通用互换，做到技术上先进，经济上合理。

第十条　制定标准应当做到有关标准的协调配套。

第十一条　制定标准应当有利于促进对外经济技术合作和对外贸易。

第十二条　制定标准应当发挥行业协会、科学研究机构和学术团体的作用。

制定标准的部门应当组织由专家组成的标准化技术委员会，负责标准的草拟，参加标准草案的审查工作。

第十三条　标准实施后，制定标准的部门应当根据科学技术的发展和经济建设的需要适时进行复审，以确认现行标准继续有效或者予以修订、废止。

第三章　标准的实施

第十四条　强制性标准，必须执行。不符合强制性标准的产品，禁止生产、销售和进口。推荐性标准，国家鼓励企业自愿采用。

第十五条　企业对有国家标准或者行业标准的产品，可以向国务院标准化行政主管部门或者国务院标准化行政主管部门授权的部门申请产品质量认证。认证合格的，由认证部门授予认证证书，准许在产品或者其包装上使用规定的认证标志。

已经取得认证证书的产品不符合国家标准或者行业标准的，以及产品未经认证或者认证不合格的，不得使用认证标志出厂销售。

第十六条　出口产品的技术要求，依照合同的约定执行。

第十七条　企业研制新产品、改进产品，进行技术改造，应当符合标准化要求。

第十八条　县级以上政府标准化行政主管部门负责对标准的实施进行监督检查。

第十九条 县级以上政府标准化行政主管部门，可以根据需要设置检验机构，或者授权其他单位的检验机构，对产品是否符合标准进行检验。法律、行政法规对检验机构另有规定的，依照法律、行政法规的规定执行。

处理有关产品是否符合标准的争议，以前款规定的检验机构的检验数据为准。

第四章 法律责任

第二十条 生产、销售、进口不符合强制性标准的产品的，由法律、行政法规规定的行政主管部门依法处理，法律、行政法规未作规定的，由工商行政管理部门没收产品和违法所得，并处罚款；造成严重后果构成犯罪的，对直接责任人员依法追究刑事责任。

第二十一条 已经授予认证证书的产品不符合国家标准或者行业标准而使用认证标志出厂销售的，由标准化行政主管部门责令停止销售，并处罚款；情节严重的，由认证部门撤销其认证证书。

第二十二条 产品未经认证或者认证不合格而擅自使用认证标志出厂销售的，由标准化行政主管部门责令停止销售，并处罚款。

第二十三条 当事人对没收产品、没收违法所得和罚款的处罚不服的，可以在接到处罚通知之日起十五日内，向作出处罚决定的机关的上一级机关申请复议；对复议决定不服的，可以在接到复议决定之日起十五日内，向人民法院起诉。当事人也可以在接到处罚通知之日起十五日内，直接向人民法院起诉。当事人逾期不申请复议或者不向人民法院起诉又不履行处罚决定的，由作出处罚决定的机关申请人民法院强制执行。

第二十四条 标准化工作的监督、检验、管理人员违法失职、徇私舞弊的，给予行政处分；构成犯罪的，依法追究刑事责任。

第五章 附 则

第二十五条 本法实施条例由国务院制定。

第二十六条 本法自 1989 年 4 月 1 日起施行

3.7 环境保护法 *

中华人民共和国环境保护法

1989 年 12 月 26 日七届全国人大常委会第十一次会议通过 1989 年 12 月 26 日中华人民共和国主席令第二十二号公布 自公布之日起施行

第一章 总 则

第一条 为保护和改善生活环境与生态环境，防治污染和其他公害，保障人体健康，促进社会主义现代化建设的发展，制定本法。

第二条 本法所称环境，是指影响人类生存和发展的各种天然的和经过人工改造的自然因素的总体，包括大气、水、海洋、土地、矿藏、森林、草原、野生生物、自然遗迹、人文遗迹、自然保护区、风景名胜区、城市和乡村等。

第三条　本法适用于中华人民共和国领域和中华人民共和国管辖的其他海域。

第四条　国家制定的环境保护规划必须纳入国民经济和社会发展计划，国家采取有利于环境保护的经济、技术政策和措施，使环境保护工作同经济建设和社会发展相协调。

第五条　国家鼓励环境保护科学教育事业的发展，加强环境保护科学技术的研究和开发，提高环境保护科学技术水平，普及环境保护的科学知识。

第六条　一切单位和个人都有保护环境的义务，并有权对污染和破坏环境的单位和个人进行检举和控告。

第七条　国务院环境保护行政主管部门，对全国环境保护工作实施统一监督管理。

县级以上地方人民政府环境保护行政主管部门，对本辖区的环境保护工作实施统一监督管理。

国家海洋行政主管部门、港务监督、渔政渔港监督、军队环境保护部门和各级公安、交通、铁道、民航管理部门，依照有关法律的规定对环境污染防治实施监督管理。

县级以上人民政府的土地、矿产、林业、农业、水利行政主管部门，依照有关法律的规定对资源的保护实施监督管理。

第八条　对保护环境有显著成绩的单位和个人，由人民政府给予奖励。

第二章　环境监督管理

第九条　国务院环境保护行政主管部门制定国家环境质量标准。

省、自治区、直辖市人民政府对国家环境质量标准中未作规定的项目，可以制定地方环境质量标准，并报国务院环境保护行政主管部门备案。

第十条　国务院环境保护行政主管部门根据国家环境质量标准和国家经济、技术条件，制定国家污染物排放标准。

省、自治区、直辖市人民政府对国家污染物排放标准中未作规定的项目，可以制定地方污染物排放标准；对国家污染物排放标准中已作规定的项目，可以制定严于国家污染物排放标准的地方污染物排放标准。地方污染物排放标准须报国务院环境保护行政主管部门备案。

凡是向已有地方污染物排放标准的区域排放污染物的，应当执行地方污染物排放标准。

第十一条　国务院环境保护行政主管部门建立监测制度，制定监测规范，会同有关部门组织监测网络，加强对环境监测和管理。国务院和省、自治区、直辖市人民政府的环境保护行政主管部门，应当定期发布环境状况公报。

第十二条　县级以上人民政府环境保护行政主管部门，应当会同有关部门对管辖范围内的环境状况进行调查和评价，拟订环境保护规划，经计划部门综合平衡后，报同级人民政府批准实施。

第十三条 建设污染环境的项目，必须遵守国家有关建设项目环境保护管理的规定。

建设项目的环境影响报告书，必须对建设项目产生的污染和对环境的影响作出评价，规定防治措施，经项目主管部门预审并依照规定的程序报环境保护行政主管部门批准。环境影响报告书经批准后，计划部门方可批准建设项目设计任务书。

第十四条 县级以上人民政府环境保护行政主管部门或者其他依照法律规定行使环境监督管理权的部门，有权对管辖范围内的排污单位进行现场检查。被检查的单位应当如实反映情况，提供必要的资料。检查机关应当为被检查的单位保守技术秘密和业务秘密。

第十五条 跨行政区的环境污染和环境破坏的防治工作，由有关地方人民政府协商解决，或者由上级人民政府协调解决，做出决定。

第三章 保护和改善环境

第十六条 地方各级人民政府，应当对本辖区的环境质量负责，采取措施改善环境质量。

第十七条 各级人民政府对具有代表性的各种类型的自然生态系统区域，珍稀、濒危的野生动植物自然分布区域，重要的水源涵养区域，具有重大科学文化价值的地质构造、著名溶洞和化石分布区、冰川、火山、温泉等自然遗迹，以及人文遗迹、古树名木，应当采取措施加以保护，严禁破坏。

第十八条 在国务院、国务院有关主管部门和省、自治区、直辖市人民政府划定的风景名胜区、自然保护区和其他需要特别保护的区域内，不得建设污染环境的工业生产设施；建设其他设施，其污染物排放不得超过规定的排放标准。已经建成的设施，其污染物排放超过规定的排放标准的，限期治理。

第十九条 开发利用自然资源，必须采取措施保护生态环境。

第二十条 各级人民政府应当加强对农业环境的保护，防治土壤污染、土地沙化、盐渍化、贫瘠化、沼泽化、地面沉降和防治植被破坏、水土流失、水源枯竭、种源灭绝以及其他生态失调现象的发生和发展，推广植物病虫害的综合防治，合理使用化肥、农药及植物生长激素。

第二十一条 国务院和沿海地方各级人民政府应当加强对海洋环境的保护。向海洋排放污染物、倾倒废弃物，进行海岸工程建设和海洋石油勘探开发，必须依照法律的规定，防止对海洋环境的污染损害。

第二十二条 制定城市规划，应当确定保护和改善环境的目标和任务。

第二十三条 城乡建设应当结合当地自然环境的特点，保护植被、水域和自然景观，加强城市园林、绿地和风景名胜区的建设。

第四章 防治环境污染和其他公害

第二十四条 产生环境污染和其他公害的单位，必须把环境保护工作纳入计划，建立环境保护责任制度；采取有效措施，防治在生产建设或者其他活动中产生的废气、废水、废渣、粉尘、恶臭气体、放射性物质以及噪声、振动、电磁波辐射等对环境的污染和危害。

第二十五条　新建工业企业和现有工业企业的技术改造，应当采用资源利用率高、污染物排放量少的设备和工艺，采用经济合理的废弃物综合利用技术和污染物处理技术。

第二十六条　建设项目中防治污染的设施，必须与主体工程同时设计、同时施工、同时投产使用。防治污染的设施必须经原审批环境影响报告书的环境保护行政主管部门验收合格后，该建设项目方可投入生产或者使用。

防治污染的设施不得擅自拆除或者闲置，确有必要拆除或者闲置的，必须征得所在地的环境保护行政主管部门同意。

第二十七条　排放污染物的企业事业单位，必须依照国务院环境保护行政主管部门的规定申报登记。

第二十八条　排放污染物超过国家或者地方规定的污染物排放标准的企业事业单位，依照国家规定缴纳超标准排污费，并负责治理。水污染防治法另有规定的，依照水污染防治法的规定执行。

征收的超标准排污费必须用于污染的防治，不得挪作他用，具体使用办法由国务院规定。

第二十九条　对造成环境严重污染的企业事业单位，限期治理。

中央或者省、自治区、直辖市人民政府直接管辖的企业事业单位的限期治理，由省、自治区、直辖市人民政府决定。市、县或者市、县以下人民政府管辖的企业事业单位的限期治理，由市、县人民政府决定。被限期治理的企业事业单位必须如期完成治理任务。

第三十条　禁止引进不符合我国环境保护规定要求的技术和设备。

第三十一条　因发生事故或者其他突然性事件，造成或者可能造成污染事故的单位，必须立即采取措施处理，及时通报可能受到污染危害的单位和居民，并向当地环境保护行政主管部门和有关部门报告，接受调查处理。

可能发生重大污染事故的企业事业单位，应当采取措施，加强防范。

第三十二条　县级以上地方人民政府环境保护行政主管部门，在环境受到严重污染威胁居民生命财产安全时，必须立即向当地人民政府报告，由人民政府采取有效措施，解除或者减轻危害。

第三十三条　生产、储存、运输、销售、使用有毒化学物品和含有放射性物质的物品，必须遵守国家有关规定，防止污染环境。

第三十四条　任何单位不得将产生严重污染的生产设备转移给没有污染防治能力的单位使用。

第五章　法律责任

第三十五条　违反本法规定，有下列行为之一的，环境保护行政主管部门或者其他依照法律规定行使环境监督管理权的部门可以根据不同情节，给予警告或者处以罚款：

（一）拒绝环境保护行政主管部门或者其他依照法律规定行使环境监督管理权的部门

现场检查或者在被检查时弄虚作假的。

（二）拒报或者谎报国务院环境保护行政主管部门规定的有关污染物排放申报事项的。

（三）不按国家规定缴纳超标准排污费的。

（四）引进不符合我国环境保护规定要求的技术和设备的。

（五）将产生严重污染的生产设备转移给没有污染防治能力的单位使用的。

第三十六条 建设项目的防治污染设施没有建成或者没有达到国家规定的要求，投入生产或者使用的，由批准该建设项目的环境影响报告书的环境保护行政主管部门责令停止生产或者使用，可以并处罚款。

第三十七条 未经环境保护行政主管部门同意，擅自拆除或者闲置防治污染的设施，污染物排放超过规定的排放标准的，由环境保护行政主管部门责令重新安装使用，并处罚款。

第三十八条 对违反本法规定，造成环境污染事故的企业事业单位，由环境保护行政主管部门或者其他依照法律规定行使环境监督管理权的部门根据所造成的危害后果处以罚款；情节较重的，对有关责任人员由其所在单位或者政府主管机关给予行政处分。

第三十九条 对经限期治理逾期未完成治理任务的企业事业单位，除依照国家规定加收超标准排污费外，可以根据所造成的危害后果处以罚款，或者责令停业、关闭。

前款规定的罚款由环境保护行政主管部门决定。责令停业、关闭，由作出限期治理决定的人民政府决定；责令中央直接管辖的企业事业单位停业、关闭，须报国务院批准。

第四十条 当事人对行政处罚决定不服的，可以在接到处罚通知之日起十五日内，向作出处罚决定的机关的上一级机关申请复议；对复议决定不服的，可以在接到复议决定之日起十五日内，向人民法院起诉。当事人也可以在接到处罚通知之日起十五日内，直接向人民法院起诉。当事人逾期不申请复议、也不向人民法院起诉、又不履行处罚决定的，由作出处罚决定的机关申请人民法院强制执行。

第四十一条 造成环境污染危害的，有责任排除危害，并对直接受到损害的单位或者个人赔偿损失。

赔偿责任和赔偿金额的纠纷，可以根据当事人的请求，由环境保护行政主管部门或者其他依照本法律规定行使环境监督管理权的部门处理；当事人对处理决定不服的，可以向人民法院起诉。当事人也可以直接向人民法院起诉。

完全由于不可抗拒的自然灾害，并经及时采取合理措施，仍然不能避免造成环境污染损害的，免予承担责任。

第四十二条 因环境污染损害赔偿提起诉讼的时效期间为三年，从当事人知道或者应当知道受到污染损害时起计算。

第四十三条 违反本法规定，造成重大环境污染事故，导致公私财产重大损失或者人身伤亡的严重后果的，对直接责任人员依法追究刑事责任。

第四十四条 违反本法规定，造成土地、森林、草原、水、矿产、渔业、野生动植物等资源的破坏的，依照有关法律的规定承担法律责任。

第四十五条 环境保护监督管理人员滥用职权、玩忽职守、徇私舞弊的，由其所在单位或者上级主管机关给予行政处分；构成犯罪的，依法追究刑事责任。

第六章 附 则

第四十六条 中华人民共和国缔结或者参加的与环境保护有关的国际条约，同中华人民共和国法律有不同规定的，适用国际条约的规定，但中华人民共和国声明保留的条款除外。

第四十七条 本法自公布之日起施行，《中华人民共和国环境保护法（试行）》同时废止。

3.8 统计法

中华人民共和国统计法

1983 年 12 月 8 日六届全国人大常委会第三次会议通过 根据 1996 年 5 月 15 日八届全国人大常委会第十九次会议《关于修改〈中华人民共和国统计法〉的决定》修正 2009 年 6 月 27 日十一届全国人大常委会第九次会议修订

目 录

第一章 总 则
第二章 统计调查管理
第三章 统计资料的管理和公布
第四章 统计机构和统计人员
第五章 监督检查
第六章 法律责任
第七章 附 则

第一章 总 则

第一条 为了科学、有效地组织统计工作，保障统计资料的真实性、准确性、完整性和及时性，发挥统计在了解国情国力、服务经济社会发展中的重要作用，促进社会主义现代化建设事业发展，制定本法。

第二条 本法适用于各级人民政府、县级以上人民政府统计机构和有关部门组织实施的统计活动。

统计的基本任务是对经济社会发展情况进行统计调查、统计分析，提供统计资料和统计咨询意见，实行统计监督。

第三条 国家建立集中统一的统计系统，实行统一领导、分级负责的统计管理体制。

第四条 国务院和地方各级人民政府、各有关部门应当加强对统计工作的组织领导，为统计工作提供必要的保障。

第五条 国家加强统计科学研究，健全科学的统计指标体系，不断改进统计调查方法，提高统计的科学性。

国家有计划地加强统计信息化建设，推进统计信息搜集、处理、传输、共享、存储技术和统计数据库体系的现代化。

第六条 统计机构和统计人员依照本法规定独立行使统计调查、统计报告、统计监督的职权，不受侵犯。

地方各级人民政府、政府统计机构和有关部门以及各单位的负责人，不得自行修改统计机构和统计人员依法搜集、整理的统计资料，不得以任何方式要求统计机构、统计人员及其他机构、人员伪造、篡改统计资料，不得对依法履行职责或者拒绝、抵制统计违法行为的统计人员打击报复。

第七条 国家机关、企业事业单位和其他组织以及个体工商户和个人等统计调查对象，必须依照本法和国家有关规定，真实、准确、完整、及时地提供统计调查所需的资料，不得提供不真实或者不完整的统计资料，不得迟报、拒报统计资料。

第八条 统计工作应当接受社会公众的监督。任何单位和个人有权检举统计中弄虚作假等违法行为。对检举有功的单位和个人应当给予表彰和奖励。

第九条 统计机构和统计人员对在统计工作中知悉的国家秘密、商业秘密和个人信息，应当予以保密。

第十条 任何单位和个人不得利用虚假统计资料骗取荣誉称号、物质利益或者职务晋升。

第二章 统计调查管理

第十一条 统计调查项目包括国家统计调查项目、部门统计调查项目和地方统计调查项目。

国家统计调查项目是指全国性基本情况的统计调查项目。部门统计调查项目是指国务院有关部门的专业性统计调查项目。地方统计调查项目是指县级以上地方人民政府及其部门的地方性统计调查项目。

国家统计调查项目、部门统计调查项目、地方统计调查项目应当明确分工，互相衔接，不得重复。

第十二条 国家统计调查项目由国家统计局制定，或者由国家统计局和国务院有关部门共同制定，报国务院备案；重大的国家统计调查项目报国务院审批。

部门统计调查项目由国务院有关部门制定。统计调查对象属于本部门管辖系统的，报国家统计局备案；统计调查对象超出本部门管辖系统的，报国家统计局审批。

地方统计调查项目由县级以上地方人民政府统计机构和有关部门分别制定或者共同制定。其中，由省级人民政府统计机构单独制定或者和有关部门共同制定的，报国家统计局审批；由省级以下人民政府统计机构单独制定或者和有关部门共同制定的，报省级人民政府统计机构审批；由县级以上地方人民政府有关部门制定的，报本级人民政府统计机构审批。

第十三条　统计调查项目的审批机关应当对调查项目的必要性、可行性、科学性进行审查，对符合法定条件的，作出予以批准的书面决定，并公布；对不符合法定条件的，作出不予批准的书面决定，并说明理由。

第十四条　制定统计调查项目，应当同时制定该项目的统计调查制度，并依照本法第十二条的规定一并报经审批或者备案。

统计调查制度应当对调查目的、调查内容、调查方法、调查对象、调查组织方式、调查表式、统计资料的报送和公布等作出规定。

统计调查应当按照统计调查制度组织实施。变更统计调查制度的内容，应当报经原审批机关批准或者原备案机关备案。

第十五条　统计调查表应当标明表号、制定机关、批准或者备案文号、有效期限等标志。

对未标明前款规定的标志或者超过有效期限的统计调查表，统计调查对象有权拒绝填报；县级以上人民政府统计机构应当依法责令停止有关统计调查活动。

第十六条　搜集、整理统计资料，应当以周期性普查为基础，以经常性抽样调查为主体，综合运用全面调查、重点调查等方法，并充分利用行政记录等资料。

重大国情国力普查由国务院统一领导，国务院和地方人民政府组织统计机构和有关部门共同实施。

第十七条　国家制定统一的统计标准，保障统计调查采用的指标涵义、计算方法、分类目录、调查表式和统计编码等的标准化。

国家统计标准由国家统计局制定，或者由国家统计局和国务院标准化主管部门共同制定。

国务院有关部门可以制定补充性的部门统计标准，报国家统计局审批。部门统计标准不得与国家统计标准相抵触。

第十八条　县级以上人民政府统计机构根据统计任务的需要，可以在统计调查对象中推广使用计算机网络报送统计资料。

第十九条　县级以上人民政府应当将统计工作所需经费列入财政预算。

重大国情国力普查所需经费，由国务院和地方人民政府共同负担，列入相应年度的财政预算，按时拨付，确保到位。

第三章　统计资料的管理和公布

第二十条　县级以上人民政府统计机构和有关部门以及乡、镇人民政府，应当按照国家有关规定建立统计资料的保存、管理制度，建立健全统计信息共享机制。

第二十一条　国家机关、企业事业单位和其他组织等统计调查对象，应当按照国家有关规定设置原始记录、统计台账，建立健全统计资料的审核、签署、交接、归档等管理制度。

统计资料的审核、签署人员应当对其审核、签署的统计资料的真实性、准确性和完整性负责。

第二十二条　县级以上人民政府有关部门应当及时向本级人民政府统计机构提供统计所需的行政记录资料和国民经济核算所需的财务资料、财政资料及其他资料，并按照统计调查制度的规定及时向本级人民政府统计机构报送其组织实施统计调查取得的有关资料。

县级以上人民政府统计机构应当及时向本级人民政府有关部门提供有关统计资料。

第二十三条　县级以上人民政府统计机构按照国家有关规定，定期公布统计资料。

国家统计数据以国家统计局公布的数据为准。

第二十四条　县级以上人民政府有关部门统计调查取得的统计资料，由本部门按照国家有关规定公布。

第二十五条　统计调查中获得的能够识别或者推断单个统计调查对象身份的资料，任何单位和个人不得对外提供、泄露，不得用于统计以外的目的。

第二十六条　县级以上人民政府统计机构和有关部门统计调查取得的统计资料，除依法应当保密的外，应当及时公开，供社会公众查询。

第四章　统计机构和统计人员

第二十七条　国务院设立国家统计局，依法组织领导和协调全国的统计工作。

国家统计局根据工作需要设立的派出调查机构，承担国家统计局布置的统计调查等任务。

县级以上地方人民政府设立独立的统计机构，乡、镇人民政府设置统计工作岗位，配备专职或者兼职统计人员，依法管理、开展统计工作，实施统计调查。

第二十八条　县级以上人民政府有关部门根据统计任务的需要设立统计机构，或者在有关机构中设置统计人员，并指定统计负责人，依法组织、管理本部门职责范围内的统计工作，实施统计调查，在统计业务上受本级人民政府统计机构的指导。

第二十九条　统计机构、统计人员应当依法履行职责，如实搜集、报送统计资料，不得伪造、篡改统计资料，不得以任何方式要求任何单位和个人提供不真实的统计资料，不得有其他违反本法规定的行为。

统计人员应当坚持实事求是，恪守职业道德，对其负责搜集、审核、录入的统计资料与统计调查对象报送的统计资料的一致性负责。

第三十条　统计人员进行统计调查时，有权就与统计有关的问题询问有关人员，要求其如实提供有关情况、资料并改正不真实、不准确的资料。

统计人员进行统计调查时，应当出示县级以上人民政府统计机构或者有关部门颁发的工作证件；未出示的，统计调查对象有权拒绝调查。

第三十一条　国家实行统计专业技术职务资格考试、评聘制度，提高统计人员的专业素质，保障统计队伍的稳定性。

统计人员应当具备与其从事的统计工作相适应的专业知识和业务能力。

县级以上人民政府统计机构和有关部门应当加强对统计人员的专业培训和职业道德教育。

第五章　监督检查

第三十二条　县级以上人民政府及其监察机关对下级人民政府、本级人民政府统计机构和有关部门执行本法的情况，实施监督。

第三十三条　国家统计局组织管理全国统计工作的监督检查，查处重大统计违法行为。

县级以上地方人民政府统计机构依法查处本行政区域内发生的统计违法行为。但是，国家统计局派出的调查机构组织实施的统计调查活动中发生的统计违法行为，由组织实施该项统计调查的调查机构负责查处。

法律、行政法规对有关部门查处统计违法行为另有规定的，从其规定。

第三十四条　县级以上人民政府有关部门应当积极协助本级人民政府统计机构查处统计违法行为，及时向本级人民政府统计机构移送有关统计违法案件材料。

第三十五条　县级以上人民政府统计机构在调查统计违法行为或者核查统计数据时，有权采取下列措施：

（一）发出统计检查查询书，向检查对象查询有关事项；

（二）要求检查对象提供有关原始记录和凭证、统计台账、统计调查表、会计资料及其他相关证明和资料；

（三）就与检查有关的事项询问有关人员；

（四）进入检查对象的业务场所和统计数据处理信息系统进行检查、核对；

（五）经本机构负责人批准，登记保存检查对象的有关原始记录和凭证、统计台账、统计调查表、会计资料及其他相关证明和资料；

（六）对与检查事项有关的情况和资料进行记录、录音、录像、照相和复制。

县级以上人民政府统计机构进行监督检查时，监督检查人员不得少于二人，并应当出示执法证件；未出示的，有关单位和个人有权拒绝检查。

第三十六条　县级以上人民政府统计机构履行监督检查职责时，有关单位和个人应当如实反映情况，提供相关证明和资料，不得拒绝、阻碍检查，不得转移、隐匿、篡改、毁弃原始记录和凭证、统计台账、统计调查表、会计资料及其他相关证明和资料。

第六章　法律责任

第三十七条　地方人民政府、政府统计机构或者有关部门、单位的负责人有下列行为之一的，由任免机关或者监察机关依法给予处分，并由县级以上人民政府统计机构予以通报：

（一）自行修改统计资料、编造虚假统计数据的；

（二）要求统计机构、统计人员或者其他机构、人员伪造、篡改统计资料的；

（三）对依法履行职责或者拒绝、抵制统计违法行为的统计人员打击报复的；

（四）对本地方、本部门、本单位发生的严重统计违法行为失察的。

第三十八条　县级以上人民政府统计机构或者有关部门在组织实施统计调查活动中有下列行为之一的，由本级人民政府、上级人民政府统计机构或者本级人民政府统计机构责令改正，予以通报；对直接负责的主管人员和其他直接责任人员，由任免机关或者监察机关依法给予处分：

（一）未经批准擅自组织实施统计调查的；

（二）未经批准擅自变更统计调查制度的内容的；

（三）伪造、篡改统计资料的；

（四）要求统计调查对象或者其他机构、人员提供不真实的统计资料的；

（五）未按照统计调查制度的规定报送有关资料的。

统计人员有前款第三项至第五项所列行为之一的，责令改正，依法给予处分。

第三十九条　县级以上人民政府统计机构或者有关部门有下列行为之一的，对直接负责的主管人员和其他直接责任人员由任免机关或者监察机关依法给予处分：

（一）违法公布统计资料的；

（二）泄露统计调查对象的商业秘密、个人信息或者提供、泄露在统计调查中获得的能够识别或者推断单个统计调查对象身份的资料的；

（三）违反国家有关规定，造成统计资料毁损、灭失的。

统计人员有前款所列行为之一的，依法给予处分。

第四十条　统计机构、统计人员泄露国家秘密的，依法追究法律责任。

第四十一条　作为统计调查对象的国家机关、企业事业单位或者其他组织有下列行为之一的，由县级以上人民政府统计机构责令改正，给予警告，可以予以通报；其直接负责的主管人员和其他直接责任人员属于国家工作人员的，由任免机关或者监察机关依法给予处分：

（一）拒绝提供统计资料或者经催报后仍未按时提供统计资料的；

（二）提供不真实或者不完整的统计资料的；

（三）拒绝答复或者不如实答复统计检查查询书的；

（四）拒绝、阻碍统计调查、统计检查的；

（五）转移、隐匿、篡改、毁弃或者拒绝提供原始记录和凭证、统计台账、统计调查表及其他相关证明和资料的。

企业事业单位或者其他组织有前款所列行为之一的，可以并处五万元以下的罚款；情节严重的，并处五万元以上二十万元以下的罚款。

个体工商户有本条第一款所列行为之一的，由县级以上人民政府统计机构责令改正，给予警告，可以并处一万元以下的罚款。

第四十二条　作为统计调查对象的国家机关、企业事业单位或者其他组织迟报统计资料，或者未按照国家有关规定设置原始记录、统计台账的，由县级以上人民政府统计机构责令改正，给予警告。

企业事业单位或者其他组织有前款所列行为之一的，可以并处一万元以下的罚款。

个体工商户迟报统计资料的，由县级以上人民政府统计机构责令改正，给予警告，可以并处一千元以下的罚款。

第四十三条　县级以上人民政府统计机构查处统计违法行为时，认为对有关国家工作人员依法应当给予处分的，应当提出给予处分的建议；该国家工作人员的任免机关或者监察机关应当依法及时作出决定，并将结果书面通知县级以上人民政府统计机构。

第四十四条　作为统计调查对象的个人在重大国情国力普查活动中拒绝、阻碍统计调查，或者提供不真实或者不完整的普查资料的，由县级以上人民政府统计机构责令改正，予以批评教育。

第四十五条　违反本法规定，利用虚假统计资料骗取荣誉称号、物质利益或者职务晋升的，除对其编造虚假统计资料或者要求他人编造虚假统计资料的行为依法追究法律责任外，由作出有关决定的单位或者其上级单位、监察机关取消其荣誉称号，追缴获得的物质利益，撤销晋升的职务。

第四十六条　当事人对县级以上人民政府统计机构作出的行政处罚决定不服的，可以依法申请行政复议或者提起行政诉讼。其中，对国家统计局在省、自治区、直辖市派出的调查机构作出的行政处罚决定不服的，向国家统计局申请行政复议；对国家统计局派出的其他调查机构作出的行政处罚决定不服的，向国家统计局在该派出机构所在的省、自治区、直辖市派出的调查机构申请行政复议。

第四十七条　违反本法规定，构成犯罪的，依法追究刑事责任。

第七章　附　则

第四十八条　本法所称县级以上人民政府统计机构，是指国家统计局及其派出的调查机构、县级以上地方人民政府统计机构。

第四十九条　民间统计调查活动的管理办法，由国务院制定。

中华人民共和国境外的组织、个人需要在中华人民共和国境内进行统计调查活动的，应当按照国务院的规定报请审批。

利用统计调查危害国家安全、损害社会公共利益或者进行欺诈活动的，依法追究法律责任。

第五十条　本法自 2010 年 1 月 1 日起施行。

复习思考题

一、单项选择题（在备选答案中选择 1 个最佳答案，并把它的标号写在括号内）

1. 《可再生能源法》称可再生能源，是指风能、太阳能、水能、（　　）、地热能、海洋能等非化石能源。

A. 秸秆　　　　　　B. 粪便　　　　　　C. 生物质能　　　D. 薪柴

2. 国家（　　）在电网未覆盖的地区建设可再生能源独立电力系统，为当地生产和生活提供电力服务。

A. 扶持　　　　　　B. 鼓励　　　　　　C. 帮助　　　　　D. 支持

3. 《循环经济促进法》从（　　）起施行的。

A. 2008 年 8 月 29 日　　　　　　　　B. 2008 年 12 月 1 日

C. 2009 年 1 月 1 日　　　　　　　　　D. 2009 年 7 月 1 日

4. 下列（　　）行业是高耗水、高污染行业。

A. 造纸　　　　　　B. 汽车　　　　　　C. 建筑　　　　　D. 运输

5. 《循环经济促进法》中的"资源化"是指将（　　）直接作为原料进行利用或者对其进行再生利用。

A. 废物　　　　　　B. 可再生资源　　　C. 初级原材料　　D. 二手资源

二、多项选择题（在备选答案中有 2~5 个是正确的，将其全部选出并将它们的标号写在括号内，选错、漏选和不选均不得分）

1. 编制可再生能源开发利用规划，应当遵循因地制宜、统筹兼顾、（　　）的原则，对风能、太阳能、水能、生物质能、地热能、海洋能等可再生能源的开发利用作出统筹安排。

A. 合理布局　　　　B. 发展经济　　　　C. 有序发展　　　D. 保护环境

E. 循循渐进

2. 《循环经济促进法》中所称循环经济，是指在生产、流通和消费等过程中进行的（　　）活动的总称。

A. 减量化　　　　　B. 再利用　　　　　C. 资源化　　　　D. 无害化

E. 再生化

3. 国家标准、行业标准分为（　　）标准和（　　）标准。保障人体健康，人身、财产安全的标准和法律、行政法规规定强制执行的标准是强制性标准，其他标准是推荐性标准。

A. 强制性　　　　　B. 规定性　　　　　C. 推荐性　　　　D. 一般性

E. 企业性

4. 下列（   ）属于《循环经济促进法》减量化一章中规定的内容。

A. 产品包装　　　　B. 矿山开采　　　　C. 余热发电　　　　D. 建筑设计

E. 民用节能

5. 依照《环境保护法》的规定，该法的适用范围为（   ）。

A. 中华人民共和国领土　　　　　　　B. 中华人民共和国领水

C. 中华人民共和国领空　　　　　　　D. 中华人民共和国管辖的其他海域

E. 中华人民共和国海陆空所有范围

三、简答题

1. 什么是生物质能源？

2. 什么是生物液体燃料？

四、论述题

1. 发展可再生能源对我国解决能源短缺问题的作用是什么？

2. 发展循环经济对我国经济发展有何作用？

3. 实施《清洁生产促进法》的作用是什么？

第4章 能源管理相关条例

▶ **学习目标**

1. 应知道、识记、理解的内容
- 《民用建筑节能条例》的主要内容
- 《公共机构节能条例》的主要内容
- 《标准化实施条例》与《节约能源法》相关的主要内容
- 《认证认可条例》与《节约能源法》相关的主要内容*
2. 应领会、掌握和应用的内容
- 《民用建筑节能条例》的学习要点
- 《公共机构节能条例》的学习要点
- 《标准化实施条例》与《节约能源法》相关的学习要点
- 《认证认可条例》与《节约能源法》相关的学习要点*

▶ **自学时数**

6~8 学时。

▶ **教师导学**

● 除了《节约能源法》对节约能源做了系统、具体的规定以外，还有一些与《节约能源法》配套和密切相关的条例，使《节约能源法》更具有可操作性。为了增强学习的系统性，本章选录了《民用建筑节能条例》、《公共机构节能条例》、《标准化实施条例》、《认证认可条例》等几个有代表性的条例，以供学员了解和学习。

4.1 民用建筑节能条例

民用建筑节能条例

国务院令第 530 号 2008 年 8 月 1 日

第一章 总 则

第一条 为了加强民用建筑节能管理，降低民用建筑使用过程中的能源消耗，提高能源利用效率，制定本条例。

第二条 本条例所称民用建筑节能，是指在保证民用建筑使用功能和室内热环境质量的前提下，降低其使用过程中能源消耗的活动。

本条例所称民用建筑，是指居住建筑、国家机关办公建筑和商业、服务业、教育、卫生等其他公共建筑。

第三条 各级人民政府应当加强对民用建筑节能工作的领导，积极培育民用建筑节能服务市场，健全民用建筑节能服务体系，推动民用建筑节能技术的开发应用，做好民用建筑节能知识的宣传教育工作。

第四条 国家鼓励和扶持在新建建筑和既有建筑节能改造中采用太阳能、地热能等可再生能源。

在具备太阳能利用条件的地区，有关地方人民政府及其部门应当采取有效措施，鼓励和扶持单位、个人安装使用太阳能热水系统、照明系统、供热系统、采暖制冷系统等太阳能利用系统。

第五条 国务院建设主管部门负责全国民用建筑节能的监督管理工作。县级以上地方人民政府建设主管部门负责本行政区域民用建筑节能的监督管理工作。

县级以上人民政府有关部门应当依照本条例的规定以及本级人民政府规定的职责分工，负责民用建筑节能的有关工作。

第六条 国务院建设主管部门应当在国家节能中长期专项规划指导下，编制全国民用建筑节能规划，并与相关规划相衔接。

县级以上地方人民政府建设主管部门应当组织编制本行政区域的民用建筑节能规划，报本级人民政府批准后实施。

第七条 国家建立健全民用建筑节能标准体系。国家民用建筑节能标准由国务院建设主管部门负责组织制定，并依照法定程序发布。

国家鼓励制定、采用优于国家民用建筑节能标准的地方民用建筑节能标准。

第八条 县级以上人民政府应当安排民用建筑节能资金，用于支持民用建筑节能的科学技术研究和标准制定、既有建筑围护结构和供热系统的节能改造、可再生能源的应用，以及民用建筑节能示范工程、节能项目的推广。

政府引导金融机构对既有建筑节能改造、可再生能源的应用，以及民用建筑节能示范工程等项目提供支持。

民用建筑节能项目依法享受税收优惠。

第九条　国家积极推进供热体制改革，完善供热价格形成机制，鼓励发展集中供热，逐步实行按照用热量收费制度。

第十条　对在民用建筑节能工作中做出显著成绩的单位和个人，按照国家有关规定给予表彰和奖励。

第二章　新建建筑节能

第十一条　国家推广使用民用建筑节能的新技术、新工艺、新材料和新设备，限制使用或者禁止使用能源消耗高的技术、工艺、材料和设备。国务院节能工作主管部门、建设主管部门应当制定、公布并及时更新推广使用、限制使用、禁止使用目录。

国家限制进口或者禁止进口能源消耗高的技术、材料和设备。

建设单位、设计单位、施工单位不得在建筑活动中使用列入禁止使用目录的技术、工艺、材料和设备。

第十二条　编制城市详细规划、镇详细规划，应当按照民用建筑节能的要求，确定建筑的布局、形状和朝向。

城乡规划主管部门依法对民用建筑进行规划审查，应当就设计方案是否符合民用建筑节能强制性标准征求同级建设主管部门的意见；建设主管部门应当自收到征求意见材料之日起 10 日内提出意见。征求意见时间不计算在规划许可的期限内。

对不符合民用建筑节能强制性标准的，不得颁发建设工程规划许可证。

第十三条　施工图设计文件审查机构应当按照民用建筑节能强制性标准对施工图设计文件进行审查；经审查不符合民用建筑节能强制性标准的，县级以上地方人民政府建设主管部门不得颁发施工许可证。

第十四条　建设单位不得明示或者暗示设计单位、施工单位违反民用建筑节能强制性标准进行设计、施工，不得明示或者暗示施工单位使用不符合施工图设计文件要求的墙体材料、保温材料、门窗、采暖制冷系统和照明设备。

按照合同约定由建设单位采购墙体材料、保温材料、门窗、采暖制冷系统和照明设备的，建设单位应当保证其符合施工图设计文件要求。

第十五条　设计单位、施工单位、工程监理单位及其注册执业人员，应当按照民用建筑节能强制性标准进行设计、施工、监理。

第十六条　施工单位应当对进入施工现场的墙体材料、保温材料、门窗、采暖制冷系统和照明设备进行查验；不符合施工图设计文件要求的，不得使用。

工程监理单位发现施工单位不按照民用建筑节能强制性标准施工的，应当要求施工单位改正；施工单位拒不改正的，工程监理单位应当及时报告建设单位，并向有关主管部门报告。

墙体、屋面的保温工程施工时，监理工程师应当按照工程监理规范的要求，采取旁站、巡视和平行检验等形式实施监理。

未经监理工程师签字，墙体材料、保温材料、门窗、采暖制冷系统和照明设备不得在建筑上使用或者安装，施工单位不得进行下一道工序的施工。

第十七条　建设单位组织竣工验收，应当对民用建筑是否符合民用建筑节能强制性标准进行查验；对不符合民用建筑节能强制性标准的，不得出具竣工验收合格报告。

第十八条　实行集中供热的建筑应当安装供热系统调控装置、用热计量装置和室内温度调控装置；公共建筑还应当安装用电分项计量装置。居住建筑安装的用热计量装置应当满足分户计量的要求。

计量装置应当依法检定合格。

第十九条　建筑的公共走廊、楼梯等部位，应当安装、使用节能灯具和电气控制装置。

第二十条　对具备可再生能源利用条件的建筑，建设单位应当选择合适的可再生能源，用于采暖、制冷、照明和热水供应等；设计单位应当按照有关可再生能源利用的标准进行设计。

建设可再生能源利用设施，应当与建筑主体工程同步设计、同步施工、同步验收。

第二十一条　国家机关办公建筑和大型公共建筑的所有权人应当对建筑的能源利用效率进行测评和标识，并按照国家有关规定将测评结果予以公示，接受社会监督。

国家机关办公建筑应当安装、使用节能设备。

本条例所称大型公共建筑，是指单体建筑面积2万平方米以上的公共建筑。

第二十二条　房地产开发企业销售商品房，应当向购买人明示所售商品房的能源消耗指标、节能措施和保护要求、保温工程保修期等信息，并在商品房买卖合同和住宅质量保证书、住宅使用说明书中载明。

第二十三条　在正常使用条件下，保温工程的最低保修期限为5年。保温工程的保修期，自竣工验收合格之日起计算。

保温工程在保修范围和保修期内发生质量问题的，施工单位应当履行保修义务，并对造成的损失依法承担赔偿责任。

第三章　既有建筑节能

第二十四条　既有建筑节能改造应当根据当地经济、社会发展水平和地理气候条件等实际情况，有计划、分步骤地实施分类改造。

本条例所称既有建筑节能改造，是指对不符合民用建筑节能强制性标准的既有建筑的围护结构、供热系统、采暖制冷系统、照明设备和热水供应设施等实施节能改造的活动。

第二十五条　县级以上地方人民政府建设主管部门应当对本行政区域内既有建筑的建

设年代、结构形式、用能系统、能源消耗指标、寿命周期等组织调查统计和分析，制定既有建筑节能改造计划，明确节能改造的目标、范围和要求，报本级人民政府批准后组织实施。

中央国家机关既有建筑的节能改造，由有关管理机关事务工作的机构制定节能改造计划，并组织实施。

第二十六条 国家机关办公建筑、政府投资和以政府投资为主的公共建筑的节能改造，应当制定节能改造方案，经充分论证，并按照国家有关规定办理相关审批手续方可进行。

各级人民政府及其有关部门、单位不得违反国家有关规定和标准，以节能改造的名义对前款规定的既有建筑进行扩建、改建。

第二十七条 居住建筑和本条例第二十六条规定以外的其他公共建筑不符合民用建筑节能强制性标准的，在尊重建筑所有权人意愿的基础上，可以结合扩建、改建，逐步实施节能改造。

第二十八条 实施既有建筑节能改造，应当符合民用建筑节能强制性标准，优先采用遮阳、改善通风等低成本改造措施。

既有建筑围护结构的改造和供热系统的改造，应当同步进行。

第二十九条 对实行集中供热的建筑进行节能改造，应当安装供热系统调控装置和用热计量装置；对公共建筑进行节能改造，还应当安装室内温度调控装置和用电分项计量装置。

第三十条 国家机关办公建筑的节能改造费用，由县级以上人民政府纳入本级财政预算。

居住建筑和教育、科学、文化、卫生、体育等公益事业使用的公共建筑节能改造费用，由政府、建筑所有权人共同负担。

国家鼓励社会资金投资既有建筑节能改造。

第四章 建筑用能系统运行节能

第三十一条 建筑所有权人或者使用权人应当保证建筑用能系统的正常运行，不得人为损坏建筑围护结构和用能系统。

国家机关办公建筑和大型公共建筑的所有权人或者使用权人应当建立健全民用建筑节能管理制度和操作规程，对建筑用能系统进行监测、维护，并定期将分项用电量报县级以上地方人民政府建设主管部门。

第三十二条 县级以上地方人民政府节能工作主管部门应当会同同级建设主管部门确定本行政区域内公共建筑重点用电单位及其年度用电限额。

县级以上地方人民政府建设主管部门应当对本行政区域内国家机关办公建筑和公共建筑用电情况进行调查统计和评价分析。国家机关办公建筑和大型公共建筑采暖、制冷、照明的能源消耗情况应当依照法律、行政法规和国家其他有关规定向社会公布。

国家机关办公建筑和公共建筑的所有权人或者使用权人应当对县级以上地方人民政府建设主管部门的调查统计工作予以配合。

第三十三条　供热单位应当建立健全相关制度，加强对专业技术人员的教育和培训。

供热单位应当改进技术装备，实施计量管理，并对供热系统进行监测、维护，提高供热系统的效率，保证供热系统的运行符合民用建筑节能强制性标准。

第三十四条　县级以上地方人民政府建设主管部门应当对本行政区域内供热单位的能源消耗情况进行调查统计和分析，并制定供热单位能源消耗指标；对超过能源消耗指标的，应当要求供热单位制定相应的改进措施，并监督实施。

第五章　法律责任

第三十五条　违反本条例规定，县级以上人民政府有关部门有下列行为之一的，对负有责任的主管人员和其他直接责任人员依法给予处分；构成犯罪的，依法追究刑事责任：

（一）对设计方案不符合民用建筑节能强制性标准的民用建筑项目颁发建设工程规划许可证的；

（二）对不符合民用建筑节能强制性标准的设计方案出具合格意见的；

（三）对施工图设计文件不符合民用建筑节能强制性标准的民用建筑项目颁发施工许可证的；

（四）不依法履行监督管理职责的其他行为。

第三十六条　违反本条例规定，各级人民政府及其有关部门、单位违反国家有关规定和标准，以节能改造的名义对既有建筑进行扩建、改建的，对负有责任的主管人员和其他直接责任人员，依法给予处分。

第三十七条　违反本条例规定，建设单位有下列行为之一的，由县级以上地方人民政府建设主管部门责令改正，处 20 万元以上 50 万元以下的罚款：

（一）明示或者暗示设计单位、施工单位违反民用建筑节能强制性标准进行设计、施工的；

（二）明示或者暗示施工单位使用不符合施工图设计文件要求的墙体材料、保温材料、门窗、采暖制冷系统和照明设备的；

（三）采购不符合施工图设计文件要求的墙体材料、保温材料、门窗、采暖制冷系统和照明设备的；

（四）使用列入禁止使用目录的技术、工艺、材料和设备的。

第三十八条　违反本条例规定，建设单位对不符合民用建筑节能强制性标准的民用建筑项目出具竣工验收合格报告的，由县级以上地方人民政府建设主管部门责令改正，处民用建筑项目合同价款 2% 以上 4% 以下的罚款；造成损失的，依法承担赔偿责任。

第三十九条　违反本条例规定，设计单位未按照民用建筑节能强制性标准进行设计，或者使用列入禁止使用目录的技术、工艺、材料和设备的，由县级以上地方人民政府建设主管部门责令改正，处 10 万元以上 30 万元以下的罚款；情节严重的，由颁发资质证书的部门责令停业整顿，降低资质等级或者吊销资质证书；造成损失的，依法承担赔偿责任。

第四十条 违反本条例规定，施工单位未按照民用建筑节能强制性标准进行施工的，由县级以上地方人民政府建设主管部门责令改正，处民用建筑项目合同价款2%以上4%以下的罚款；情节严重的，由颁发资质证书的部门责令停业整顿，降低资质等级或者吊销资质证书；造成损失的，依法承担赔偿责任。

第四十一条 违反本条例规定，施工单位有下列行为之一的，由县级以上地方人民政府建设主管部门责令改正，处10万元以上20万元以下的罚款；情节严重的，由颁发资质证书的部门责令停业整顿，降低资质等级或者吊销资质证书；造成损失的，依法承担赔偿责任：

（一）未对进入施工现场的墙体材料、保温材料、门窗、采暖制冷系统和照明设备进行查验的；

（二）使用不符合施工图设计文件要求的墙体材料、保温材料、门窗、采暖制冷系统和照明设备的；

（三）使用列入禁止使用目录的技术、工艺、材料和设备的。

第四十二条 违反本条例规定，工程监理单位有下列行为之一的，由县级以上地方人民政府建设主管部门责令限期改正；逾期未改正的，处10万元以上30万元以下的罚款；情节严重的，由颁发资质证书的部门责令停业整顿，降低资质等级或者吊销资质证书；造成损失的，依法承担赔偿责任：

（一）未按照民用建筑节能强制性标准实施监理的；

（二）墙体、屋面的保温工程施工时，未采取旁站、巡视和平行检验等形式实施监理的。

对不符合施工图设计文件要求的墙体材料、保温材料、门窗、采暖制冷系统和照明设备，按照符合施工图设计文件要求签字的，依照《建设工程质量管理条例》第六十七条的规定处罚。

第四十三条 违反本条例规定，房地产开发企业销售商品房，未向购买人明示所售商品房的能源消耗指标、节能措施和保护要求、保温工程保修期等信息，或者向购买人明示的所售商品房能源消耗指标与实际能源消耗不符的，依法承担民事责任；由县级以上地方人民政府建设主管部门责令限期改正；逾期未改正的，处交付使用的房屋销售总额2%以下的罚款；情节严重的，由颁发资质证书的部门降低资质等级或者吊销资质证书。

第四十四条 违反本条例规定，注册执业人员未执行民用建筑节能强制性标准的，由县级以上人民政府建设主管部门责令停止执业3个月以上1年以下；情节严重的，由颁发资格证书的部门吊销执业资格证书，5年内不予注册。

第六章 附 则

第四十五条 本条例自2008年10月1日起施行。

4.2 公共机构节能条例

公共机构节能条例

国务院令第 531 号　2008 年 8 月 1 日

第一章　总　则

第一条　为了推动公共机构节能，提高公共机构能源利用效率，发挥公共机构在全社会节能中的表率作用，根据《中华人民共和国节约能源法》，制定本条例。

第二条　本条例所称公共机构，是指全部或者部分使用财政性资金的国家机关、事业单位和团体组织。

第三条　公共机构应当加强用能管理，采取技术上可行、经济上合理的措施，降低能源消耗，减少、制止能源浪费，有效、合理地利用能源。

第四条　国务院管理节能工作的部门主管全国的公共机构节能监督管理工作。国务院管理机关事务工作的机构在国务院管理节能工作的部门指导下，负责推进、指导、协调、监督全国的公共机构节能工作。

国务院和县级以上地方各级人民政府管理机关事务工作的机构在同级管理节能工作的部门指导下，负责本级公共机构节能监督管理工作。

教育、科技、文化、卫生、体育等系统各级主管部门在同级管理机关事务工作的机构指导下，开展本级系统内公共机构节能工作。

第五条　国务院和县级以上地方各级人民政府管理机关事务工作的机构应当会同同级有关部门开展公共机构节能宣传、教育和培训，普及节能科学知识。

第六条　公共机构负责人对本单位节能工作全面负责。

公共机构的节能工作实行目标责任制和考核评价制度，节能目标完成情况应当作为对公共机构负责人考核评价的内容。

第七条　公共机构应当建立、健全本单位节能管理的规章制度，开展节能宣传教育和岗位培训，增强工作人员的节能意识，培养节能习惯，提高节能管理水平。

第八条　公共机构的节能工作应当接受社会监督。任何单位和个人都有权举报公共机构浪费能源的行为，有关部门对举报应当及时调查处理。

第九条　对在公共机构节能工作中做出显著成绩的单位和个人，按照国家规定予以表彰和奖励。

第二章　节能规划

第十条　国务院和县级以上地方各级人民政府管理机关事务工作的机构应当会同同级有关部门，根据本级人民政府节能中长期专项规划，制定本级公共机构节能规划。

县级公共机构节能规划应当包括所辖乡（镇）公共机构节能的内容。

第十一条　公共机构节能规划应当包括指导思想和原则、用能现状和问题、节能目标和指标、节能重点环节、实施主体、保障措施等方面的内容。

第十二条　国务院和县级以上地方各级人民政府管理机关事务工作的机构应当将公共机构节能规划确定的节能目标和指标，按年度分解落实到本级公共机构。

第十三条　公共机构应当结合本单位用能特点和上一年度用能状况，制定年度节能目标和实施方案，有针对性地采取节能管理或者节能改造措施，保证节能目标的完成。

公共机构应当将年度节能目标和实施方案报本级人民政府管理机关事务工作的机构备案。

第三章　节能管理

第十四条　公共机构应当实行能源消费计量制度，区分用能种类、用能系统实行能源消费分户、分类、分项计量，并对能源消耗状况进行实时监测，及时发现、纠正用能浪费现象。

第十五条　公共机构应当指定专人负责能源消费统计，如实记录能源消费计量原始数据，建立统计台账。

公共机构应当于每年 3 月 31 日前，向本级人民政府管理机关事务工作的机构报送上一年度能源消费状况报告。

第十六条　国务院和县级以上地方各级人民政府管理机关事务工作的机构应当会同同级有关部门按照管理权限，根据不同行业、不同系统公共机构能源消耗综合水平和特点，制定能源消耗定额，财政部门根据能源消耗定额制定能源消耗支出标准。

第十七条　公共机构应当在能源消耗定额范围内使用能源，加强能源消耗支出管理；超过能源消耗定额使用能源的，应当向本级人民政府管理机关事务工作的机构作出说明。

第十八条　公共机构应当按照国家有关强制采购或者优先采购的规定，采购列入节能产品、设备政府采购名录和环境标志产品政府采购名录中的产品、设备，不得采购国家明令淘汰的用能产品、设备。

第十九条　国务院和省级人民政府的政府采购监督管理部门应当会同同级有关部门完善节能产品、设备政府采购名录，优先将取得节能产品认证证书的产品、设备列入政府采购名录。

国务院和省级人民政府应当将节能产品、设备政府采购名录中的产品、设备纳入政府集中采购目录。

第二十条　公共机构新建建筑和既有建筑维修改造应当严格执行国家有关建筑节能设计、施工、调试、竣工验收等方面的规定和标准，国务院和县级以上地方人民政府建设主管部门对执行国家有关规定和标准的情况应当加强监督检查。

国务院和县级以上地方各级人民政府负责审批或者核准固定资产投资项目的部门，应当严格控制公共机构建设项目的建设规模和标准，统筹兼顾节能投资和效益，对建设项目进行节能评估和审查；未通过节能评估和审查的项目，不得批准或者核准建设。

第二十一条　国务院和县级以上地方各级人民政府管理机关事务工作的机构会同有关部门制定本级公共机构既有建筑节能改造计划，并组织实施。

第二十二条　公共机构应当按照规定进行能源审计，对本单位用能系统、设备的运行及使用能源情况进行技术和经济性评价，根据审计结果采取提高能源利用效率的措施。具体办法由国务院管理节能工作的部门会同国务院有关部门制定。

第二十三条　能源审计的内容包括：

（一）查阅建筑物竣工验收资料和用能系统、设备台账资料，检查节能设计标准的执行情况；

（二）核对电、气、煤、油、市政热力等能源消耗计量记录和财务账单，评估分类与分项的总能耗、人均能耗和单位建筑面积能耗；

（三）检查用能系统、设备的运行状况，审查节能管理制度执行情况；

（四）检查前一次能源审计合理使用能源建议的落实情况；

（五）查找存在节能潜力的用能环节或者部位，提出合理使用能源的建议；

（六）审查年度节能计划、能源消耗定额执行情况，核实公共机构超过能源消耗定额使用能源的说明；

（七）审查能源计量器具的运行情况，检查能耗统计数据的真实性、准确性。

第四章　节能措施

第二十四条　公共机构应当建立、健全本单位节能运行管理制度和用能系统操作规程，加强用能系统和设备运行调节、维护保养、巡视检查，推行低成本、无成本节能措施。

第二十五条　公共机构应当设置能源管理岗位，实行能源管理岗位责任制。重点用能系统、设备的操作岗位应当配备专业技术人员。

第二十六条　公共机构可以采用合同能源管理方式，委托节能服务机构进行节能诊断、设计、融资、改造和运行管理。

第二十七条　公共机构选择物业服务企业，应当考虑其节能管理能力。公共机构与物业服务企业订立物业服务合同，应当载明节能管理的目标和要求。

第二十八条　公共机构实施节能改造，应当进行能源审计和投资收益分析，明确节能指标，并在节能改造后采用计量方式对节能指标进行考核和综合评价。

第二十九条　公共机构应当减少空调、计算机、复印机等用电设备的待机能耗，及时关闭用电设备。

第三十条　公共机构应当严格执行国家有关空调室内温度控制的规定，充分利用自然通风，改进空调运行管理。

第三十一条　公共机构电梯系统应当实行智能化控制，合理设置电梯开启数量和时间，加强运行调节和维护保养。

第三十二条 公共机构办公建筑应当充分利用自然采光，使用高效节能照明灯具，优化照明系统设计，改进电路控制方式，推广应用智能调控装置，严格控制建筑物外部泛光照明以及外部装饰用照明。

第三十三条 公共机构应当对网络机房、食堂、开水间、锅炉房等部位的用能情况实行重点监测，采取有效措施降低能耗。

第三十四条 公共机构的公务用车应当按照标准配备，优先选用低能耗、低污染、使用清洁能源的车辆，并严格执行车辆报废制度。

公共机构应当按照规定用途使用公务用车，制定节能驾驶规范，推行单车能耗核算制度。

公共机构应当积极推进公务用车服务社会化，鼓励工作人员利用公共交通工具、非机动交通工具出行。

第五章 监督和保障

第三十五条 国务院和县级以上地方各级人民政府管理机关事务工作的机构应当会同有关部门加强对本级公共机构节能的监督检查。监督检查的内容包括：

（一）年度节能目标和实施方案的制定、落实情况；

（二）能源消费计量、监测和统计情况；

（三）能源消耗定额执行情况；

（四）节能管理规章制度建立情况；

（五）能源管理岗位设置以及能源管理岗位责任制落实情况；

（六）用能系统、设备节能运行情况；

（七）开展能源审计情况；

（八）公务用车配备、使用情况。

对于节能规章制度不健全、超过能源消耗定额使用能源情况严重的公共机构，应当进行重点监督检查。

第三十六条 公共机构应当配合节能监督检查，如实说明有关情况，提供相关资料和数据，不得拒绝、阻碍。

第三十七条 公共机构有下列行为之一的，由本级人民政府管理机关事务工作的机构会同有关部门责令限期改正；逾期不改正的，予以通报，并由有关机关对公共机构负责人依法给予处分：

（一）未制定年度节能目标和实施方案，或者未按照规定将年度节能目标和实施方案备案的；

（二）未实行能源消费计量制度，或者未区分用能种类、用能系统实行能源消费分户、分类、分项计量，并对能源消耗状况进行实时监测的；

（三）未指定专人负责能源消费统计，或者未如实记录能源消费计量原始数据，建立统计台账的；

（四）未按照要求报送上一年度能源消费状况报告的；

（五）超过能源消耗定额使用能源，未向本级人民政府管理机关事务工作的机构作出说明的；

（六）未设立能源管理岗位，或者未在重点用能系统、设备操作岗位配备专业技术人员的；

（七）未按照规定进行能源审计，或者未根据审计结果采取提高能源利用效率的措施的；

（八）拒绝、阻碍节能监督检查的。

第三十八条　公共机构不执行节能产品、设备政府采购名录，未按照国家有关强制采购或者优先采购的规定采购列入节能产品、设备政府采购名录中的产品、设备，或者采购国家明令淘汰的用能产品、设备的，由政府采购监督管理部门给予警告，可以并处罚款；对直接负责的主管人员和其他直接责任人员依法给予处分，并予通报。

第三十九条　负责审批或者核准固定资产投资项目的部门对未通过节能评估和审查的公共机构建设项目予以批准或者核准的，对直接负责的主管人员和其他直接责任人员依法给予处分。

公共机构开工建设未通过节能评估和审查的建设项目的，由有关机关依法责令限期整改；对直接负责的主管人员和其他直接责任人员依法给予处分。

第四十条　公共机构违反规定超标准、超编制购置公务用车或者拒不报废高耗能、高污染车辆的，对直接负责的主管人员和其他直接责任人员依法给予处分，并由本级人民政府管理机关事务工作的机构依照有关规定，对车辆采取收回、拍卖、责令退还等方式处理。

第四十一条　公共机构违反规定用能造成能源浪费的，由本级人民政府管理机关事务工作的机构会同有关部门下达节能整改意见书，公共机构应当及时予以落实。

第四十二条　管理机关事务工作的机构的工作人员在公共机构节能监督管理中滥用职权、玩忽职守、徇私舞弊，构成犯罪的，依法追究刑事责任；尚不构成犯罪的，依法给予处分。

第六章　附　则

第四十三条　本条例自 2008 年 10 月 1 日起施行。

4.3 标准化法实施条例

中华人民共和国标准化法实施条例

国务院令第 53 号　1990 年 4 月 6 日

第一章　总　则

第一条　根据《中华人民共和国标准化法》（以下简称《标准化法》）的规定，制定本条例。

第二条　对下列需要统一的技术要求，应当制定标准：

（一）工业产品的品种、规格、质量、等级或者安全、卫生要求；

（二）工业产品的设计、生产、试验、检验、包装、储存、运输、使用的方法或者生产、储存、运输过程中的安全、卫生要求；

（三）有关环境保护的各项技术要求和检验方法；

（四）建设工程的勘察、设计、施工、验收的技术要求和方法；

（五）有关工业生产、工程建设和环境保护的技术术语、符号、代号、制图方法、互换配合要求；

（六）农业（含林业、牧业、渔业，下同）产品（含种子、种苗、种畜、种禽，下同）的品种、规格、质量、等级、检验、包装、储存、运输以及生产技术、管理技术的要求；

（七）信息、能源、资源、交通运输的技术要求。

第三条　国家有计划地发展标准化事业。标准化工作应当纳入各级国民经济和社会发展计划。

第四条　国家鼓励采用国际标准和国外先进标准，积极参与制定国际标准。

第二章　标准化工作的管理

第五条　标准化工作的任务是制定标准、组织实施标准和对标准的实施进行监督。

第六条　国务院标准化行政主管部门统一管理全国标准化工作，履行下列职责：

（一）组织贯彻国家有关标准化工作的法律、法规、方针、政策；

（二）组织制定全国标准化工作规划、计划；

（三）组织制定国家标准；

（四）指导国务院有关行政主管部门和省、自治区、直辖市人民政府标准化行政主管部门的标准化工作，协调和处理有关标准化工作问题；

（五）组织实施标准；

（六）对标准的实施情况进行监督检查；

（七）统一管理全国的产品质量认证工作；

（八）统一负责对有关国际标准化组织的业务联系。

第七条　国务院有关行政主管部门分工管理本部门、本行业的标准化工作，履行下列职责：

（一）贯彻国家标准化工作的法律、法规、方针、政策，并制定在本部门、本行业实施的具体办法；

（二）制定本部门、本行业的标准化工作规则、计划；

（三）承担国家下达的草拟国家标准的任务，组织制定行业标准；

（四）指导省、自治区、直辖市有关行政主管部门的标准化工作；

（五）组织本部门、本行业实施标准；

（六）对标准实施情况进行监督检查；

（七）经国务院标准化行政主管部门授权，分工管理本行业的产品质量认证工作。

第八条　省、自治区、直辖市人民政府标准化行政主管部门统一管理本行政区域的标准化工作，履行下列职责：

（一）贯彻国家标准化工作的法律、法规、方针、政策，并制定在本行政区域实施的具体办法；

（二）制定地方标准化工作规则、计划；

（三）组织制定地方标准；

（四）指导本行政区域有关行政主管部门的标准化工作，协调和处理有关标准化工作问题；

（五）在本行政区域组织实施标准；

（六）对标准实施情况进行监督检查。

第九条　省、自治区、直辖市有关行政主管部门分工管理本行政区域内本部门、本行业的标准化工作，履行下列职责：

（一）贯彻国家和本部门、本行业、本行政区域标准化工作的法律、法规、方针、政策，并制定实施的具体办法；

（二）制定本行政区域内本部门、本行业的标准化工作规划、计划；

（三）承担省、自治区、直辖市人民政府下达的草拟地方标准的任务；

（四）在本行政区域内组织本部门、本行业实施标准；

（五）对标准实施情况进行监督检查。

第十条　市、县标准化行政主管部门和有关行政主管部门的职责分工，由省、自治区、直辖市人民政府规定。

第三章　标准的制定

第十一条　对需要在全国范围内统一的下列技术要求，应当制定国家标准（含标准样品的制作）：

（一）互换配合、通用技术语言要求；

（二）保障人体健康和人身、财产安全的技术要求；

（三）基本原料、燃料、材料的技术要求；

（四）通用基础件的技术要求；

（五）通用的试验、检验方法；

（六）通用的管理技术要求；

（七）工程建设的重要技术要求；

（八）国家需要控制的其他重要产品的技术要求。

第十二条　国家标准由国务院标准化行政主管部门编制计划，组织草拟，统一审批、编号、发布。

工程建设、药品、食品卫生、兽药、环境保护的国家标准，分别由国务院工程建设主管部门、卫生主管部门、农业主管部门、环境保护主管部门组织草拟、审批；其编号、发布办法由国务院标准化行政主管部门会同国务院有关行政主管部门制定。

法律对国家标准的制定另有规定的，依照法律的规定执行。

第十三条 对没有国家标准而又需要在全国某个行业范围内统一的技术要求，可以制定行业标准（含标准样品的制作）。制定行业标准的项目由国务院有关行政主管部门确定。

第十四条 行业标准由国务院有关行政主管部门编制计划，组织草拟，统一审批、编号、发布，并报国务院标准化行政主管部门备案。

行业标准在相应的国家标准实施后，自行废止。

第十五条 对没有国家标准和行业标准而又需要在省、自治区、直辖市范围内统一的工业产品的安全、卫生要求，可以制定地方标准。制定地方标准的项目，由省、自治区、直辖市人民政府标准化行政主管部门确定。

第十六条 地方标准由省、自治区、直辖市人民政府标准化行政主管部门编制计划，组织草拟，统一审批、编号、发布，并报国务院标准化行政主管部门和国务院有关行政主管部门备案。

法律对地方标准的制定另有规定的，依照法律的规定执行。

地方标准在相应的国家标准或行业标准实施后，自行废止。

第十七条 企业生产的产品没有国家标准、行业标准和地方标准的，应当制定相应的企业标准，作为组织生产的依据。企业标准由企业组织制定（农业企业标准制定办法另定），并按省、自治区、直辖市人民政府的规定备案。

对已有国家标准、行业标准或者地方标准的，鼓励企业制定严于国家标准、行业标准或者地方标准要求的企业标准，在企业内部适用。

第十八条 国家标准、行业标准分为强制性标准和推荐性标准。

下列标准属于强制性标准：

（一）药品标准，食品卫生标准，兽药标准；

（二）产品及产品生产、储运和使用中的安全、卫生标准，劳动安全、卫生标准，运输安全标准；

（三）工程建设的质量、安全、卫生标准及国家需要控制的其他工程建设标准；

（四）环境保护的污染物排放标准和环境质量标准；

（五）重要的通用技术术语、符号、代号和制图方法；

（六）通用的试验、检验方法标准；

（七）互换配合标准；

（八）国家需要控制的重要产品质量标准。

国家需要控制的重要产品目录由国务院标准化行政主管部门会同国务院有关行政主管

部门确定。

强制性标准以外的标准是推荐性标准。

省、自治区、直辖市人民政府标准化行政主管部门制定的工业产品的安全、卫生要求的地方标准，在本行政区域内是强制性标准。

第十九条　制定标准应当发挥行业协会、科学技术研究机构和学术团体的作用。

制定国家标准、行业标准和地方标准的部门应当组织由用户、生产单位、行业协会、科学技术研究机构、学术团体及有关部门的专家组成标准化技术委员会，负责标准草拟和参加标准草案的技术审查工作。未组成标准化技术委员会的，可以由标准化技术归口单位负责标准草拟和参加标准草案的技术审查工作。

制定企业标准应当充分听取使用单位、科学技术研究机构的意见。

第二十条　标准实施后，制定标准的部门应当根据科学技术的发展和经济建设的需要适时进行复审。标准复审周期一般不超过五年。

第二十一条　国家标准、行业标准和地方标准的代号、编号办法，由国务院标准化行政主管部门统一规定。

企业标准的代号、编号办法，由国务院标准化行政主管部门会同国务院有关行政主管部门规定。

第二十二条　标准的出版、发行办法，由制定标准的部门规定。

第四章　标准的实施与监督

第二十三条　从事科研、生产、经营的单位和个人，必须严格执行强制性标准。不符合强制性标准的产品，禁止生产、销售和进口。

第二十四条　企业生产执行国家标准、行业标准、地方标准或企业标准，应当在产品或其说明书、包装物上标注所执行标准的代号、编号、名称。

第二十五条　出口产品的技术要求由合同双方约定。

出口产品在国内销售时，属于我国强制性标准管理范围的，必须符合强制性标准的要求。

第二十六条　企业研制新产品、改进产品、进行技术改造，应当符合标准化要求。

第二十七条　国务院标准化行政主管部门组织或授权国务院有关行政主管部门建立行业认证机构，进行产品质量认证工作。

第二十八条　国务院标准化行政主管部门统一负责全国标准实施的监督。国务院有关行政主管部门分工负责本部门、本行业的标准实施的监督。

省、自治区、直辖市标准化行政主管部门统一负责本行政区域内的标准实施的监督。省、自治区、直辖市人民政府有关行政主管部门分工负责本行政区域内本部门、本行业的标准实施的监督。

市、县标准化行政主管部门和有关行政主管部门，按照省、自治区、直辖市人民政府规定的各自的职责，负责本行政区域内的标准实施的监督。

第二十九条　县级以上人民政府标准化行政主管部门，可以根据需要设置检验机构，或者授权其他单位的检验机构，对产品是否符合标准进行检验和承担其他标准实施的监督检验任务。检验机构的设置应当合理布局，充分利用现有力量。

国家检验机构由国务院标准化行政主管部门会同国务院有关行政主管部门规划、审查。地方检验机构由省、自治区、直辖市人民政府标准化行政主管部门会同省级有关行政主管部门规划、审查。

处理有关产品是否符合标准的争议，以本条规定的检验机构的检验数据为准。

第三十条　国务院有关行政主管部门可以根据需要和国家有关规定设立检验机构，负责本行业、本部门的检验工作。

第三十一条　国家机关、社会团体、企业事业单位及全体公民均有权检举、揭发违反强制性标准的行为。

第五章　法律责任

第三十二条　违反《标准化法》和本条例有关规定，有下列情形之一的，由标准化行政主管部门或有关行政主管部门在各自的职权范围内责令限期改进，并可通报批评或给予责任者行政处分：

（一）企业未按规定制定标准作为组织生产依据的；

（二）企业未按规定要求将产品标准上报备案的；

（三）企业的产品未按规定附有标识或与其标识不符的；

（四）企业研制新产品、改进产品、进行技术改造，不符合标准化要求的；

（五）科研、设计、生产中违反有关强制性标准规定的。

第三十三条　生产不符合强制性标准的产品的，应当责令其停止生产，并没收产品，监督销毁或作必要技术处理；处以该批产品货值金额百分之二十至百分之五十的罚款；对有关责任者处以五千元以下罚款。

销售不符合强制性标准的商品的，应当责令其停止销售，并限期追回已售出的商品，监督销毁或作必要技术处理；没收违法所得；处以该批商品货值金额百分之十至百分之二十的罚款；对有关责任者处以五千元以下罚款。

进口不符合强制性标准的产品的，应当封存并没收该产品，监督销毁或作必要技术处理；处以进口产品货值金额百分之二十至百分之五十的罚款；对有关责任者给予行政处分，并可处以五千元以下罚款。

本条规定的责令停止生产、行政处分，由有关行政主管部门决定；其他行政处罚由标准化行政主管部门和工商行政管理部门依据职权决定。

第三十四条　生产、销售、进口不符合强制性标准的产品，造成严重后果，构成犯罪的，由司法机关依法追究直接责任人员的刑事责任。

第三十五条　获得认证证书的产品不符合认证标准而使用认证标志出厂销售的，由标准化行政主管部门责令其停止销售，并处以违法所得二倍以下的罚款；情节严重的，由认证部门撤销其认证证书。

第三十六条　产品未经认证或者认证不合格而擅自使用认证标志出厂销售的，由标准化行政主管部门责令其停止销售，处以违法所得三倍以下的罚款，并对单位负责人处以五千元以下罚款。

第三十七条　当事人对没收产品、没收违法所得和罚款的处罚不服的，可以在接到处罚通知之日起十五日内，向作出处罚决定的机关的上一级机关申请复议；对复议决定不服的，可以在接到复议决定之日起十五日内，向人民法院起诉。当事人也可以在接到处罚通知之日起十五日内，直接向人民法院起诉。当事人逾期不申请复议或者不向人民法院起诉又不履行处罚决定的，由作出处罚决定的机关申请人民法院强制执行。

第三十八条　本条例第三十二条至第三十六条规定的处罚不免除由此产生的对他人的损害赔偿责任。受到损害的有权要求责任人赔偿损失。赔偿责任和赔偿金额纠纷可以由有关行政主管部门处理，当事人也可以直接向人民法院起诉。

第三十九条　标准化工作的监督、检验、管理人员有下列行为之一的，由有关主管部门给予行政处分，构成犯罪的，由司法机关依法追究刑事责任：

（一）违反本条例规定，工作失误，造成损失的；

（二）伪造、篡改检验数据的；

（三）徇私舞弊、滥用职权、索贿受贿的。

第四十条　罚没收入全部上缴财政。对单位的罚款，一律从其自有资金中支付，不得列入成本。对责任人的罚款，不得从公款中核销。

第六章　附　则

第四十一条　军用标准化管理条例，由国务院、中央军委另行制定。

第四十二条　工程建设标准化管理规定，由国务院工程建设主管部门依据《标准化法》和本条例的有关规定另行制定，报国务院批准后实施。

第四十三条　本条例由国家技术监督局负责解释。

第四十四条　本条例自发布之日起施行。

4.4　认证认可条例[*]

中华人民共和国认证认可条例

国务院令第 390 号　2003 年 9 月 3 日

第一章　总　则

第一条　为了规范认证认可活动，提高产品、服务的质量和管理水平，促进经济和社会的发展，制定本条例。

第二条 本条例所称认证，是指由认证机构证明产品、服务、管理体系符合相关技术规范、相关技术规范的强制性要求或者标准的合格评定活动。

本条例所称认可，是指由认可机构对认证机构、检查机构、实验室以及从事评审、审核等认证活动人员的能力和执业资格，予以承认的合格评定活动。

第三条 在中华人民共和国境内从事认证认可活动，应当遵守本条例。

第四条 国家实行统一的认证认可监督管理制度。

国家对认证认可工作实行在国务院认证认可监督管理部门统一管理、监督和综合协调下，各有关方面共同实施的工作机制。

第五条 国务院认证认可监督管理部门应当依法对认证培训机构、认证咨询机构的活动加强监督管理。

第六条 认证认可活动应当遵循客观独立、公开公正、诚实信用的原则。

第七条 国家鼓励平等互利地开展认证认可国际互认活动。认证认可国际互认活动不得损害国家安全和社会公共利益。

第八条 从事认证认可活动的机构及其人员，对其所知悉的国家秘密和商业秘密负有保密义务。

第二章 认证机构

第九条 设立认证机构，应当经国务院认证认可监督管理部门批准，并依法取得法人资格后，方可从事批准范围内的认证活动。

未经批准，任何单位和个人不得从事认证活动。

第十条 设立认证机构，应当符合下列条件：

（一）有固定的场所和必要的设施；

（二）有符合认证认可要求的管理制度；

（三）注册资本不得少于人民币 300 万元；

（四）有 10 名以上相应领域的专职认证人员。

从事产品认证活动的认证机构，还应当具备与从事相关产品认证活动相适应的检测、检查等技术能力。

第十一条 设立外商投资的认证机构除应当符合本条例第十条规定的条件外，还应当符合下列条件：

（一）外方投资者取得其所在国家或者地区认可机构的认可；

（二）外方投资者具有 3 年以上从事认证活动的业务经历。

设立外商投资认证机构的申请、批准和登记，按照有关外商投资法律、行政法规和国家有关规定办理。

第十二条 设立认证机构的申请和批准程序：

（一）设立认证机构的申请人，应当向国务院认证认可监督管理部门提出书面申请，并提交符合本条例第十条规定条件的证明文件；

（二）国务院认证认可监督管理部门自受理认证机构设立申请之日起 90 日内，应当作出是否批准的决定。涉及国务院有关部门职责的，应当征求国务院有关部门的意见。决定批准的，向申请人出具批准文件，决定不予批准的，应当书面通知申请人，并说明理由；

（三）申请人凭国务院认证认可监督管理部门出具的批准文件，依法办理登记手续。

国务院认证认可监督管理部门应当公布依法设立的认证机构名录。

第十三条　境外认证机构在中华人民共和国境内设立代表机构，须经批准，并向工商行政管理部门依法办理登记手续后，方可从事与所从属机构的业务范围相关的推广活动，但不得从事认证活动。

境外认证机构在中华人民共和国境内设立代表机构的申请、批准和登记，按照有关外商投资法律、行政法规和国家有关规定办理。

第十四条　认证机构不得与行政机关存在利益关系。

认证机构不得接受任何可能对认证活动的客观公正产生影响的资助；不得从事任何可能对认证活动的客观公正产生影响的产品开发、营销等活动。

认证机构不得与认证委托人存在资产、管理方面的利益关系。

第十五条　认证人员从事认证活动，应当在一个认证机构执业，不得同时在两个以上认证机构执业。

第十六条　向社会出具具有证明作用的数据和结果的检查机构、实验室，应当具备有关法律、行政法规规定的基本条件和能力，并依法经认定后，方可从事相应活动，认定结果由国务院认证认可监督管理部门公布。

第三章　认　证

第十七条　国家根据经济和社会发展的需要，推行产品、服务、管理体系认证。

第十八条　认证机构应当按照认证基本规范、认证规则从事认证活动。认证基本规范、认证规则由国务院认证认可监督管理部门制定；涉及国务院有关部门职责的，国务院认证认可监督管理部门应当会同国务院有关部门制定。

属于认证新领域，前款规定的部门尚未制定认证规则的，认证机构可以自行制定认证规则，并报国务院认证认可监督管理部门备案。

第十九条　任何法人、组织和个人可以自愿委托依法设立的认证机构进行产品、服务、管理体系认证。

第二十条　认证机构不得以委托人未参加认证咨询或者认证培训等为理由，拒绝提供本认证机构业务范围内的认证服务，也不得向委托人提出与认证活动无关的要求或者限制条件。

第二十一条　认证机构应当公开认证基本规范、认证规则、收费标准等信息。

第二十二条　认证机构以及与认证有关的检查机构、实验室从事认证以及与认证有关的检查、检测活动，应当完成认证基本规范、认证规则规定的程序，确保认证、检查、检测的完整、客观、真实，不得增加、减少、遗漏程序。

认证机构以及与认证有关的检查机构、实验室应当对认证、检查、检测过程作出完整记录，归档留存。

第二十三条 认证机构及其认证人员应当及时作出认证结论，并保证认证结论的客观、真实。认证结论经认证人员签字后，由认证机构负责人签署。

认证机构及其认证人员对认证结果负责。

第二十四条 认证结论为产品、服务、管理体系符合认证要求的，认证机构应当及时向委托人出具认证证书。

第二十五条 获得认证证书的，应当在认证范围内使用认证证书和认证标志，不得利用产品、服务认证证书、认证标志和相关文字、符号，误导公众认为其管理体系已通过认证，也不得利用管理体系认证证书、认证标志和相关文字、符号，误导公众认为其产品、服务已通过认证。

第二十六条 认证机构可以自行制定认证标志，并报国务院认证认可监督管理部门备案。

认证机构自行制定的认证标志的式样、文字和名称，不得违反法律、行政法规的规定，不得与国家推行的认证标志相同或者近似，不得妨碍社会管理，不得有损社会道德风尚。

第二十七条 认证机构应当对其认证的产品、服务、管理体系实施有效的跟踪调查，认证的产品、服务、管理体系不能持续符合认证要求的，认证机构应当暂停其使用直至撤销认证证书，并予公布。

第二十八条 为了保护国家安全、防止欺诈行为、保护人体健康或者安全、保护动植物生命或者健康、保护环境，国家规定相关产品必须经过认证的，应当经过认证并标注认证标志后，方可出厂、销售、进口或者在其他经营活动中使用。

第二十九条 国家对必须经过认证的产品，统一产品目录，统一技术规范的强制性要求、标准和合格评定程序，统一标志，统一收费标准。

统一的产品目录（以下简称目录）由国务院认证认可监督管理部门会同国务院有关部门制定、调整，由国务院认证认可监督管理部门发布，并会同有关方面共同实施。

第三十条 列入目录的产品，必须经国务院认证认可监督管理部门指定的认证机构进行认证。

列入目录产品的认证标志，由国务院认证认可监督管理部门统一规定。

第三十一条 列入目录的产品，涉及进出口商品检验目录的，应当在进出口商品检验时简化检验手续。

第三十二条 国务院认证认可监督管理部门指定的从事列入目录产品认证活动的认证机构以及与认证有关的检查机构、实验室（以下简称指定的认证机构、检查机构、实验室），应当是长期从事相关业务、无不良记录，且已经依照本条例的规定取得认可、具备从事相关认证活动能力的机构。国务院认证认可监督管理部门指定从事列入目录产品认证活动的认证机构，应当确保在每一列入目录产品领域至少指定两家符合本条例规定条件的机构。

国务院认证认可监督管理部门指定前款规定的认证机构、检查机构、实验室，应当事先公布有关信息，并组织在相关领域公认的专家组成专家评审委员会，对符合前款规定要求的认证机构、检查机构、实验室进行评审；经评审并征求国务院有关部门意见后，按照资源合理利用、公平竞争和便利、有效的原则，在公布的时间内作出决定。

第三十三条　国务院认证认可监督管理部门应当公布指定的认证机构、检查机构、实验室名录及指定的业务范围。

未经指定，任何机构不得从事列入目录产品的认证以及与认证有关的检查、检测活动。

第三十四条　列入目录产品的生产者或者销售者、进口商，均可自行委托指定的认证机构进行认证。

第三十五条　指定的认证机构、检查机构、实验室应当在指定业务范围内，为委托人提供方便、及时的认证、检查、检测服务，不得拖延，不得歧视、刁难委托人，不得牟取不当利益。

指定的认证机构不得向其他机构转让指定的认证业务。

第三十六条　指定的认证机构、检查机构、实验室开展国际互认活动，应当在国务院认证认可监督管理部门或者经授权的国务院有关部门对外签署的国际互认协议框架内进行。

第四章　认　可

第三十七条　国务院认证认可监督管理部门确定的认可机构（以下简称认可机构），独立开展认可活动。

除国务院认证认可监督管理部门确定的认可机构外，其他任何单位不得直接或者变相从事认可活动。其他单位直接或者变相从事认可活动的，其认可结果无效。

第三十八条　认证机构、检查机构、实验室可以通过认可机构的认可，以保证其认证、检查、检测能力持续、稳定地符合认可条件。

第三十九条　从事评审、审核等认证活动的人员，应当经认可机构注册后，方可从事相应的认证活动。

第四十条　认可机构应当具有与其认可范围相适应的质量体系，并建立内部审核制度，保证质量体系的有效实施。

第四十一条　认可机构根据认可的需要，可以选聘从事认可评审活动的人员。从事认可评审活动的人员应当是相关领域公认的专家，熟悉有关法律、行政法规以及认可规则和程序，具有评审所需的良好品德、专业知识和业务能力。

第四十二条　认可机构委托他人完成与认可有关的具体评审业务的，由认可机构对评审结论负责。

第四十三条　认可机构应当公开认可条件、认可程序、收费标准等信息。

认可机构受理认可申请，不得向申请人提出与认可活动无关的要求或者限制条件。

第四十四条　认可机构应当在公布的时间内，按照国家标准和国务院认证认可监督管理部门的规定，完成对认证机构、检查机构、实验室的评审，作出是否给予认可的决定，并对认可过程作出完整记录，归档留存。认可机构应当确保认可的客观公正和完整有效，并对认可结论负责。

认可机构应当向取得认可的认证机构、检查机构、实验室颁发认可证书，并公布取得认可的认证机构、检查机构、实验室名录。

第四十五条　认可机构应当按照国家标准和国务院认证认可监督管理部门的规定，对从事评审、审核等认证活动的人员进行考核，考核合格的，予以注册。

第四十六条　认可证书应当包括认可范围、认可标准、认可领域和有效期限。

认可证书的格式和认可标志的式样须经国务院认证认可监督管理部门批准。

第四十七条　取得认可的机构应当在取得认可的范围内使用认可证书和认可标志。取得认可的机构不当使用认可证书和认可标志的，认可机构应当暂停其使用直至撤销认可证书，并予公布。

第四十八条　认可机构应当对取得认可的机构和人员实施有效的跟踪监督，定期对取得认可的机构进行复评审，以验证其是否持续符合认可条件。取得认可的机构和人员不再符合认可条件的，认可机构应当撤销认可证书，并予公布。

取得认可的机构的从业人员和主要负责人、设施、自行制定的认证规则等与认可条件相关的情况发生变化的，应当及时告知认可机构。

第四十九条　认可机构不得接受任何可能对认可活动的客观公正产生影响的资助。

第五十条　境内的认证机构、检查机构、实验室取得境外认可机构认可的，应当向国务院认证认可监督管理部门备案。

第五章　监督管理

第五十一条　国务院认证认可监督管理部门可以采取组织同行评议，向被认证企业征求意见，对认证活动和认证结果进行抽查，要求认证机构以及与认证有关的检查机构、实验室报告业务活动情况的方式，对其遵守本条例的情况进行监督。发现有违反本条例行为的，应当及时查处，涉及国务院有关部门职责的，应当及时通报有关部门。

第五十二条　国务院认证认可监督管理部门应当重点对指定的认证机构、检查机构、实验室进行监督，对其认证、检查、检测活动进行定期或者不定期的检查。指定的认证机构、检查机构、实验室，应当定期向国务院认证认可监督管理部门提交报告，并对报告的真实性负责；报告应当对从事列入目录产品认证、检查、检测活动的情况作出说明。

第五十三条　认可机构应当定期向国务院认证认可监督管理部门提交报告，并对报告的真实性负责；报告应当对认可机构执行认可制度的情况、从事认可活动的情况、从业人员的工作情况作出说明。

国务院认证认可监督管理部门应当对认可机构的报告作出评价，并采取查阅认可活动档案资料、向有关人员了解情况等方式，对认可机构实施监督。

第五十四条　国务院认证认可监督管理部门可以根据认证认可监督管理的需要，就有关事项询问认可机构、认证机构、检查机构、实验室的主要负责人，调查了解情况，给予告诫，有关人员应当积极配合。

第五十五条　省、自治区、直辖市人民政府质量技术监督部门和国务院质量监督检验检疫部门设在地方的出入境检验检疫机构，在国务院认证认可监督管理部门的授权范围内，依照本条例的规定对认证活动实施监督管理。

国务院认证认可监督管理部门授权的省、自治区、直辖市人民政府质量技术监督部门和国务院质量监督检验检疫部门设在地方的出入境检验检疫机构，统称地方认证监督管理部门。

第五十六条　任何单位和个人对认证认可违法行为，有权向国务院认证认可监督管理部门和地方认证监督管理部门举报。国务院认证认可监督管理部门和地方认证监督管理部门应当及时调查处理，并为举报人保密。

第六章　法律责任

第五十七条　未经批准擅自从事认证活动的，予以取缔，处 10 万元以上 50 万元以下的罚款，有违法所得的，没收违法所得。

第五十八条　境外认证机构未经批准在中华人民共和国境内设立代表机构的，予以取缔，处 5 万元以上 20 万元以下的罚款。

经批准设立的境外认证机构代表机构在中华人民共和国境内从事认证活动的，责令改正，处 10 万元以上 50 万元以下的罚款，有违法所得的，没收违法所得；情节严重的，撤销批准文件，并予公布。

第五十九条　认证机构接受可能对认证活动的客观公正产生影响的资助，或者从事可能对认证活动的客观公正产生影响的产品开发、营销等活动，或者与认证委托人存在资产、管理方面的利益关系的，责令停业整顿；情节严重的，撤销批准文件，并予公布；有违法所得的，没收违法所得；构成犯罪的，依法追究刑事责任。

第六十条　认证机构有下列情形之一的，责令改正，处 5 万元以上 20 万元以下的罚款，有违法所得的，没收违法所得；情节严重的，责令停业整顿，直至撤销批准文件，并予公布：

（一）超出批准范围从事认证活动的；

（二）增加、减少、遗漏认证基本规范、认证规则规定的程序的；

（三）未对其认证的产品、服务、管理体系实施有效的跟踪调查，或者发现其认证的产品、服务、管理体系不能持续符合认证要求，不及时暂停其使用或者撤销认证证书并予公布的；

（四）聘用未经认可机构注册的人员从事认证活动的。

与认证有关的检查机构、实验室增加、减少、遗漏认证基本规范、认证规则规定的程序的，依照前款规定处罚。

第六十一条　认证机构有下列情形之一的，责令限期改正；逾期未改正的，处 2 万元以上 10 万元以下的罚款：

（一）以委托人未参加认证咨询或者认证培训等为理由，拒绝提供本认证机构业务范围内的认证服务，或者向委托人提出与认证活动无关的要求或者限制条件的；

（二）自行制定的认证标志的式样、文字和名称，与国家推行的认证标志相同或者近似，或者妨碍社会管理，或者有损社会道德风尚的；

（三）未公开认证基本规范、认证规则、收费标准等信息的；

（四）未对认证过程作出完整记录，归档留存的；

（五）未及时向其认证的委托人出具认证证书的。

与认证有关的检查机构、实验室未对与认证有关的检查、检测过程作出完整记录，归档留存的，依照前款规定处罚。

第六十二条　认证机构出具虚假的认证结论，或者出具的认证结论严重失实的，撤销批准文件，并予公布；对直接负责的主管人员和负有直接责任的认证人员，撤销其执业资格；构成犯罪的，依法追究刑事责任；造成损害的，认证机构应当承担相应的赔偿责任。

指定的认证机构有前款规定的违法行为的，同时撤销指定。

第六十三条　认证人员从事认证活动，不在认证机构执业或者同时在两个以上认证机构执业的，责令改正，给予停止执业 6 个月以上 2 年以下的处罚，仍不改正的，撤销其执业资格。

第六十四条　认证机构以及与认证有关的检查机构、实验室未经指定擅自从事列入目录产品的认证以及与认证有关的检查、检测活动的，责令改正，处 10 万元以上 50 万元以下的罚款，有违法所得的，没收违法所得。

认证机构未经指定擅自从事列入目录产品的认证活动的，撤销批准文件，并予公布。

第六十五条　指定的认证机构、检查机构、实验室超出指定的业务范围从事列入目录产品的认证以及与认证有关的检查、检测活动的，责令改正，处 10 万元以上 50 万元以下的罚款，有违法所得的，没收违法所得；情节严重的，撤销指定直至撤销批准文件，并予公布。

指定的认证机构转让指定的认证业务的，依照前款规定处罚。

第六十六条　认证机构、检查机构、实验室取得境外认可机构认可，未向国务院认证认可监督管理部门备案的，给予警告，并予公布。

第六十七条　列入目录的产品未经认证，擅自出厂、销售、进口或者在其他经营活动中使用的，责令改正，处 5 万元以上 20 万元以下的罚款，有违法所得的，没收违法所得。

第六十八条　认可机构有下列情形之一的，责令改正；情节严重的，对主要负责人和负有责任的人员撤职或者解聘：

（一）对不符合认可条件的机构和人员予以认可的；

（二）发现取得认可的机构和人员不符合认可条件，不及时撤销认可证书，并予公布的；

（三）接受可能对认可活动的客观公正产生影响的资助的。

被撤职或者解聘的认可机构主要负责人和负有责任的人员，自被撤职或者解聘之日起5年内不得从事认可活动。

第六十九条　认可机构有下列情形之一的，责令改正；对主要负责人和负有责任的人员给予警告：

（一）受理认可申请，向申请人提出与认可活动无关的要求或者限制条件的；

（二）未在公布的时间内完成认可活动，或者未公开认可条件、认可程序、收费标准等信息的；

（三）发现取得认可的机构不当使用认可证书和认可标志，不及时暂停其使用或者撤销认可证书并予公布的；

（四）未对认可过程作出完整记录，归档留存的。

第七十条　国务院认证认可监督管理部门和地方认证监督管理部门及其工作人员，滥用职权、徇私舞弊、玩忽职守，有下列行为之一的，对直接负责的主管人员和其他直接责任人员，依法给予降级或者撤职的行政处分；构成犯罪的，依法追究刑事责任：

（一）不按照本条例规定的条件和程序，实施批准和指定的；

（二）发现认证机构不再符合本条例规定的批准或者指定条件，不撤销批准文件或者指定的；

（三）发现指定的检查机构、实验室不再符合本条例规定的指定条件，不撤销指定的；

（四）发现认证机构以及与认证有关的检查机构、实验室出具虚假的认证以及与认证有关的检查、检测结论或者出具的认证以及与认证有关的检查、检测结论严重失实，不予查处的；

（五）发现本条例规定的其他认证认可违法行为，不予查处的。

第七十一条　伪造、冒用、买卖认证标志或者认证证书的，依照《中华人民共和国产品质量法》等法律的规定查处。

第七十二条　本条例规定的行政处罚，由国务院认证认可监督管理部门或者其授权的地方认证监督管理部门按照各自职责实施。法律、其他行政法规另有规定的，依照法律、其他行政法规的规定执行。

第七十三条　认证人员自被撤销执业资格之日起5年内，认可机构不再受理其注册申请。

第七十四条　认证机构未对其认证的产品实施有效的跟踪调查，或者发现其认证的产品不能持续符合认证要求，不及时暂停或者撤销认证证书和要求其停止使用认证标志给消费者造成损失的，与生产者、销售者承担连带责任。

第七章 附 则

第七十五条 药品生产、经营企业质量管理规范认证，实验动物质量合格认证，军工产品的认证，以及从事军工产品校准、检测的实验室及其人员的认可，不适用本条例。

依照本条例经批准的认证机构从事矿山、危险化学品、烟花爆竹生产经营单位管理体系认证，由国务院安全生产监督管理部门结合安全生产的特殊要求组织；从事矿山、危险化学品、烟花爆竹生产经营单位安全生产综合评价的认证机构，经国务院安全生产监督管理部门推荐，方可取得认可机构的认可。

第七十六条 认证认可收费，应当符合国家有关价格法律、行政法规的规定。

第七十七条 认证培训机构、认证咨询机构的管理办法由国务院认证认可监督管理部门制定。

第七十八条 本条例自 2003 年 11 月 1 日起施行。1991 年 5 月 7 日国务院发布的《中华人民共和国产品质量认证管理条例》同时废止。

复习思考题

一、单项选择题（在备选答案中选择 1 个最佳答案，并把它的标号写在括号内）

1. 国家积极推进供热体制改革，完善供热价格形成机制，鼓励发展（ ），逐步实行按照用热量收费制度。

A. 分散供热　　　　B. 集中供热　　　　C. 个体供热　　　　D. 分段供热

2. 对不符合民用建筑节能强制性标准的，不得颁发（ ）许可证。

A. 节能　　　　　　B. 合格　　　　　　C. 建筑工程规划　　D. 建筑

3. 公共机构电梯系统应当实行（ ）控制，合理设置电梯开启数量和时间，加强运行调节和维护保养。

A. 自动　　　　　　B. 智能化　　　　　C. 人工　　　　　　D. 电脑

4. 公共机构应当于每年（ ）前，向本级人民政府管理机关事务工作的机构报送上一年度能源消费状况报告。

A.1 月 31 日　　　B.3 月 31 日　　　C.6 月 31 日　　　D. 12 月 31 日

5. 公共机构应当减少空调、计算机、复印机等用电设备的（ ）能耗，及时关闭用电设备。

A. 使用　　　　　　B. 待机　　　　　　C. 预热　　　　　　D. 寿命

二、多项选择题（在备选答案中有 2～5 个是正确的，将其全部选出并将它们的标号写在括号内，选错、漏选和不选均不得分）

1. 民用建筑节能，是指在保证民用建筑使用功能和（ ）质量的前提下，降低其使用过程中（ ）的活动。

A. 建筑质量　　　　B. 室内热环境　　　C. 热能消耗　　　　D. 室内温度

E. 能源消耗

2. 民用建筑是指（　　）、（　　　）和商业、（　　　）、教育、卫生等（　　　）。

A. 居住建筑　　　　B. 政府机关　　　　C. 国家机关办公建筑

D. 服务业　　　　　E. 其他公共建筑

3. 国家推广使用民用建筑节能的（　　　）、（　　　）、新材料核心设备，限制使用或者禁止使用（　　　）的技术、工艺、材料和设备。

A. 新技术　　　　　B. 新能源　　　　　C. 新工艺　　　　　D. 能源消耗高

E. 耗能大

4. 违反《标准化法》和《标准化法实施条例》有关规定，有（　　　）情形之一的，由标准化行政主管部门或有关行政主管部门在各自的职权范围内责令限期改进，并可通报批评或给予责任者行政处分。

A. 企业未按规定制定标准作为组织生产依据的

B. 企业未按规定要求将产品标准上报备案的

C. 企业的产品未按规定附有标示或与其标示不符的

D. 企业研制新产品、改进产品、进行技术改造，不符合标准化要求的

E. 科研、设计、生产中违反有关强制性标准规定的

5. 设立认证机构，应当符合（　　　）条件。

A. 有固定的场所和必要的设施

B. 有符合认证认可要求的管理制度

C. 注册资本不得少于人民币 300 万元

D. 认证机构不得少于 10 名工作人员

E. 有 10 名以上相应领域的专职认证人员。

三、简述题

1. 建筑节能改造包括哪些方面？

2. 什么叫认证？什么叫认可？

四、论述题

国家对本级公共机构节能的监督检查包括哪些内容？

第5章 能源管理相关管理办法

▶ **学习目标**

1. 应知道、识记、理解的内容
- 《重点用能单位节能管理办法》的主要内容
- 《企业节能量计算方法》的主要内容
- 《清洁生产审核暂行办法》的主要内容
- 《公路水路交通实施节能办法》的主要内容
- 《道路运输车辆燃料消耗量检测和监督管理办法》的主要内容
- 《民用节能管理办法》的主要内容
- 《固定资产投资项目节能评估和审查暂行办法》的主要内容
- 《能源效率标识管理办法》的主要内容
- 《中国节能产品认证管理办法》的主要内容*
- 《认证证书和认证标志管理办法》的主要内容*
2. 应领会、掌握和应用的内容
- 《重点用能单位节能管理办法》的学习要点
- 《企业节能量计算方法》的学习要点
- 《清洁生产审核暂行办法》的学习要点
- 《公路水路交通实施节能办法》的学习要点
- 《道路运输车辆燃料消耗量检测和监督管理办法》的学习要点
- 《民用节能管理办法》的学习要点
- 《固定资产投资项目节能评估和审查暂行办法》的学习要点
- 《能源效率标识管理办法》的学习要点
- 《中国节能产品认证管理办法》的学习要点*
- 《认证证书和认证标志管理办法》的学习要点*

▶ **自学时数**

16~20 学时。

▶ 教师导学

● 我国能源法律法规制定的比较原则，一般上讲都缺少可操作性。为了使用能单位便于执行，国家有关部门又出台了大量的与之配套的管理办法。我们精选了 14 个与能源管理密切相关的、有一定代表性的管理办法，以利于学员对其有一个概括性的了解，对其重要知识点应能掌握和运用。

5.1 重点用能单位节能管理办法

重点用能单位节能管理办法
1999 年 3 月 10 日

第一章 总 则

第一条 为加强重点用能单位的节能管理，提高能源利用效率和经济效益，保护环境，根据《中华人民共和国节约能源法》的规定，制定本办法。

第二条 本办法所称重点用能单位是指：

（一）年综合能源消费量 1 万吨标准煤以上（含 1 万吨，下同）的用能单位；

（二）各省、自治区、直辖市经济贸易委员会（经济委员会、计划与经济委员会，下同）指定的年综合能源消费量 5 000 吨标准煤以上（含 5 000 吨，下同）、不足 1 万吨标准煤的用能单位。

能源消费的核算单位是法人企业。

第三条 重点用能单位应遵守《中华人民共和国节约能源法》及本办法的规定，按照合理用能的原则，加强节能管理，推进技术进步，提高能源利用效率，降低成本，提高效益，减少环境污染。

第二章 监督管理

第四条 国家经济贸易委员会负责全国重点用能单位节能监督管理工作。国务院有关部门在各自的职责范围内协助做好重点用能单位节能监督管理工作。各省、自治区、直辖市经济贸易委员会负责本行政区内重点用能单位节能监督管理工作。

第五条 国家经济贸易委员会会同国家统计局定期公布年综合能源消费量 1 万吨标准煤以上的重点用能单位名单，并定期发布年综合能源消费量 1 万吨标准煤以上的重点用能单位能源利用状况公报。

第六条 各省、自治区、直辖市经济贸易委员会会同同级统计部门，定期公布本行政区内年综合能源消费量 5 000 吨标准煤以上、不足 1 万吨标准煤的重点用能单位名单，并报国家经济贸易委员会备案；定期发布本行政区内年综合能源消费量 5 000 吨标准煤以上、不足 1 万吨标准煤的重点用能单位能源利用状况公报。

第七条　各省、自治区、直辖市经济贸易委员会按照年综合能源消费量制定重点用能单位分级管理方案并报国家经济贸易委员会备案。

实施分级管理的主管经济贸易委员会履行下列职责：

（一）组织对重点用能单位的固定资产投资工程项目可行性研究报告中的节能篇（章）提出评价意见；

（二）监督检查重点用能单位的主要耗能设备和工艺系统能源利用状况，委托具有检验测试资格的单位对重点用能单位进行节能的检验测试；

（三）会同同级质量技术监督管理部门检查重点用能单位能源计量工作，会同同级统计管理部门检查重点用能单位能源消费和能源利用状况统计工作。

第八条　国家经济贸易委员会和省、自治区、直辖市经济贸易委员会负责委托具有培训条件的单位，对重点用能单位的能源管理人员进行节能培训。

第三章　重点用能单位的节能管理

第九条　重点用能单位应贯彻执行国家的节能法律、法规、方针、政策和标准。

第十条　重点用能单位应接受主管经济贸易委员会对其能源利用状况的监督、检查。

第十一条　重点用能单位应建立健全节能管理制度，运用科学的管理方法和先进的技术手段，制定并组织实施本单位节能计划和节能技术进步措施，合理有效地利用能源。

第十二条　重点用能单位每年应安排一定数额资金用于节能科研开发、节能技术改造和节能宣传与培训。

第十三条　重点用能单位应健全能源计量、监测管理制度，配备合格的能源计量器具、仪表，能源计量器具的配备和管理应达到《企业能源计量器具配备和管理导则》规定的国家标准。

第十四条　重点用能单位应建立能源消费统计和能源利用状况报告制度。

重点用能单位应指定专人负责能源统计，建立健全原始记录和统计台账。

重点用能单位应在每年 1 月底前向主管经济贸易委员会报送上一年度的能源利用状况报告。报告应包括能源购入、能源加工转换与消费、单位产品能耗、主要耗能设备和工艺能耗、能源利用效率、能源管理、节能措施和节能经济效益分析、预测能源消费等。

第十五条　重点用能单位应建立能源消耗成本管理制度。重点用能单位应根据国家经济贸易委员会和省、自治区、直辖市经济贸易委员会会同有关部门制定的单位产品能耗限额，制定先进、合理的企业单位产品能耗限额，实行能源消耗成本管理。

第十六条　重点用能单位应建立有利于节约能源、降低消耗、提高经济效益的节能工作责任制。明确节能工作岗位的任务和责任，通过岗位责任制和能耗定额管理等形式将能源使用管理制度化，落实到人，纳入经济责任制。

第十七条　重点用能单位应开展节能宣传与培训。主要耗能设备操作人员未经节能培训不得上岗。

第十八条　重点用能单位应设立能源管理岗位，聘任的能源管理人员应熟悉国家有关节能法律、法规、方针、政策，具有节能知识、三年以上实际工作经验和工程师以上（含工程师）职称，并报主管经济贸易委员会备案。

能源管理人员负责对本单位的能源利用状况进行监督检查。

第四章　奖　惩

第十九条　各级人民政府对在节能管理和节能技术进步中取得显著成绩的重点用能单位和个人给予表彰和奖励。

第二十条　重点用能单位应制定节奖超罚办法，安排一定的节能奖励资金，对节能工作中取得成绩的集体和个人给予奖励；对浪费能源的集体和个人给予惩罚。

第二十一条　重点用能单位违反本办法第十条规定，拒绝接受监督、检查的；或违反本办法第十四条规定，未建立能源消费统计和能源利用状况报告制度的；或违反本办法第十八条规定，未设立能源管理岗位或所聘能源管理人员不符合要求的，由主管经济贸易委员会以书面形式责令限期改正。逾期未改正的，对其及有关负责人给予通报批评。

第二十二条　重点用能单位虚报、瞒报、拒报、迟报、伪造、篡改能源消费统计资料的，按《中华人民共和国统计法》的有关规定予以处罚。

第五章　附　则

第二十三条　本办法由国家经济贸易委员会负责解释。

第二十四条　本办法自公布之日起施行。

5.2　企业节能量计算方法

企业节能量计算方法

中华人民共和国国家标准　GB/T 13234—2009

2009 - 03 - 11 发布　2009 - 11 - 01 实施

1　范围

本标准规定了企业节能量的分类、企业节能量计算的基本原则、企业节能量的计算方法以及节能率的计算方法。

本标准适用于企业节能量和节能率的计算。其他用能单位、行业（部门）、地区、国家宏观节能量的计算也可参照采用。

2　术语和定义

下列术语和定义适用于本标准。

2.1 节能量 energy saved

满足同等需要或达到相同目的的条件下，能源消费减少的数量。

2.2 企业节能量 energy saved of enterprise

企业统计报告期内实际能源消耗量与按比较基准计算的能源消耗量之差。

2.3 产品节能量 energy saved of productions

用统计报告期产品单位产量能源消耗量与基期产品单位产量能源消耗量的差值和报告期产品产量计算的节能量。

2.4 产值节能量 energy saved of output value

用统计报告期单位产值能源消耗量与基期单位产值能源消耗量的差值和报告期产值计算的节能量。

2.5 技术措施节能量 energy saved of technique

企业实施技术措施前后能源消耗变化量。

2.6 产品结构节能量 energy saved of product mix variety

企业统计报告期内，由于产品结构发生变化而产生能源消耗变化量。

2.7 单项能源节能量 energy saved by energy types

企业统计报告期内，按能源品种计算的能源消耗变化量。

2.8 节能率 energy saving rate

统计报告期比基期的单位能耗降低率，用百分数表示。

3 企业节能量的分类

企业节能量一般分为产品节能量、产值节能量、技术措施节能量、产品结构节能量和单项资源节能量等。

4 企业节能量计算的基本原则

4.1 节能量计算所用的基期能源消耗量与报告期能源耗量应为实际能源消耗量。

4.2 节能量计算应根据不同的目的和要求，采用相应的比较基准。

4.3 当采用一个考察期间能源消耗量推算统计报告期能源消耗量时，应说明理由和推算的合理性。

4.4 节能量计算值为负时表示节能。

5 企业节能量的计算

5.1 产品节能量

5.1.1 单一产品节能量

生产单一产品的企业，产品节能量按式（1）计算：

$$\Delta E_c = (e_b - e_j)M_b \tag{1}$$

式中：

ΔE_c——企业产品节能量，单位为吨标准煤（tce）；

e_b——统计报告期的单位产品综合能耗，单位为吨标准煤（tce）；

e_j——基期的单位产品综合能耗，单位为吨标准煤（tce）；

M_b——统计报告期产出的合格产品数量。

5.1.2 多种产品节能量

生产多种产品的企业，企业产品节能量按式（2）计算：

$$\Delta E_c = \sum_{i=1}^{n} (e_{bi} - e_{ji}) M_{bj} \tag{2}$$

式中：

e_{bi}——统计报告期第 i 种产品的单位产品综合能耗，单位为吨标准煤（tce）；

e_{ji}——基期第 i 种产品的单位产品综合能耗或单位产品能源消耗限额，单位为吨标准煤（tce）；

M_{bi}——统计报告期产出的第 i 种合格产品数量；

n——统计报告期内企业生产的产品种类数。

5.2 产值节能量

产值节能量按式（3）计算：

$$\Delta E_g = (e_{bg} - e_{jg}) G_b \tag{3}$$

式中：

ΔE_g——企业产值（或增加值）总节能量，单位为吨标准煤（tce）；

e_{bg}——统计报告期企业单位产值（或增加值）综合能耗，单位为吨标准煤每万元（tce/万元）；

e_{jg}——基期企业单位产值（或增加值）综合能耗，单位为吨标准煤每万元（tce/万元）；

G_b——统计报告期企业的产值（或增加值，可比价），单位为万元。

5.3 技术措施节能量

5.3.1 单项技术措施节能量

单项技术措施节能量按式（4）计算：

$$\Delta E_{ti} = (e_{th} - e_{tq}) P_{th} \tag{4}$$

式中：

ΔE_{ti}——某项技术措施节能量，单位为吨标准煤（tce）；

e_{th}——某种工艺或设备实施某项技术措施后其产品的单位产品能源消耗量，单位为吨标准煤（tce）；

e_{tq}——某种工艺或设备实施某项技术措施前其产品的单位产品能源消耗量，单位为吨标准煤（tce）；

P_{th}——某种工艺或设备实施某项技术措施后其产品产量。

5.3.2 多项技术措施节能量

多项技术措施节能量按式（5）计算：

$$\Delta E_t = \sum_{i=1}^{m} \Delta E_{ti} \tag{5}$$

式中：

ΔE_t——多项技术措施节能量，单位为吨标准煤（tce）；

m——企业技术措施项目数。

5.4　产品结构节能量

产品结构节能量按式（6）计算：

$$\Delta E_{cj} = G_z \times \sum_{i=1}^{m} (K_{bi} - K_{ji}) \times e_{jci} \tag{6}$$

式中：

ΔE_{cj}——产品结构节能量，单位为吨标准煤（tce）；

G_z——统计报告期总产值（总增加值，可比价），单位为万元；

K_{bi}——统计报告期替代第 i 种产品总值占总产值（或总增加值）的比重,%；

K_{ji}——基期第 i 种产品产值占总产值（或总增加值）的比重,%；

e_{jci}——基期第 i 种产品的单位产值（或增加值）能耗，单位为吨标准煤每万元（tce/万元）；

n——产品种类数。

5.5　单项能源节能量

5.5.1　产品单项能源节能量

产品单项能源节能量按式（7）计算：

$$\Delta E_{cn} = \sum_{i=1}^{n} (e_{bci} - e_{jci}) M_{bi} \tag{7}$$

式中：

ΔE_{cn}——产品某单项能源品种能源节能量，单位为吨（t）、千瓦时（kW·h）等；

e_{bci}——统计报告期第 i 种单位产品某单项能源品种能源消耗量，单位为吨（t）、千瓦时（kW·h）等；

e_{jci}——基期第 i 种单位产品某单项能源品种能源消耗量或单位产品某单项能源品种能源消耗限额，单位为吨（t）、千瓦时（kW·h）等；

M_{bi}——统计报告期产出的第 i 种产品数量；

n——统计报告期企业生产的产品种类数。

5.5.2　产值单项能源节能量

产值单项能源节能量按式（8）计算：

$$\Delta E_{gn} = \sum_{i=1}^{n} (e_{bgi} - e_{jgi}) G_{bi} \tag{8}$$

式中：

ΔE_{gn}——产品某种能源品种能源节能量，单位为吨（t），千瓦时（kW·h）等；

e_{bgi}——统计报告期第 i 种产品单位产值（或单位增加值）某单项品种能源消耗量，单位为吨每万元（t/万元）、千瓦时每万元（kW·h/万元）等；

e_{jci}——基期第 i 种产品单位产值某单项品种能源消耗量，单位为吨每万元（t/万元）、

千瓦时每万元（kW·h/万元）等；

G_{bi}——统计报告期第 i 种产品产值（或增加值，可比价），单位为万元；

n——统计报告期企业生产的产品种类数。

6 节能率的计算

6.1 产品节能率

产品节能率按式（9）计算：

$$\xi_c = \left(\frac{e_{bc} - e_{jc}}{e_{jc}} \right) \times 100 \qquad (9)$$

式中：

ξ_c——产品节能率，%；

e_{bc}——统计报告期单位产品能耗，单位为吨标准煤（tce）；

e_{jc}——基期单位产品能耗或单位产品能源消耗限额，单位为吨标准煤（tce）。

6.2 产值节能率

产值节能率按式（10）计算：

$$\xi_g = \left(\frac{e_{bg} - e_{jg}}{e_{jg}} \right) \times 100 \qquad (10)$$

式中：

ξ_g——产值节能率，%；

e_{bg}——统计报告期单位产值能耗，单位为吨标准煤每万元（tce/万元）；

e_{jg}——基期单位产值能耗，单位为吨标准煤每万元（tce/万元）。

6.3 累计节能率

累计节能率分为定比节能率和环比节能率。

6.3.1 定比节能率

定比节能率按式（9）或式（10）计算。

6.3.2 环比节能率

环比节能率按式（11）计算：

$$\xi_h = \left(\sqrt[n]{\frac{e_b}{e_j}} - 1 \right) \times 100$$

式中：

ξ_h——环比节能率，%；

e_b——统计报告期单位产品能耗或单位产值能耗，单位为吨标准煤（tce）或吨标准煤

每万元（tce/万元）；

e_j——基期单位产品能耗或单位产值能耗，单位为吨标准煤（tce）或吨标准煤每万元

（tce/万元）；

n——统计期的个数。

5.3 清洁生产审核暂行办法

清洁生产审核暂行办法

国家发展改革委令 2004 年第 16 号　2004 年 8 月 16 日

第一章 总 则

第一条　为促进清洁生产，规范清洁生产审核行为，根据《中华人民共和国清洁生产促进法》，制定本办法。

第二条　本办法所称清洁生产审核，是指按照一定程序，对生产和服务过程进行调查和诊断，找出能耗高、物耗高、污染重的原因，提出减少有毒有害物料的使用、产生，降低能耗、物耗以及废物产生的方案，进而选定技术经济及环境可行的清洁生产方案的过程。

第三条　本办法适用于中华人民共和国境内所有从事生产和服务活动的单位以及从事相关管理活动的部门。

第四条　国家发展和改革委员会会同国家环境保护总局负责管理全国的清洁生产审核工作。各省、自治区、直辖市、计划单列市及新疆生产建设兵团发展改革（经济贸易）行政主管部门会同环境保护行政主管部门，根据本地区实际情况，组织开展清洁生产审核。

第五条　清洁生产审核应当以企业为主体，遵循企业自愿审核与国家强制审核相结合、企业自主审核与外部协助审核相结合的原则，因地制宜、有序开展、注重实效。

第二章 清洁生产审核范围

第六条　清洁生产审核分为自愿性审核和强制性审核。

第七条　国家鼓励企业自愿开展清洁生产审核。污染物排放达到国家或者地方排放标准的企业，可以自愿组织实施清洁生产审核，提出进一步节约资源、削减污染物排放量的目标。

第八条　有下列情况之一的，应当实施强制性清洁生产审核：

（一）污染物排放超过国家和地方排放标准，或者污染物排放总量超过地方人民政府核定的排放总量控制指标的污染严重企业；

（二）使用有毒有害原料进行生产或者在生产中排放有毒有害物质的企业。

有毒有害原料或者物质主要指《危险货物品名表》（GB12268）、《危险化学品名录》、《国家危险废物名录》和《剧毒化学品目录》中的剧毒、强腐蚀性、强刺激性、放射性（不包括核电设施和军工核设施）、致癌、致畸等物质。

第九条　第八条第一项规定实施强制性清洁生产审核的企业名单，由所在地环境保护行政主管部门按照管理权限提出初选名单，逐级报省、自治区、直辖市、计划单列市及新疆生产建设兵团环境保护行政主管部门核定后确定，每年发布一批，书面通知企业，并抄送同级发展改革（经济贸易）行政主管部门；同时，将名单在当地主要媒体上公布。

第八条第二项规定实施强制性清洁生产审核的企业名单，由各省、自治区、直辖市、计划单列市及新疆生产建设兵团环境保护行政主管部门会同发展改革（经济贸易）行政主管部门，结合本地开展清洁生产审核工作的实际情况，在分析企业有毒有害原料使用量或者有毒有害物质排放量，以及可能造成环境影响严重程度的基础上，分期分批确定，书面通知企业，并在当地主要媒体上公布。

第三章　清洁生产审核的实施

第十条　第八条第一项规定实施强制性清洁生产审核的企业，应当在名单公布后一个月内，在所在地主要媒体上公布主要污染物排放情况。公布的主要内容应当包括：企业名称、法人代表、企业所在地址、排放污染物名称、排放方式、排放浓度和总量、超标、超总量情况。省级以下环境保护行政主管部门按照管理权限对企业公布的主要污染物排放情况进行核查。

第十一条　列入实施强制性清洁生产审核名单的企业应当在名单公布后二个月内开展清洁生产审核。

第八条第二项规定实施强制性清洁生产审核的企业，两次审核的间隔时间不得超过五年。

第十二条　自愿实施清洁生产审核的企业可以向有管辖权的发展改革（经济贸易）行政主管部门和环境保护行政主管部门提供拟进行清洁生产审核的计划，并按照清洁生产审核计划的内容、程序组织清洁生产审核。

第十三条　清洁生产审核程序原则上包括审核准备，预审核，审核，实施方案的产生、筛选和确定，编写清洁生产审核报告等。

（一）审核准备。开展培训和宣传，成立由企业管理人员和技术人员组成的清洁生产审核工作小组，制定工作计划；

（二）预审核。在对企业基本情况进行全面调查的基础上，通过定性和定量分析，确定清洁生产审核重点和企业清洁生产目标；

（三）审核。通过对生产和服务过程的投入产出进行分析，建立物料平衡、水平衡、资源平衡以及污染因子平衡，找出物料流失、资源浪费环节和污染物产生的原因；

（四）实施方案的产生和筛选。对物料流失、资源浪费、污染物产生和排放进行分析，提出清洁生产实施方案，并进行方案的初步筛选；

（五）实施方案的确定。对初步筛选的清洁生产方案进行技术、经济和环境可行性分析，确定企业拟实施的清洁生产方案；

（六）编写清洁生产审核报告。清洁生产审核报告应当包括企业基本情况、清洁生产审核过程和结果、清洁生产方案汇总和效益预测分析、清洁生产方案实施计划等。

第四章 清洁生产审核的组织和管理

第十四条 清洁生产审核以企业自行组织开展为主。不具备独立开展清洁生产审核能力的企业，可以委托行业协会、清洁生产中心、工程咨询单位等咨询服务机构协助开展清洁生产审核。

第十五条 协助企业组织开展清洁生产审核工作的咨询服务机构，应当具备下列条件：

（一）具有独立的法人资格；

（二）拥有熟悉相关行业生产工艺、技术和污染防治管理，了解清洁生产知识，掌握清洁生产审核程序的技术人员；

（三）具备为企业清洁生产审核提供公平、公正、高效率服务的制度措施。

第十六条 列入实施强制性清洁生产审核名单的企业，应当在名单公布之日起一年内，将清洁生产审核报告报当地环境保护行政主管部门和发展改革（经济贸易）行政主管部门。中央直属企业应当将清洁生产审核报告报送当地环境保护和发展改革（经济贸易）行政主管部门，同时抄报国家环境保护总局和国家发展和改革委员会。

第十七条 自愿开展清洁生产审核的企业，可以参照本办法第十六条规定报送清洁生产审核报告。

第十八条 各级发展改革（经济贸易）行政主管部门和环境保护行政主管部门，应当积极指导和督促企业按照清洁生产审核报告中提出的实施计划，组织和落实清洁生产实施方案。

第十九条 各级发展改革（经济贸易）行政主管部门、环境保护行政主管部门以及咨询服务机构应当为实施清洁生产审核的企业保守技术和商业秘密。

第二十条 国家发展和改革委员会会同国家环境保护总局建立国家级清洁生产专家库，发布重点行业清洁生产导向目录和行业清洁生产审核指南，组织开展清洁生产培训，为企业开展清洁生产审核提供信息和技术支持。

地方各级发展改革（经济贸易）行政主管部门会同环境保护行政主管部门可以根据本地实际情况，组织开展清洁生产审核培训，建立地方清洁生产专家库。

第五章 奖励和处罚

第二十一条 对自愿实施清洁生产审核，以及清洁生产方案实施后成效显著的企业，由省级以上发展改革（经济贸易）和环境保护行政主管部门对其进行表彰，并在当地主要媒体上公布。

第二十二条 各级发展改革（经济贸易）行政主管部门在制定和实施国家重点投资计划和地方投资计划时，应当将企业清洁生产实施方案中的节能、节水、综合利用，提高资源利用率，预防污染等清洁生产项目列为重点领域，加大投资支持力度。

第二十三条 排污收费可以用于支持企业实施清洁生产。对符合《排污费征收使用管理条例》规定的清洁生产项目，各级财政部门、环保部门在排污费使用上优先给予安排。

第二十四条　中小企业发展基金应当根据需要安排适当数额用于支持中小企业实施清洁生产。

第二十五条　企业开展清洁生产审核的费用，允许列入企业经营成本或者相关费用科目。

第二十六条　企业可以根据实际情况建立企业内部清洁生产表彰奖励制度，对清洁生产审核工作中成效显著的人员，给予一定的奖励。

第二十七条　对违反第十条规定的企业，按《中华人民共和国清洁生产促进法》第四十一条规定处罚；对第八条第二项规定的企业，违反第十六条规定的，按照《中华人民共和国清洁生产促进法》第四十条规定处罚。

第二十八条　企业委托的咨询服务机构不按照规定内容、程序进行清洁生产审核，弄虚作假、提供虚假审核报告的，由省、自治区、直辖市、计划单列市及新疆生产建设兵团发展改革（经济贸易）部门会同环境保护行政主管部门责令其改正，并公布其名单。造成严重后果的，将追究其法律责任。

第二十九条　有关发展改革（经济贸易）行政主管部门会同环境保护行政主管部门的工作人员玩忽职守，泄露企业技术和商业秘密，造成企业经济损失的，按照国家相应法律法规予以处罚。

第六章　附　则

第三十条　本办法由国家发展和改革委员会和国家环境保护总局负责解释。

第三十一条　各省、自治区、直辖市、计划单列市及新疆生产建设兵团可以依照本办法制定实施细则。

第三十二条　军工企业清洁生产审核可以参照本办法执行。

第三十三条　本办法自 2004 年 10 月 1 日起施行。

5.4　公路水路交通实施节能办法

公路、水路交通实施《中华人民共和国节约能源法》办法

交通运输部令 2008 年第 5 号　2008 年 7 月 16 日

第一章　总　则

第一条　为促进公路、水路交通节约能源，提高能源利用效率，根据《中华人民共和国节约能源法》，结合交通运输行业发展实际，制定本办法。

第二条　本办法适用于中华人民共和国境内公路、水路交通能源利用及节约能源监督管理活动。

第三条　本办法所称节约能源（以下简称节能），是指加强公路、水路交通用能管理，

采取技术上可行、经济上合理以及环境和社会可以承受的措施，在公路、水路交通使用能源的各个环节，有效、合理地利用能源。

第四条 交通运输部负责全国公路、水路交通节能监督管理工作，并接受国务院管理节能工作的部门的指导。

县级以上地方人民政府交通运输主管部门负责本行政区域内交通运输行业的节能监督管理工作，并接受上级交通运输主管部门和同级管理节能工作的部门的指导。

第二章 加强节能管理

第五条 各级人民政府交通运输主管部门应当加强对节能工作的领导，建立健全公路、水路交通节能管理体制，实行节能目标责任制和节能考核评价制度，部署、协调、监督、检查、推动节能工作。

第六条 各级人民政府交通运输主管部门应当实施公共交通优先发展战略，指导、促进各种交通运输方式协调发展和有效衔接，引导优化交通运输结构，建设节能型综合交通运输体系。

第七条 各级人民政府交通运输主管部门应当组织开展交通运输行业节能的宣传教育，增强交通运输行业节能意识。

第八条 交通运输部将公路、水路节能纳入交通发展规划，并根据交通发展规划组织编制和实施公路、水路交通节能规划。

县级以上地方人民政府交通运输主管部门可以根据本行政区域实际情况，在前款规定的公路、水路交通节能规划的范围内，制定本行政区域交通运输行业节能规划。

第九条 交通运输部建立公路、水路交通能源消耗报告、统计、分析制度，配合国务院统计部门加强对统计指标体系的科学研究，改进和规范能源消耗统计方法，做好公路、水路交通能源利用状况的统计和发布工作。

县级以上地方人民政府交通运输主管部门应当建立本行政区域公路、水路交通能源消耗报告、统计、分析制度。

第十条 各级人民政府交通运输主管部门应当严格执行交通运输营运车船燃料消耗量限值国家标准，组织建立交通运输营运车船燃料消耗检测体系并加强对检测的监督管理，确保交通运输营运车船符合燃料消耗量限值国家标准。

前款规定的交通运输营运车船燃料消耗量限值国家标准，由交通运输部会同国务院有关部门制定。在该标准出台前，交通运输部先行制定并实施交通运输营运车船燃料消耗量限值的行业标准。

第十一条 交通运输部制定、修订装机功率超过300千瓦的港口机械等交通用能设备的单位产品能耗限值标准，并由各级交通运输主管部门组织推广。

第十二条 交通固定资产投资项目严格执行投资项目节能评估和审查制度，确保项目符合强制性节能标准。具体评估办法按照国务院管理节能工作的部门会同国务院有关部门制定的有关规定执行。

第十三条 各级人民政府交通运输主管部门应当鼓励、支持开发先进节能技术，会同有关部门确定公路、水路交通开发先进节能技术的重点和方向，建立和完善交通节能技术服务体系。

交通运输部适时公布"营运车船节能产品（技术）目录"，引导使用先进的节能产品、技术，促进节能技术创新与成果转化。

交通运输部和省级人民政府交通运输主管部门负责组织实施交通运输行业重大节能科研项目、节能示范项目、重点节能工程。

第十四条 各级人民政府交通运输主管部门应当组织公路、水路交通节能检测机构建立节能监测体系，通过节能检测机构提供的节能检测结果，获取节能监测数据。

节能检测机构应当及时提供公路、水路交通节能检测结果，并对所提供的数据负责。

第十五条 各级人民政府交通运输主管部门应当向本级人民政府财政部门申请将节能工作经费列入财政预算，用于支持节能监督管理体系建设、节能技术研究开发、节能技术和产品的示范与推广、重点节能工程的实施、节能宣传培训、信息服务和表彰奖励等工作。

交通运输行业建立节能激励机制，逐步形成以国家和地方资金为引导、企业资金为主体的交通节能投入机制，设立各个层次的节能专项资金，用于鼓励、支持节能产品和技术的开发、推广和应用。

第十六条 节能技术服务机构、行业学会、协会等中介组织可以在交通运输主管部门的指导下，开展节能知识宣传和节能技术培训，提供节能信息、节能示范和其他节能服务。

第三章 交通用能单位合理使用与节约能源

第十七条 交通用能单位应当加强节能管理，制定并实施节能计划和节能技术措施，建立和完善节能管理制度，根据生产过程中运量、运力、施工作业等多种因素变化情况及时调整生产计划，提高交通用能设备的使用效率。

第十八条 交通用能单位应当加强对本单位职工的节能教育，促进本单位职工树立节能意识，并建立节能目标责任制，将节能目标完成情况作为绩效考核的内容之一。

交通用能单位可以根据本单位实际情况建立专项节能奖励机制，对节能工作取得成绩的集体、个人给予奖励。

第十九条 交通用能单位应当按照国家有关计量管理的法律、法规和有关规定，加强能源计量管理，配备和使用经依法检定合格和校准的能源计量器具，对各类能源的消耗实行分类计量。

第二十条 交通用能单位应当建立能源消耗统计制度，建立健全能源计量原始记录和统计台账，确保能源消耗统计数据真实、完整，并按照规定向有关部门报送有关统计数据和资料。

第二十一条 交通用能单位应当制定并执行本单位产品能耗定额标准，并定期对用能设备进行技术评定，对技术落后的老旧及高耗能设备，提出报废、更新、改造计划。

第二十二条 交通用能单位应当编制有利于节能的生产操作规程，并开展节能教育和节能培训；经培训考核合格的人员优先在能源管理岗位或者有关高耗能设备操作岗位上工作。

第二十三条 禁止购置、使用国家公布淘汰的用能产品和设备，不得将淘汰的用能产品、设备转让或者租借给他人使用。

第二十四条 交通用能单位不得对能源消费实行包费制。

第二十五条 交通重点用能单位应当定期向交通运输部、省级交通运输主管部门报送上一年度的能源利用状况报告。

交通能源利用状况报告应当包括以下内容：

（一）能源购入和消耗量；

（二）节能量；

（三）单位产品能耗或者产值能耗；

（四）用能效率和节能效益分析；

（五）节能措施；

（六）其他需要报告的情况。

本条第一款所称交通重点用能单位是指公路、水路交通年能耗超过 5 000 吨标准煤的用能单位。

第二十六条 交通重点用能单位应当设立能源管理岗位，在具有节能专业知识、实际经验以及中级以上技术职称的人员中聘任能源管理负责人。

能源管理负责人负责组织对本单位用能状况进行分析、评价，提出并组织实施本单位节能工作的改进措施等。

鼓励交通重点用能单位以外的其他交通用能单位设立能源管理岗位，加强本单位能源管理。

第四章　法律责任

第二十七条 交通用能单位违反本办法有关规定，在科研、设计、生产中违反有关强制性节能标准规定的，由交通运输主管部门在职权范围内责令限期改正，并可以通报批评或者给予责任者行政处分。

第二十八条 交通用能单位有漏报、迟报、虚报、拒报或者其他不按照规定报送能源统计数据的行为的，按照《中华人民共和国统计法》的有关规定处理。

第二十九条 使用国家明令淘汰的用能设备的，将淘汰的用能设备转让他人使用的，或者有其他节能违法行为的，按照《中华人民共和国节约能源法》、《中华人民共和国标准化法》的有关规定处理。

第三十条 交通运输主管部门工作人员在节能管理工作中存在滥用职权、玩忽职守、徇私舞弊等情况的，依法给予行政处分；构成犯罪的，依法移交司法机关处理。

第五章　附　则

第三十一条　本办法自 2008 年 9 月 1 日起施行。2000 年 6 月 16 日原交通部发布的《交通行业实施节约能源法细则》同时废止。

5.5　道路运输车辆燃料消耗量检测和监督管理办法

道路运输车辆燃料消耗量检测和监督管理办法

交通运输部令 2009 年第 11 号　2009 年 6 月 26 日

第一章　总　则

第一条　为加强道路运输车辆节能降耗管理，根据《中华人民共和国节约能源法》和《中华人民共和国道路运输条例》，制定本办法。

第二条　道路运输车辆燃料消耗量检测和监督管理适用本办法。

本办法所称道路运输车辆，是指拟进入道路运输市场从事道路旅客运输、货物运输经营活动，以汽油或者柴油为单一燃料的国产和进口车辆。

第三条　总质量超过 3 500 千克的道路旅客运输车辆和货物运输车辆的燃料消耗量应当分别满足交通行业标准《营运客车燃料消耗量限值及测量方法》（JT 711，以下简称 JT 711）和《营运货车燃料消耗量限值及测量方法》（JT 719，以下简称 JT 719）的要求。

不符合道路运输车辆燃料消耗量限值标准的车辆，不得用于营运。

第四条　交通运输部主管全国道路运输车辆燃料消耗量检测和监督管理工作。交通运输部汽车运输节能技术服务中心（以下简称节能中心）作为交通运输部开展道路运输车辆燃料消耗量检测和监督管理工作的技术支持单位。

县级以上地方人民政府交通运输主管部门负责组织领导本行政区域内道路运输车辆燃料消耗量达标车型的监督管理工作。

县级以上道路运输管理机构按照本办法规定的职责负责具体实施本行政区域内道路运输车辆燃料消耗量达标车型的监督管理工作。

第五条　道路运输车辆燃料消耗量检测和监督管理工作应当遵循公平、公正、公开和便民的原则。

第二章　检测管理

第六条　交通运输部组织专家评审，选择符合下列条件的检测机构从事道路运输车辆燃料消耗量检测业务，并且向社会公布检测机构名单：

（一）取得相应的实验室资质认定（计量认证）和实验室认可证书，并且认可的技术能力范围涵盖本办法规定的相关技术标准；

（二）具有实施道路运输车辆燃料消耗量检测工作的检验员、试验车辆驾驶员和技术负责人等专业人员，以及仪器设备管理员、质量负责人等管理人员；

（三）具有符合道路运输车辆燃料消耗量检测规范要求的燃油流量计、速度分析仪、车辆称重设备。相关设备应当通过计量检定或者校准；

（四）具有符合道路运输车辆燃料消耗量检测规范要求的试验道路。试验道路应当为平直路，用沥青或者混凝土铺装，长度不小于 2 公里，宽度不小于 8 米，纵向坡度在 0.1% 以内，且路面应当清洁、平坦。租用试验道路的，还应当持有书面租赁合同和出租方使用证明，租赁期限不得少于 3 年；

（五）具有健全的道路运输车辆燃料消耗量检测工作管理制度，包括检测质量控制制度、文件资料管理制度、检测人员管理制度、仪器设备管理制度等。

道路运输车辆燃料消耗量检测机构专家评审组由节能中心的专家、汽车产业主管部门委派的专家、有关科研单位和高等院校的专家以及检测机构所在地省级交通运输部门的专家组成，专家评审组不得少于 5 人。

第七条　车辆生产企业可以自愿选择经交通运输部公布的检测机构进行车辆燃料消耗量检测。

第八条　检测机构应当严格按照规定程序和相关技术标准的要求开展车辆燃料消耗量检测工作，提供科学、公正、及时、有效的检测服务。

第九条　检测机构不得将道路运输车辆燃料消耗量检测业务委托至第三方。

第十条　检测机构应当如实记录检测结果和车辆核查结果，据实出具统一要求的道路运输车辆燃料消耗量检测报告。

第十一条　检测机构应当将道路运输车辆燃料消耗量检测过程的原始记录和检测报告存档，档案保存期不少于 4 年。

第十二条　检测机构应当对所出具的道路运输车辆燃料消耗量检测报告的真实性和准确性负责，并承担相应的法律责任。

第三章　车型管理

第十三条　燃料消耗量检测合格并且符合本办法第十五条规定条件的车型，方可进入道路运输市场。

第十四条　对道路运输车辆实行燃料消耗量达标车型管理制度。交通运输部对经车辆生产企业自愿申请，并且经节能中心技术审查通过的车型以《道路运输车辆燃料消耗量达标车型表》（以下简称《燃料消耗量达标车型表》）的形式向社会公布。

《燃料消耗量达标车型表》车型可与《车辆生产企业及产品公告》（以下简称《公告》）车型同时申请。

第十五条　《燃料消耗量达标车型表》所列车型应当符合下列条件：

（一）已经列入《公告》的国产车辆或者已经获得国家强制性产品认证的进口车辆；

（二）各项技术参数和主要配置与《公告》或者国家强制性产品认证的车辆一致性证书保持一致；

（三）经交通运输部公布的检测机构检测，符合道路运输车辆燃料消耗量限值标准的要求。

第十六条　拟列入《燃料消耗量达标车型表》的车型，由车辆生产企业向节能中心提交下列材料：

（一）道路运输车辆燃料消耗量达标车型申请表一式两份（式样见附件1，略）；

（二）《公告》技术参数表或者国家强制性产品认证的车辆一致性证书复印件一份；

（三）检测机构出具的道路运输车辆燃料消耗量检测报告原件一份。

第十七条　节能中心应当依据第十五条的规定，自收到车辆生产企业的材料之日起20个工作日内完成对相关车型的技术审查。经技术审查，不符合条件的，节能中心应当书面告知车辆生产企业，并说明理由；符合条件的，应当将车型及相关信息汇总整理后报交通运输部。

第十八条　未通过技术审查的车辆生产企业对技术审查结果有异议的，可以在收到书面告知材料的5个工作日内向交通运输部要求复核。交通运输部应当组织专家对技术审查结果进行复核。

第十九条　交通运输部应当及时对通过技术审查的车型在互联网上予以公示，公示期为5个工作日。

第二十条　对经公示后无异议的车型，交通运输部应当及时向社会公布。对公示后有异议且经查实不符合条件的车型，不予发布，并且告知车辆生产企业。

《燃料消耗量达标车型表》至少每季度发布一次。

第二十一条　已经列入《燃料消耗量达标车型表》的车型发生产品扩展、变更后，存在下列情况之一的，车辆生产企业应当按规定程序重新申请：

（一）车长、车宽或者车高超过原参数值1%的；

（二）整车整备质量超过原参数值3%的；

（三）换装发动机的；

（四）变速器最高挡或者次高挡速比，主减速器速比发生变化的；

（五）子午线轮胎变为斜交轮胎、轮胎横断面增加或者轮胎尺寸变小的。

已经列入《燃料消耗量达标车型表》的车型发生其他扩展、变更的，车辆生产企业应当将相关信息及时告知节能中心，并提交发生扩展、变更后的车辆仍能满足道路运输车辆燃料消耗量限值要求的承诺书。节能中心应当将相关车型的扩展、变更信息及时报交通运输部。

第二十二条　对于同一车辆生产企业生产的不同型号的车型，同时满足下列条件的，在申报《燃料消耗量达标车型表》时，可以只提交其中一个车型的燃料消耗量检测报告，相关车型一并审查发布：

（一）底盘相同；

（二）整车整备质量相差不超过3%；

（三）车身外形无明显差异；

（四）车长、车宽、车高相差不超过 1%。

第二十三条 车辆生产企业对已经列入《燃料消耗量达标车型表》的车辆，应当在随车文件中明示其车辆燃料消耗量参数（式样见附件 2，略）。

第二十四条 县级以上道路运输管理机构在配发《道路运输证》时，应当按照《燃料消耗量达标车型表》对车辆配置及参数进行核查。相关核查工作可委托汽车综合性能检测机构实施。

经核查，未列入《燃料消耗量达标车型表》或者与《燃料消耗量达标车型表》所列装备和指标要求不一致的，不得配发《道路运输证》。

第二十五条 交通运输部建立道路运输车辆燃料消耗量达标车型查询网络及数据库。省级道路运输管理机构应当将相关数据库纳入本行政区域道路运输信息系统。

第四章　监督管理

第二十六条 交通运输部应当加强对公布的道路运输车辆燃料消耗量检测机构从事相应检测业务的监督管理工作，建立、完善监督检查制度，不定期派员现场监督检测机构燃料消耗量的检测工作，根据技术审查需要组织专家对车辆燃料消耗量检测结果进行抽查。

第二十七条 检测机构有下列情形之一的，交通运输部应当责令其限期整改。经整改仍达不到要求的，交通运输部应当将其从公布的检测机构名单中撤除：

（一）未按照规定程序、技术标准开展检测工作；

（二）伪造检测结论或者出具虚假检测报告；

（三）未经检测就出具检测报告；

（四）违反法律、行政法规的其他行为。

第二十八条 交通运输部对列入《燃料消耗量达标车型表》的车型实施动态管理。车辆生产企业弄虚作假，骗取列入《燃料消耗量达标车型表》资格的，交通运输部应当将其从《燃料消耗量达标车型表》中删除，并向社会公布。

节能中心在交通运输部公布违规车型之日起 3 个月内不得受理该企业车辆列入《燃料消耗量达标车型表》的申请。

第二十九条 省级道路运输管理机构应当加强对本行政区域内道路运输车辆燃料消耗量达标车型的监督管理，督促各地道路运输管理机构严格执行道路运输车辆燃料消耗量达标车型管理的相关制度。

第三十条 已进入道路运输市场车辆的燃料消耗量指标应当符合《营运车辆综合性能要求和检验方法》（GB 18565）的有关要求。

道路运输管理机构应当加强对已进入道路运输市场车辆的燃料消耗量指标的监督管理。对于达到国家规定的报废标准或者经检测不符合标准要求的车辆，不得允许其继续从事道路运输经营活动。

第三十一条 从事道路运输车辆燃料消耗量检测和监督管理工作的人员在检测和监督

管理工作中有滥用职权、玩忽职守、徇私舞弊等情形的，依法给予行政处分；构成犯罪的，依法移交司法机关处理。

第五章 附 则

第三十二条 城市公共汽车、出租车及总质量不超过 3500 千克的客运、货运车辆的燃料消耗量限值标准和监督管理的实施步骤另行规定。

第三十三条 本办法自 2009 年 11 月 1 日起施行。道路运输管理机构自 2010 年 3 月 1 日起，在配发《道路运输证》时，应当将燃料消耗量作为必要指标，对照《燃料消耗量达标车型表》进行核查。

5.6 民用建筑节能管理办法

民用建筑节能管理规定

建设部令第 143 号 2005 年 11 月 10 日

第一条 为了加强民用建筑节能管理，提高能源利用效率，改善室内热环境质量，根据《中华人民共和国节约能源法》、《中华人民共和国建筑法》、《建设工程质量管理条例》，制定本规定。

第二条 本规定所称民用建筑，是指居住建筑和公共建筑。

本规定所称民用建筑节能，是指民用建筑在规划、设计、建造和使用过程中，通过采用新型墙体材料，执行建筑节能标准，加强建筑物用能设备的运行管理，合理设计建筑围护结构的热工性能，提高采暖、制冷、照明、通风、给排水和通道系统的运行效率，以及利用可再生能源，在保证建筑物使用功能和室内热环境质量的前提下，降低建筑能源消耗，合理、有效地利用能源的活动。

第三条 国务院建设行政主管部门负责全国民用建筑节能的监督管理工作。

县级以上地方人民政府建设行政主管部门负责本行政区域内民用建筑节能的监督管理工作。

第四条 国务院建设行政主管部门根据国家节能规划，制定国家建筑节能专项规划；省、自治区、直辖市以及设区城市人民政府建设行政主管部门应当根据本地节能规划，制定本地建筑节能专项规划，并组织实施。

第五条 编制城乡规划应当充分考虑能源、资源的综合利用和节约，对城镇布局、功能区设置、建筑特征，基础设施配置的影响进行研究论证。

第六条 国务院建设行政主管部门根据建筑节能发展状况和技术先进、经济合理的原则，组织制定建筑节能相关标准，建立和完善建筑节能标准体系；省、自治区、直辖市人民政府建设行政主管部门应当严格执行国家民用建筑节能有关规定，可以制定严于国家民用建筑节能标准的地方标准或者实施细则。

第七条　鼓励民用建筑节能的科学研究和技术开发，推广应用节能型的建筑、结构、材料、用能设备和附属设施及相应的施工工艺、应用技术和管理技术，促进可再生能源的开发利用。

第八条　鼓励发展下列建筑节能技术和产品：

（一）新型节能墙体和屋面的保温、隔热技术与材料；

（二）节能门窗的保温隔热和密闭技术；

（三）集中供热和热、电、冷联产联供技术；

（四）供热采暖系统温度调控和分户热量计量技术与装置；

（五）太阳能、地热等可再生能源应用技术及设备；

（六）建筑照明节能技术与产品；

（七）空调制冷节能技术与产品；

（八）其他技术成熟、效果显著的节能技术和节能管理技术。

鼓励推广应用和淘汰的建筑节能产品及技术的目录，由国务院建设行政主管部门制定；省、自治区、直辖市建设行政主管部门可以结合该目录，制定适合本区域的鼓励推广应用和淘汰的建筑节能产品及技术的目录。

第九条　国家鼓励多元化、多渠道投资既有建筑的节能改造，投资人可以按照协议分享节能改造的收益；鼓励研究制定本地区既有建筑节能改造资金筹措办法和相关激励政策。

第十条　建筑工程施工过程中，县级以上地方人民政府建设行政主管部门应当加强对建筑物的围护结构（含墙体、屋面、门窗、玻璃幕墙等）、供热采暖和制冷系统、照明和通风等电器设备是否符合节能要求的监督检查。

第十一条　新建民用建筑应当严格执行建筑节能标准要求，民用建筑工程扩建和改建时，应当对原建筑进行节能改造。

既有建筑节能改造应当考虑建筑物的寿命周期，对改造的必要性、可行性以及投入收益比进行科学论证。节能改造要符合建筑节能标准要求，确保结构安全，优化建筑物使用功能。

寒冷地区和严寒地区既有建筑节能改造应当与供热系统节能改造同步进行。

第十二条　采用集中采暖制冷方式的新建民用建筑应当安设建筑物室内温度控制和用能计量设施，逐步实行基本冷热价和计量冷热价共同构成的两部制用能价格制度。

第十三条　供热单位、公共建筑所有权人或者其委托的物业管理单位应当制定相应的节能建筑运行管理制度，明确节能建筑运行状态各项性能指标、节能工作诸环节的岗位目标责任等事项。

第十四条　公共建筑的所有权人或者委托的物业管理单位应当建立用能档案，在供热或者制冷间歇期委托相关检测机构对用能设备和系统的性能进行综合检测评价，定期进行维护、维修、保养及更新置换，保证设备和系统的正常运行。

第十五条　供热单位、房屋产权单位或者其委托的物业管理等有关单位，应当记录并按有关规定上报能源消耗资料。

鼓励新建民用建筑和既有建筑实施建筑能效测评。

第十六条　从事建筑节能及相关管理活动的单位，应当对其从业人员进行建筑节能标准与技术等专业知识的培训。

建筑节能标准和节能技术应当作为注册城市规划师、注册建筑师、勘察设计注册工程师、注册监理工程师、注册建造师等继续教育的必修内容。

第十七条　建设单位应当按照建筑节能政策要求和建筑节能标准委托工程项目的设计。

建设单位不得以任何理由要求设计单位、施工单位擅自修改经审查合格的节能设计文件，降低建筑节能标准。

第十八条　房地产开发企业应当将所售商品住房的节能措施、围护结构保温隔热性能指标等基本信息在销售现场显著位置予以公示，并在《住宅使用说明书》中予以载明。

第十九条　设计单位应当依据建筑节能标准的要求进行设计，保证建筑节能设计质量。

施工图设计文件审查机构在进行审查时，应当审查节能设计的内容，在审查报告中单列节能审查章节；不符合建筑节能强制性标准的，施工图设计文件审查结论应当定为不合格。

第二十条　施工单位应当按照审查合格的设计文件和建筑节能施工标准的要求进行施工，保证工程施工质量。

第二十一条　监理单位应当依照法律、法规以及建筑节能标准、节能设计文件、建设工程承包合同及监理合同对节能工程建设实施监理。

第二十二条　对超过能源消耗指标的供热单位、公共建筑的所有权人或者其委托的物业管理单位，责令限期达标。

第二十三条　对擅自改变建筑围护结构节能措施，并影响公共利益和他人合法权益的，责令责任人及时予以修复，并承担相应的费用。

第二十四条　建设单位在竣工验收过程中，有违反建筑节能强制性标准行为的，按照《建设工程质量管理条例》的有关规定，重新组织竣工验收。

第二十五条　建设单位未按照建筑节能强制性标准委托设计，擅自修改节能设计文件，明示或暗示设计单位、施工单位违反建筑节能设计强制性标准，降低工程建设质量的，处20万元以上50万元以下的罚款。

第二十六条　设计单位未按照建筑节能强制性标准进行设计的，应当修改设计。未进行修改的，给予警告，处10万元以上30万元以下罚款；造成损失的，依法承担赔偿责任；两年内，累计三项工程未按照建筑节能强制性标准设计的，责令停业整顿，降低资质等级或者吊销资质证书。

第二十七条　对未按照节能设计进行施工的施工单位，责令改正；整改所发生的工程费用，由施工单位负责；可以给予警告，情节严重的，处工程合同价款 2% 以上 4% 以下的罚款；两年内，累计三项工程未按照符合节能标准要求的设计进行施工的，责令停业整顿，降低资质等级或者吊销资质证书。

第二十八条　本规定的责令停业整顿、降低资质等级和吊销资质证书的行政处罚，由颁发资质证书的机关决定；其他行政处罚，由建设行政主管部门依照法定职权决定。

第二十九条　农民自建低层住宅不适用本规定。

第三十条　本规定自 2006 年 1 月 1 日起施行。原《民用建筑节能管理规定》（建设部令第 76 号）同时废止。

5.7　固定资产投资项目节能评估和审查暂行办法

固定资产投资项目节能评估和审查暂行办法

国家发展改革委令 2010 年第 6 号　2010 年 9 月 17 日

第一章　总　　则

第一条　为加强固定资产投资项目节能管理，促进科学合理利用能源，从源头上杜绝能源浪费，提高能源利用效率，根据《中华人民共和国节约能源法》和《国务院关于加强节能工作的决定》，制定本办法。

第二条　本办法适用于各级人民政府发展改革部门管理的在我国境内建设的固定资产投资项目。

第三条　本办法所称节能评估，是指根据节能法规、标准，对固定资产投资项目的能源利用是否科学合理进行分析评估，并编制节能评估报告书、节能评估报告表（以下统称节能评估文件）或填写节能登记表的行为。

本办法所称节能审查，是指根据节能法规、标准，对项目节能评估文件进行审查并形成审查意见，或对节能登记表进行登记备案的行为。

第四条　固定资产投资项目节能评估文件及其审查意见、节能登记表及其登记备案意见，作为项目审批、核准或开工建设的前置性条件以及项目设计、施工和竣工验收的重要依据。

未按本办法规定进行节能审查，或节能审查未获通过的固定资产投资项目，项目审批、核准机关不得审批、核准，建设单位不得开工建设，已经建成的不得投入生产、使用。

第二章　节能评估

第五条　固定资产投资项目节能评估按照项目建成投产后年能源消费量实行分类管理。

（一）年综合能源消费量 3 000 吨标准煤以上（含 3 000 吨标准煤，电力折算系数按当量值，下同），或年电力消费量500万千瓦时以上，或年石油消费量1 000吨以上，或年天然气消费量100万立方米以上的固定资产投资项目，应单独编制节能评估报告书。

（二）年综合能源消费量1 000至3 000吨标准煤（不含3 000吨，下同），或年电力消费量200万至500万千瓦时，或年石油消费量500至1 000吨，或年天然气消费量50万至100万立方米的固定资产投资项目，应单独编制节能评估报告表。

上述条款以外的项目，应填写节能登记表。

第六条　固定资产投资项目节能评估报告书应包括下列内容：

（一）评估依据；

（二）项目概况；

（三）能源供应情况评估，包括项目所在地能源资源条件以及项目对所在地能源消费的影响评估；

（四）项目建设方案节能评估，包括项目选址、总平面布置、生产工艺、用能工艺和用能设备等方面的节能评估；

（五）项目能源消耗和能效水平评估，包括能源消费量、能源消费结构、能源利用效率等方面的分析评估；

（六）节能措施评估，包括技术措施和管理措施评估；

（七）存在问题及建议；

（八）结论。

节能评估文件和节能登记表应按照本办法附件要求的内容深度和格式编制。

第七条　固定资产投资项目建设单位应委托有能力的机构编制节能评估文件。项目建设单位可自行填写节能登记表。

第八条　固定资产投资项目节能评估文件的编制费用执行国家有关规定，列入项目概预算。

第三章　节能审查

第九条　固定资产投资项目节能审查按照项目管理权限实行分级管理。由国家发展改革委核报国务院审批或核准的项目以及由国家发展改革委审批或核准的项目，其节能审查由国家发展改革委负责；由地方人民政府发展改革部门审批、核准、备案或核报本级人民政府审批、核准的项目，其节能审查由地方人民政府发展改革部门负责。

第十条　按照有关规定实行审批或核准制的固定资产投资项目，建设单位应在报送可行性研究报告或项目申请报告时，一同报送节能评估文件提请审查或报送节能登记表进行登记备案。

按照省级人民政府有关规定实行备案制的固定资产投资项目，按照项目所在地省级人民政府有关规定进行节能评估和审查。

第十一条　节能审查机关收到项目节能评估文件后，要委托有关机构进行评审，形成评审意见，作为节能审查的重要依据。

接受委托的评审机构应在节能审查机关规定的时间内提出评审意见。评审机构在进行评审时，可以要求项目建设单位就有关问题进行说明或补充材料。

第十二条　固定资产投资项目节能评估文件评审费用应由节能审查机关的同级财政安排，标准按照国家有关规定执行。

第十三条　节能审查机关主要依据以下条件对项目节能评估文件进行审查：

（一）节能评估依据的法律、法规、标准、规范、政策等准确适用；

（二）节能评估文件的内容深度符合要求；

（三）项目用能分析客观准确，评估方法科学，评估结论正确；

（四）节能评估文件提出的措施建议合理可行。

第十四条　节能审查机关应在收到固定资产投资项目节能评估报告书后15个工作日内、收到节能评估报告表后10个工作日内形成节能审查意见，应在收到节能登记表后5个工作日内予以登记备案。

节能评估文件委托评审的时间不计算在前款规定的审查期限内，节能审查（包括委托评审）的时间不得超过项目审批或核准时限。

第十五条　固定资产投资项目的节能审查意见，与项目审批或核准文件一同印发。

第十六条　固定资产投资项目如申请重新审批、核准或申请核准文件延期，应一同重新进行节能审查或节能审查意见延期审核。

第四章　监管和处罚

第十七条　在固定资产投资项目设计、施工及投入使用过程中，节能审查机关负责对节能评估文件及其节能审查意见、节能登记表及其登记备案意见的落实情况进行监督检查。

第十八条　建设单位以拆分项目、提供虚假材料等不正当手段通过节能审查的，由节能审查机关撤销对项目的节能审查意见或节能登记备案意见，由项目审批、核准机关撤销对项目的审批或核准。

第十九条　节能评估文件编制机构弄虚作假，导致节能评估文件内容失实的，由节能审查机关责令改正，并依法予以处罚。

第二十条　负责节能评审、审查、验收的工作人员徇私舞弊、滥用职权、玩忽职守，导致评审结论严重失实或违规通过节能审查的，依法给予行政处分；构成犯罪的，依法追究刑事责任。

第二十一条　负责项目审批或核准的工作人员，对未进行节能审查或节能审查未获通过的固定资产投资项目，违反本办法规定擅自审批或核准的，依法给予行政处分；构成犯罪的，依法追究刑事责任。

第二十二条　对未按本办法规定进行节能评估和审查，或节能审查未获通过，擅自开工建设或擅自投入生产、使用的固定资产投资项目，由节能审查机关责令停止建设或停止生产、使用，限期改造；不能改造或逾期不改造的生产性项目，由节能审查机关报请本级人民政府按照国务院规定的权限责令关闭；并依法追究有关责任人的责任。

第五章 附 则

第二十三条 省级人民政府发展改革部门，可根据《中华人民共和国节约能源法》、《国务院关于加强节能工作的决定》和本办法，制定具体实施办法。

第二十四条 本办法由国家发展和改革委员会负责解释。

第二十五条 本办法自 2010 年 11 月 1 日起施行。

附件1：

固定资产投资项目节能评估报告书
内容深度要求

一、评估依据

相关法律、法规、规划、行业准入条件、产业政策，相关标准及规范，节能技术、产品推荐目录，国家明令淘汰的用能产品、设备、生产工艺等目录，以及相关工程资料和技术合同等。

二、项目概况

（一）建设单位基本情况。建设单位名称、性质、地址、邮编、法人代表、项目联系人及联系方式，企业运营总体情况。

（二）项目基本情况。项目名称、建设地点、项目性质、建设规模及内容、项目工艺方案、总平面布置、主要经济技术指标、项目进度计划等（改、扩建项目需对项目原基本情况进行说明）。

（三）项目用能概况。主要供、用能系统与设备的初步选择，能源消耗种类、数量及能源使用分布情况（改、扩建项目需对项目原用能情况及存在的问题进行说明）。

三、能源供应情况分析评估

（一）项目所在地能源供应条件及消费情况。

（二）项目能源消费对当地能源消费的影响。

四、项目建设方案节能评估

（一）项目选址、总平面布置对能源消费的影响。

（二）项目工艺流程、技术方案对能源消费的影响。

（三）主要用能工艺和工序，及其能耗指标和能效水平。

（四）主要耗能设备，及其能耗指标和能效水平。

（五）辅助生产和附属生产设施及其能耗指标和能效水平。

五、项目能源消耗及能效水平评估

（一）项目能源消费种类、来源及消费量分析评估。

（二）能源加工、转换、利用情况（可采用能量平衡表）分析评估。

（三）能效水平分析评估。包括单位产品（产值）综合能耗、可比能耗，主要工序

（艺）单耗，单位建筑面积分品种实物能耗和综合能耗，单位投资能耗等。

六、节能措施评估

（一）节能措施

1. 节能技术措施。生产工艺、动力、建筑、给排水、暖通与空调、照明、控制、电气等方面的节能技术措施，包括节能新技术、新工艺、新设备应用，余热、余压、可燃气体回收利用，建筑围护结构及保温隔热措施，资源综合利用，新能源和可再生能源利用等。

2. 节能管理措施。节能管理制度和措施，能源管理机构及人员配备，能源统计、监测及计量仪器仪表配置等。

（二）单项节能工程

未纳入建设项目主导工艺流程和拟分期建设的节能工程，详细论述工艺流程、设备选型、单项工程节能量计算、单位节能量投资、投资估算及投资回收期等。

（三）节能措施效果评估

节能措施节能量测算，单位产品（建筑面积）能耗、主要工序（艺）能耗、单位投资能耗等指标国际国内对比分析，设计指标是否达到同行业国内先进水平或国际先进水平。

（四）节能措施经济性评估

节能技术和管理措施的成本及经济效益测算和评估。

七、存在问题及建议

八、结论

九、附图、附表

厂（场）区总平面图、车间工艺平面布置图；主要耗能设备一览表；主要能源和耗能工质品种及年需求量表；能量平衡表等。

附件 2：

项目编号：＿＿＿＿＿＿＿

固定资产投资项目节能评估报告表

项目名称：＿＿＿＿＿＿＿

建设单位：＿（盖章）＿＿＿

编制单位：＿（盖章）＿＿＿

年　　　月　　　日

项目名称				
建设单位				
法人代表			联系人	
通讯地址		省（自治区、直辖市）	市（县）	
联系电话		传真	邮政编码	
建设地点				
项目投资管理类别	审批□	核准□	备案□	
项目所属行业				
建设性质	新建□ 改建□ 扩建□		项目总投资	
工程建设内容及规模				
项目主要耗能品种及耗能量				
节能评估依据	相关法律、法规等			
	行业与区域规划、行业准入与产业政策等			
	相关标准与规范等			
能源供应情况分析评估	项目建设地概况及能源消费情况（单位地区生产总值能耗、单位工业增加值能耗、水耗、单位建筑面积能耗、节能目标等）			
	项目所在地能源资源供应条件			
	项目对当地能源消费的影响			
项目用能情况分析评估	工艺流程与技术方案（对于改扩建项目，应对原有工艺、技术方案进行说明）对能源消费的影响			
	主要耗能工序及其能耗指标			
	主要耗能设备及其能耗指标			
	辅助生产和附属生产设施及其能耗指标			
	总体能耗指标（单位产品能耗、主要工序单耗、单位建筑面积能耗、单位产值或增加值能耗等）			
节能措施评估	节能技术措施分析评估（生产工艺、动力、建筑、给排水、暖通与空调、照明、控制、电气等方面的节能技术措施）			
	节能管理措施分析评估（节能管理制度和措施，能源管理机构及人员配备，能源计量器具配备，能源统计、监测措施等）			
结论与建议				

附件3：

固定资产投资项目节能登记表

项目编号：

项目名称：　　　　　　　　　　　　　　　填表日期：　　　年　　月　　日

<table>
<tr><td rowspan="9">项目概况</td><td>项目建设单位</td><td colspan="2">（盖章）</td><td>单位负责人</td><td></td></tr>
<tr><td>通讯地址</td><td colspan="2"></td><td>负责人电话</td><td></td></tr>
<tr><td>建设地点</td><td colspan="2"></td><td>邮编</td><td></td></tr>
<tr><td>联系人</td><td colspan="2"></td><td>联系人电话</td><td></td></tr>
<tr><td>项目性质</td><td colspan="2">□新建 □改建 □扩建</td><td>项目总投资</td><td>万元</td></tr>
<tr><td>投资管理类别</td><td colspan="4">审批□　　　核准□　　　备案□</td></tr>
<tr><td>项目所属行业</td><td colspan="2"></td><td>建筑面积（m²）</td><td></td></tr>
<tr><td>建设规模及
主要内容</td><td colspan="4"></td></tr>
<tr><td colspan="4"></td></tr>
<tr><td rowspan="11">年耗能量</td><td>能源种类</td><td>计量单位</td><td>年需要实物量</td><td>参考折标系数</td><td>年耗能量（吨标准煤）</td></tr>
<tr><td></td><td></td><td></td><td></td><td></td></tr>
<tr><td></td><td></td><td></td><td></td><td></td></tr>
<tr><td></td><td></td><td></td><td></td><td></td></tr>
<tr><td colspan="4">能源消费总量（吨标准煤）</td><td></td></tr>
<tr><td>耗能工质种类</td><td>计量单位</td><td>年需要实物量</td><td>参考折标系数</td><td>年耗能量（吨标准煤）</td></tr>
<tr><td></td><td></td><td></td><td></td><td></td></tr>
<tr><td></td><td></td><td></td><td></td><td></td></tr>
<tr><td></td><td></td><td></td><td></td><td></td></tr>
<tr><td colspan="4">耗能工质总量（吨标准煤）</td><td></td></tr>
<tr><td colspan="4">项目年耗能总量（吨标准煤）</td><td></td></tr>
<tr><td colspan="5">项目节能措施简述（采用的节能设计标准、规范以及节能新技术、新产品并说明项目能源利用效率）：

</td></tr>
<tr><td colspan="6">其他需要说明的情况：

</td></tr>
<tr><td colspan="6">节能审查登记备案意见：

　　　　　　　　　　　　　　　　　　　　　　　（签　章）
　　　　　　　　　　　　　　　　　　　　　　年　　月　　日</td></tr>
</table>

注：各种能源及耗能工质折标准煤参考系数参照《综合能耗计算通则》（GB/T2589）

5.8 能源效率标识管理办法

能源效率标识管理办法

国家发展改革委令 2004 年第 17 号　　2004 年 8 月 13 日

第一章　总　则

第一条　为加强节能管理，推动节能技术进步，提高能源效率，依据《中华人民共和国节约能源法》、《中华人民共和国产品质量法》、《中华人民共和国认证认可条例》，制定本办法。

第二条　本办法所称能源效率标识，是指表示用能产品能源效率等级等性能指标的一种信息标识，属于产品符合性标志的范畴。

第三条　国家对节能潜力大、使用面广的用能产品实行统一的能源效率标识制度。国家制定并公布《中华人民共和国实行能源效率标识的产品目录》（以下简称《目录》），确定统一适用的产品能效标准、实施规则、能源效率标识样式和规格。

第四条　凡列入《目录》的产品，应当在产品或者产品最小包装的明显部位标注统一的能源效率标识，并在产品说明书中说明。

第五条　列入《目录》的产品的生产者或进口商应当在使用能源效率标识后，向国家质量监督检验检疫总局（以下简称国家质检总局）和国家发展和改革委员会（以下简称国家发展改革委）授权的机构（以下简称授权机构）备案能源效率标识及相关信息。

第六条　国家发展改革委、国家质检总局和国家认证认可监督管理委员会（以下简称国家认监委）负责能源效率标识制度的建立并组织实施。

地方各级人民政府节能管理部门（以下简称地方节能管理部门）、地方质量技术监督部门和各级出入境检验检疫机构（以下简称地方质检部门），在各自的职责范围内对所辖区域内能源效率标识的使用实施监督检查。

第二章　能源效率标识的实施

第七条　国家发展改革委、国家质检总局和国家认监委制定《目录》和实施规则。国家发展改革委和国家认监委制定和公布适用产品的统一的能源效率标识样式和规格。

第八条　能源效率标识的名称为"中国能效标识"（英文名称为 China Energy Label），能源效率标识应当包括以下基本内容：

（一）生产者名称或者简称；

（二）产品规格型号；

（三）能源效率等级；

（四）能源消耗量；

（五）执行的能源效率国家标准编号。

第九条 列入《目录》的产品的生产者或进口商，可以利用自身的检测能力，也可以委托国家确定的认可机构认可的检测机构进行检测，并依据能源效率国家标准，确定产品能源效率等级。

利用自身检测能力确定能源效率等级的生产者或进口商，其检测资源应当具备按照能源效率国家标准进行检测的基本能力，国家鼓励其实验室取得认可机构的国家认可。

第十条 生产者或进口商应当根据国家统一规定的能源效率标识样式、规格以及标注规定，印制和使用能源效率标识。

在产品包装物、说明书以及广告宣传中使用的能源效率标识，可按比例放大或者缩小，并清晰可辨。

第十一条 生产者或进口商应当自使用能源效率标识之日起 30 日内，向授权机构备案，可以通过信函、电报、电传、传真、电子邮件等方式提交以下材料：

（一）生产者营业执照或者登记注册证明复印件；进口商与境外生产者订立的相关合同副本；

（二）产品能源效率检测报告；

（三）能源效率标识样本；

（四）初始使用日期等其他有关材料；

（五）由代理人提交备案材料时，应有生产者或进口商的委托代理文件等。

上述材料应当真实、准确、完整。

外文材料应当附有中文译本，并以中文文本为准。

第十二条 能源效率标识内容发生变化，应当重新备案。

第十三条 对产品的能源效率指标发生争议时，企业应当委托经依法认定或者认可机构认可的第三方检测机构重新进行检测，并以其检测结果为准。

第十四条 授权机构应当定期公告备案信息，并对生产者和进口商使用的能源效率标识进行核验。

能源效率标识备案不收取费用。

第三章 监督管理

第十五条 生产者和进口商应当对其使用的能源效率标识信息准确性负责，不得伪造或冒用能源效率标识。

第十六条 销售者不得销售应当标注但未标注能源效率标识的产品，不得伪造或冒用能源效率标识。

第十七条 认可机构认可的检测机构接受生产者或进口商的委托进行检测，应当客观、公正，保证检测结果的准确，承担相应的法律责任，并保守受检产品的商业秘密。

第十八条 任何单位和个人不得利用能源效率标识对其用能产品进行虚假宣传，误导消费者。

第十九条　国家质检总局和国家发展改革委依据各自职责，对列入《目录》的产品进行检查，核实能源效率标识信息。

第二十条　列入《目录》的产品的生产者、销售者和进口商应当接受监督检查。

第二十一条　任何单位和个人对违反本办法的行为，可以向地方节能管理部门、地方质检部门举报。地方节能管理部门、地方质检部门应当及时调查处理，并为举报人保密。

第四章　罚　则

第二十二条　地方节能管理部门、地方质检部门依据《中华人民共和国节约能源法》的有关规定，在各自的职责范围内负责对违反本办法规定的行为进行处罚。

第二十三条　违反本办法规定，生产者或进口商应当标注统一的能源效率标识而未标注的，由地方节能管理部门或者地方质检部门责令限期改正，逾期未改正的予以通报。

第二十四条　违反本办法规定，有下列情形之一的，由地方节能管理部门或者地方质检部门责令限期改正和停止使用能源效率标识；情节严重的，由地方质检部门处1万元以下罚款：

（一）未办理能源效率标识备案的，或者应当办理变更手续而未办理的；

（二）使用的能源效率标识的样式和规格不符合规定要求的。

第二十五条　伪造、冒用、隐匿能源效率标识以及利用能源效率标识做虚假宣传、误导消费者的，由地方质检部门依照《中华人民共和国节约能源法》和《中华人民共和国产品质量法》以及其他法律法规的规定予以处罚。

第五章　附　则

第二十六条　本办法由国家发展改革委和国家质检总局负责解释。

第二十七条　本办法自2005年3月1日起施行。

5.9　中国节能产品认证管理办法

中国节能产品认证管理办法

1999年2月11日

第一章　总　则

第一条　为节约能源、保护环境，有效开展节能产品的认证工作，保障节能产品的健康发展和市场公平竞争，促进节能产品的国际贸易，根据《中华人民共和国产品质量法》、《中华人民共和国产品质量认证管理条例》和《中华人民共和国节约能源法》，制定本办法。

第二条　本办法中所称的节能产品，是指符合与该种产品有关的质量、安全等方面的标准要求，在社会使用中与同类产品或完成相同功能的产品相比，它的效率或能耗指标相当于国际先进水平或达到接近国际水平的国内先进水平。

第三条 节能产品认证（以下简称认证）是依据相关的标准和技术要求，经节能产品认证机构确认并通过颁布节能产品认证证书和节能标志，证明某一产品为节能产品的活动。节能产品认证采用自愿的原则。

第四条 中华人民共和国境内企业和境外企业及其代理商（以下简称企业）均可向中国节能产品认证管理委员会（以下简称"管理委员会"）及中国节能产品认证中心（以下简称"中心"）自愿申请节能产品认证。

第五条 节能产品认证工作受国家经贸委的领导，接受国家质量技术监督局的管理以及全社会的监督。

第二章 认证条件

第六条 申请认证的条件：

（一）中华人民共和国境内企业应持有工商行政主管部门颁发的《企业法人营业执照》，境外企业应持有有关机构的登记注册证明；

（二）生产企业的质量体系符合国家质量管理和质量保证标准及补充要求，或者外国申请人所在国等同采用 ISO9000 系列标准及补充要求；

（三）产品属国家颁布的可开展节能产品认证的产品目录；

（四）产品符合国家颁布的节能产品认证用标准或技术要求；

（五）产品应注册，质量稳定，能正常批量生产，有足够的供货能力，具备售前、售后的优良服务和备品备件的保证供应，并能提供相应的证明材料。

第三章 认证程序

第七条 申请认证的国内企业，应按管理委员会确定的认证范围和产品目录提出书面申请，按规定格式填写认证申请书，并按程序将申请书和需要的有关资料提交给中心；境外企业或代理商均可向管理委员会或中心申请，其申请书及材料应有中英文对照。

第八条 中心经审查决定受理认证申请后，向企业发出《受理节能产品认证申请通知书》。企业应按照《节能产品认证收费管理办法》的有关规定，向中心交纳有关认证费用。

第九条 中心组织检查组，按程序对申请企业的质量体系进行现场检查。检查组应在规定时间内向中心提交《企业质量体系审核报告》。

第十条 对需要进行检验的产品，由中心指定的人员（或委托的检验机构）负责对申请认证的产品进行随机抽样和封样，由企业将封存的产品送指定的认证检验机构进行检验。必须在现场检验时，由检验机构派人到现场检验。

第十一条 检验机构应依据管理委员会确认的节能产品认证用标准或技术要求对样品进行检验，并在规定时间内向中心提交《产品检验报告》。

第十二条 中心将企业申请材料、质量体系审核报告、产品检验报告等进行汇总整理，然后提交给由中心成员、相关专家工作组的专家和管理委员会部分委员组成的认证评定组，评定组撰写综合评审意见，报中心主任审批。

第十三条　中心主任批准认证合格的产品，颁发认证证书，并准许使用节能标志。

中心负责将通过认证的产品及其生产企业名单报送国家经贸委和国家质量技术监督局备案，并向社会发布公告、进行宣传。

第十四条　对未通过认证的产品，由中心向企业发出认证不合格通知书，说明不合格原因。

第四章　认证证书和节能标志的使用

第十五条　通过认证的企业，在公告发布后两个月内，到中心签订认证证书和节能标志使用协议书，领取认证证书和节能标志。认证证书由中心印制并统一编号。

第十六条　认证证书和节能标志使用有效期为四年。有效期满，愿继续认证的企业应在有效期满前三个月重新提出认证申请，由中心按照认证程序进行评审，并可区别情况简化部分评审内容。不重新认证的企业不得继续使用认证证书和节能标志，或向中心申请注销认证证书。

第十七条　通过认证的企业，允许在认证的产品、包装、说明书、合格证及广告宣传中使用节能标志（节能标志管理办法另行规定）。

未参与认证或没有通过认证的企业的分厂、联营厂和附属厂均不得使用认证证书和节能标志。

第十八条　在认证证书有效期内，出现下列情况之一的，应当按照有关规定重新换证：

（一）使用新的商标名称；

（二）认证证书持有者变更；

（三）产品型号、规格变更，经确认仍能满足有关标准和技术要求。

第十九条　认证证书持有者必须建立节能标志使用制度，每年向中心报告节能标志的使用情况。

第五章　认证后的监督检查

第二十条　在认证证书有效期内，中心应定期或不定期地组织对通过认证的产品及其企业进行监督性抽查或检验，两次监督性抽查或检验之间的间隔最长不得超过十二个月。

第二十一条　在认证证书有效期内，凡有下列情况之一者，暂停企业使用认证证书和节能标志。

（一）监督检查时，发现通过认证的产品及其生产现状不符合认证要求；

（二）通过认证的产品在销售和使用中达不到认证时的各项技术经济指标；

（三）用户和消费者对通过认证的产品提出严重质量问题，并经查实的；

（四）认证证书或节能标志的使用不符合规定要求。

第二十二条　当认证证书持有者违反第二十一条时，中心向认证证书持有者发出《暂停使用认证证书和节能标志的通知书》，并令其限期整改，整改期限最长不超过半年。整改结束后，企业向中心提交整改报告和申请恢复使用认证证书。中心经复查合格后，向认证证书持有者发出《恢复使用认证证书和节能标志通知书》。增加的检查费用按实际支出由企业负担。

第二十三条　在认证证书有效期内，有下列情况之一者，由中心主任批准撤消认证证书，禁止使用节能标志，并向社会公告。

（一）经监督检查和检验判定通过认证的产品为不合格产品；

（二）整改期满不能达到整改目标；

（三）通过认证的产品质量严重下降，或出现重大质量问题，且造成严重后果；

（四）转让认证证书、节能标志或违反有关规定、损害节能标志的信誉；

（五）拒绝按规定缴纳年金；

（六）没有正当理由而拒绝监督检查。

被撤消认证证书的企业，自发出通知之日起一年内不得再次向中心提出认证申请。

第六章　罚　　则

第二十四条　使用伪造的节能标志或冒用节能标志、转让节能标志的企业，按《中华人民共和国产品质量认证管理条例》第十九条和《中华人民共和国节约能源法》第四十八条的规定处罚。

第二十五条　通过认证的产品出厂销售时，其产品达不到认证时的各项技术经济指标的，生产企业应当负责包修、包换、包退，给用户或消费者造成经济损失或造成危害的，生产企业应当依法承担赔偿责任。

第七章　申诉与处理

第二十六条　有下列情况之一时，企业和用户可向中心、管理委员会提出申诉：

（一）符合认证条件要求，但认证机构不予受理申请；

（二）对检查、检验或暂停、撤消认证证书有异议；

（三）认证机构、检验机构或其工作人员有违纪行为；

（四）认证工作违章收费；

（五）用户对获证产品有异议。

第二十七条　申诉调查和处理工作一般由中心的申诉监理部组织进行。对处理结果有异议者可向管理委员会或国家质量技术监督局提出申诉。

第八章　附　　则

第二十八条　认证收费遵循不营利原则，从申请认证的企业收取，具体收费办法及标准按照国家有关规定另行制定。

第二十九条　本办法经管理委员会全体会议讨论通过后，报国家质量技术监督局批准。

第三十条　本办法由管理委员会负责解释。

第三十一条　本办法自批准之日起生效。

5.10 认证证书和认证标志管理办法*

认证证书和认证标志管理办法

国家质量监督检验检疫总局令第 63 号　2004 年 6 月 23 日

第一章　总　则

第一条　为加强对产品、服务、管理体系认证的认证证书和认证标志（以下简称认证证书和认证标志）的管理、监督，规范认证证书和认证标志的使用，维护获证组织和公众的合法权益，促进认证活动健康有序的发展，根据《中华人民共和国认证认可条例》（以下简称条例）等有关法律、行政法规的规定，制定本办法。

第二条　本办法所称的认证证书是指产品、服务、管理体系通过认证所获得的证明性文件。认证证书包括产品认证证书、服务认证证书和管理体系认证证书。

本办法所称的认证标志是指证明产品、服务、管理体系通过认证的专有符号、图案或者符号、图案以及文字的组合。认证标志包括产品认证标志、服务认证标志和管理体系认证标志。

第三条　本办法适用于认证证书和认证标志的制定、发布、备案、使用和监督检查。

第四条　国家认证认可监督管理委员会（以下简称国家认监委）依法负责认证证书和认证标志的管理、监督和综合协调工作。

地方质量技术监督部门和各地出入境检验检疫机构（以下统称地方认证监督管理部门）按照各自职责分工，依法负责所辖区域内的认证证书和认证标志的监督检查工作。

第五条　禁止伪造、冒用、转让和非法买卖认证证书和认证标志。

第二章　认证证书

第六条　认证机构应当按照认证基本规范、认证规则从事认证活动，对认证合格的，应当在规定的时限内向认证委托人出具认证证书。

第七条　产品认证证书包括以下基本内容：

（一）委托人名称、地址；

（二）产品名称、型号、规格，需要时对产品功能、特征的描述；

（三）产品商标、制造商名称、地址；

（四）产品生产厂名称、地址；

（五）认证依据的标准、技术要求；

（六）认证模式；

（七）证书编号；

（八）发证机构、发证日期和有效期；

（九）其他需要说明的内容。

第八条　服务认证证书包括以下基本内容：

（一）获得认证的组织名称、地址；

（二）获得认证的服务所覆盖的业务范围；

（三）认证依据的标准、技术要求；

（四）认证证书编号；

（五）发证机构、发证日期和有效期；

（六）其他需要说明的内容。

第九条　管理体系认证证书包括以下基本内容：

（一）获得认证的组织名称、地址；

（二）获得认证的组织的管理体系所覆盖的业务范围；

（三）认证依据的标准、技术要求；

（四）证书编号；

（五）发证机构、发证日期和有效期；

（六）其他需要说明的内容。

第十条　获得认证的组织应当在广告、宣传等活动中正确使用认证证书和有关信息。获得认证的产品、服务、管理体系发生重大变化时，获得认证的组织和个人应当向认证机构申请变更，未变更或者经认证机构调查发现不符合认证要求的，不得继续使用该认证证书。

第十一条　认证机构应当建立认证证书管理制度，对获得认证的组织和个人使用认证证书的情况实施有效跟踪调查，对不能符合认证要求的，应当暂停其使用直至撤销认证证书，并予以公布；对撤销或者注销的认证证书予以收回；无法收回的，予以公布。

第十二条　不得利用产品认证证书和相关文字、符号误导公众认为其服务、管理体系通过认证；不得利用服务认证证书和相关文字、符号误导公众认为其产品、管理体系通过认证；不得利用管理体系认证证书和相关文字、符号，误导公众认为其产品、服务通过认证。

第三章　认证标志

第十三条　认证标志分为强制性认证标志和自愿性认证标志。

自愿性认证标志包括国家统一的自愿性认证标志和认证机构自行制定的认证标志。

强制性认证标志和国家统一的自愿性认证标志属于国家专有认证标志。

认证机构自行制定的认证标志是指认证机构专有的认证标志。

第十四条　强制性认证标志和国家统一的自愿性认证标志的制定和使用，由国家认监委依法规定，并予以公布。

第十五条　认证机构自行制定的认证标志的式样（包括使用的符号）、文字和名称，应当遵守以下规定：

（一）不得与强制性认证标志、国家统一的自愿性认证标志或者已经国家认监委备案的认证机构自行制定的认证标志相同或者近似；

（二）不得妨碍社会管理秩序；

（三）不得将公众熟知的社会公共资源或者具有特定含义的认证名称的文字、符号、图案作为认证标志的组成部分（如使用表明安全、健康、环保、绿色、无污染等的文字、符号、图案）；

（四）不得将容易误导公众或者造成社会歧视、有损社会道德风尚以及其他不良影响的文字、符号、图案作为认证标志的组成部分；

（五）其他法律、行政法规，或者国家制定的相关技术规范、标准的规定。

第十六条　认证机构自行制定的认证标志应当自发布之日起 30 日内，报国家认监委备案。

第十七条　认证机构备案时应当提交认证标志的式样（包括使用的符号）、文字、名称、应用范围、识别方法、使用方法等其他情况的书面材料。

国家认监委应当自收到备案材料之日起 30 日内，依照本办法有关规定对认证机构提交的材料进行核查，对于符合本办法第十五条规定的，予以备案并公布；不符合的，告知其改正。

第十八条　认证机构应当建立认证标志管理制度，明确认证标志使用者的权利和义务，对获得认证的组织使用认证标志的情况实施有效跟踪调查，发现其认证的产品、服务、管理体系不能符合认证要求的，应当及时作出暂停或者停止其使用认证标志的决定，并予以公布。

第十九条　获得产品认证的组织应当在广告、产品介绍等宣传材料中正确使用产品认证标志，可以在通过认证的产品及其包装上标注产品认证标志，但不得利用产品认证标志误导公众认为其服务、管理体系通过认证。

第二十条　获得服务认证的组织应当在广告等有关宣传中正确使用服务认证标志，可以将服务认证标志悬挂在获得服务认证的区域内，但不得利用服务认证标志误导公众认为其产品、管理体系通过认证。

第二十一条　获得管理体系认证的组织应当在广告等有关宣传中正确使用管理体系认证标志，不得在产品上标注管理体系认证标志，只有在注明获证组织通过相关管理体系认证的情况下方可在产品的包装上标注管理体系认证标志。

第四章　监督检查

第二十二条　国家认监委组织地方认证监督管理部门对认证证书和认证标志的使用情况实施监督检查，对伪造、冒用、转让和非法买卖认证证书和认证标志的违法行为依法予以查处。

第二十三条　国家认监委对认证机构的认证证书和认证标志管理情况实施监督检查。

认证机构应当对其认证证书和认证标志的管理情况向国家认监委提供年度报告。年度报告中应当包括其对获证组织使用认证证书和认证标志的跟踪调查情况。

第二十四条 境外认证标志所有人或者其授权的委托人可以向国家认监委办理境外认证标志备案。备案内容包括认证标志的式样（包括使用的符号）、文字、名称、应用范围、识别方法，认证标志持有人，以及使用变更等情况。

在中国境内设立的外商投资认证机构自行制定的认证标志应当按照本办法第十六条的规定办理备案。

第二十五条 认证机构应当公布本机构认证证书和认证标志使用等相关信息，以便于公众进行查询和社会监督。

第二十六条 任何单位和个人对伪造、冒用、转让和非法买卖认证证书和认证标志等违法、违规行为可以向国家认监委或者地方认证监督管理部门举报。

第五章 罚 则

第二十七条 违反本办法第十二条规定，对混淆使用认证证书和认证标志的，地方认证监督管理部门应当责令其限期改正，逾期不改的处以 2 万元以下罚款。

未通过认证，但在其产品或者产品包装上、广告等其他宣传中，使用虚假文字表明其通过认证的，地方认证监督管理部门应当按伪造、冒用认证标志、违法行为进行处罚。

第二十八条 违反本办法规定，伪造、冒用认证证书的，地方认证监督管理部门应当责令其改正，处以 3 万元罚款。

第二十九条 违反本办法规定，非法买卖或者转让认证证书的，地方认证监督管理部门责令其改正，处以 3 万元罚款；认证机构向未通过认证的认证委托人出卖或转让认证证书的，依照条例第六十二条规定处罚。

第三十条 认证机构自行制定的认证标志违反本办法第十五条规定的，依照条例第六十一条规定处罚；违反其他法律、行政法规规定的，依照其他法律、行政法规处罚。

第三十一条 认证机构发现其认证的产品、服务、管理体系不能持续符合认证要求，不及时暂停其使用认证证书和认证标志，或者不及时撤销认证证书或者停止其使用认证标志的，依照条例第六十条规定处罚。

第三十二条 认证机构未按照规定向社会公布本机构认证证书和认证标志使用等相关信息，责令限期改正，逾期不改的，予以警告。

第三十三条 伪造、冒用、非法买卖认证标志的，依照《中华人民共和国产品质量法》和《中华人民共和国进出口商品检验法》等有关法律、行政法规的规定处罚。

第六章 附 则

第三十四条 认证证书和认证标志的收费按照国家有关价格法律、行政法规的规定执行。

第三十五条 本办法由国家质量监督检验检疫总局负责解释。

第三十六条 本办法自 2004 年 8 月 1 日起施行。1992 年 2 月 10 日原国家技术监督局发布的《产品质量认证证书和认证标志管理办法》和 1995 年 9 月 21 日原国家商检局发布的《进出口商品标志管理办法》中有关认证标志的部分规定同时废止。

复习思考题

一、单项选择题（在备选答案中选择 1 个最佳答案，并把它的标号写在括号内）

1. 国家及市重点用能单位应设立（   ）岗位，根据工作需要聘任能源管理人员。

A. 能源监测　　　　B. 能源评价　　　　C. 能源管理　　　　D. 能源技术

2. 《中国节能产品认证管理办法》是从（   ）开始实施的。

A. 1998 年　　　　B. 2000 年　　　　C. 1999 年　　　　D. 2001 年

3. 能源管理人员应熟悉国家有关节能法律、法规、方针、政策，具有（   ）以上实际工作经验和工程师以上资格。

A. 一年　　　　B. 二年　　　　C. 三年　　　　D. 五年

4. 交通用能单位应当制定并执行本单位产品（   ）标准，并定期对用能设备进行技术评定，对技术落后的老旧及高耗能设备，提出报废、更新、改造计划。

A. 质量　　　　B. 数量　　　　C. 能耗定额　　　　D. 节能

5. 检测机构应当将道路运输车辆燃料消耗量检测过程的原始记录和检测报告档案保存期不少于（   ）年。

A. 一年　　　　B. 二年　　　　C. 三年　　　　D. 四年

二、多项选择题（在备选答案中有 2～5 个是正确的，将其全部选出并将它们的标号写在括号内，选错、漏选和不选均不得分）

1. 《中国节能产品认证管理办法》申请认证的条件是（   ）。

A. 中华人民共和国境内企业应持有工商行政主管部门颁发的《企业法人营业执照》，境外企业应持有有关机构的登记注册证明

B. 生产企业的质量体系符合国家质量管理和质量保证标准及补充要求，或者外国申请人所在国等同采用 ISO 9000 系列标准及补充要求

C. 产品属国家颁布的可开展节能产品认证的产品目录

D. 产品符合国家颁布的节能产品认证用标准或技术要求

E. 产品应注册，质量稳定，能正常批量生产，有足够的供货能力，具备售前、售后的优良服务和备品备件的保证供应，并能提供相应的证明材料

2. 生产者或进口商应当自使用能源效率标识之日起 30 日内，向授权机构备案，可以通过信函、电报、电传、传真、电子邮件等方式提交（   ）材料。

A. 生产者营业执照或者登记注册证明复印件；进口商与境外生产者订立的相关合同副本

B. 产品能源效率检测报告

C. 能源效率标识样本

D. 初始使用日期等其他有关材料

E. 由代理人提交备案材料时，应有生产者或进口商的委托代理文件等

3. 设计单位未按照建筑节能强制性标准进行设计的，应当修改设计。未进行修改的给予警告，处（　　）罚款，造成损失的，依法承担赔偿责任，两年内累计三项工程未按照建筑节能强制性标准设计的，责令停业整顿，降低（　　）或吊销（　　）。

A. 10 万元以上 30 万元以下　　　　　B. 资质等级

C. 10 万元以上 20 万元以下　　　　　D. 营业执照

E. 资质证书

4. 能源效率标识的名称为"中国能效标识"，能源效率标识应当包括（　　）基本内容。

A. 生产者名称或者简称　　　　　　　B. 产品规格型号

C. 能源效率等级　　　　　　　　　　D. 能源消耗量

E. 执行的能源效率国家标准编号

5. （　　）、（　　）和（　　）负责能源效率标识制度的建立并组织实施。

A. 国家发展和改革委员会　　　　　　B. 国家质量监督总局

C. 国家质检总局　　　　　　　　　　D. 国家认证认可监督管理委员会

E. 国家认证认可中心

三、简答题

1. 什么叫能源效率标识？

2. 简述节能评估的基本概念。

四、论述题

1. 国家为什么要加强固定资产投资项目节能评估和审查制度？

2. 固定资产投资项目节能评估报告书包括哪些内容？

第6章　能源管理相关重要文件

▶ 学习目标

1. 应知道、识记、理解的内容

- 《国务院关于加强节能工作的决定》的主要内容
- 《"十二五"节能减排综合性工作方案》的主要内容
- 《国务发展改革委 财政部 人民银行 税务总局关于加快推行合同能源管理促进节能服务产业发展的意见》的主要内容
- 《合同能源管理财政奖励资金管理暂行办法》的主要内容
- 《国家发展改革委办公厅、财政部办公厅关于财政奖励合同能源管理项目有关事项的补充通知》的主要内容*
- 《国家发展改革委办公厅关于印发企业能源审计报告和节能规划审核指南的通知》的主要内容
- 《能源管理体系要求》的主要内容*

2. 应领会、掌握和应用的内容

- 《国务院关于加强节能工作的决定》的学习要点
- 《"十二五"节能减排综合性工作方案》的学习要点
- 《国务发展改革委 财政部 人民银行 税务总局关于加快推行合同能源管理促进节能服务产业发展的意见》的学习要点
- 《合同能源管理财政奖励资金管理暂行办法》的学习要点
- 《国家发展改革委办公厅、财政部办公厅关于财政奖励合同能源管理项目有关事项的补充通知》的学习要点*
- 《国家发展改革委办公厅关于印发企业能源审计报告和节能规划审核指南的通知》的学习要点
- 《能源管理体系要求》的学习要点*

▶ 自学时数

6~8学时。

▶ **教师导学**

● 为了贯彻实施国家能源法律法规，政府出台了一系列管理办法，在不同时期还有针对性地制定下发了有关能源管理的重要文件。为了保证学习的系统性，我们精选了几个有代表性的能源管理重要文件，使学员对不同时期国家对能源管理工作的要求等方面有一个概括的了解，对其重要知识点应能掌握和运用。

6.1　国务院关于加强节能工作的规定

国务院关于加强节能工作的决定

国发〔2006〕28 号　2006 年 8 月 6 日

各省、自治区、直辖市人民政府，国务院各部委、各直属机构：

为深入贯彻科学发展观，落实节约资源基本国策，调动社会各方面力量进一步加强节能工作，加快建设节约型社会，实现"十一五"规划纲要提出的节能目标，促进经济社会发展切实转入全面协调可持续发展的轨道，特作如下决定：

一、充分认识加强节能工作的重要性和紧迫性

（一）必须把节能摆在更加突出的战略位置。我国人口众多，能源资源相对不足，人均拥有量远低于世界平均水平。由于我国正处在工业化和城镇化加快发展阶段，能源消耗强度较高，消费规模不断扩大，特别是高投入、高消耗、高污染的粗放型经济增长方式，加剧了能源供求矛盾和环境污染状况。能源问题已经成为制约经济和社会发展的重要因素，要从战略和全局的高度，充分认识做好能源工作的重要性，高度重视能源安全，实现能源的可持续发展。解决我国能源问题，根本出路是坚持开发与节约并举、节约优先的方针，大力推进节能降耗，提高能源利用效率。节能是缓解能源约束，减轻环境压力，保障经济安全，实现全面建设小康社会目标和可持续发展的必然选择，体现了科学发展观的本质要求，是一项长期的战略任务，必须摆在更加突出的战略位置。

（二）必须把节能工作作为当前的紧迫任务。近几年，由于经济增长方式转变滞后、高耗能行业增长过快，单位国内生产总值能耗上升，特别是今年上半年，能源消耗增长仍然快于经济增长，节能工作面临更大压力，形势十分严峻。各地区、各部门要充分认识加强节能工作的紧迫性，增强忧患意识和危机意识，增强历史责任感和使命感。要把节能工作作为当前的一项紧迫任务，列入各级政府重要议事日程，切实下大力气，采取强有力措施，确保实现"十一五"能源节约的目标，促进国民经济又快又好地发展。

二、用科学发展观统领节能工作

（三）指导思想。以邓小平理论和"三个代表"重要思想为指导，全面贯彻科学发展观，落实节约资源基本国策，以提高能源利用效率为核心，以转变经济增长方式、调整经济结构、加快技术进步为根本，强化全社会的节能意识，建立严格的管理制度，实行有效的激励政策，充分发挥市场配置资源的基础性作用，调动市场主体节能的自觉性，加快构建节约型的生产方式和消费模式，以能源的高效利用促进经济社会可持续发展。

（四）基本原则。坚持节能与发展相互促进，节能是为了更好地发展，实现科学发展必须节能；坚持开发与节约并举，节能优先，效率为本；坚持把节能作为转变经济增长方式的主攻方向，从根本上改变高耗能、高污染的粗放型经济增长方式；坚持发挥市场机制作用与实施政府宏观调控相结合，努力营造有利于节能的体制环境、政策环境和市场环境；坚持源头控制与存量挖潜、依法管理与政策激励、突出重点与全面推进相结合。

（五）主要目标。到"十一五"期末，万元国内生产总值（按 2005 年价格计算）能耗下降到 0.98 吨标准煤，比"十五"期末降低 20% 左右，平均年节能率为 4.4%。重点行业主要产品单位能耗总体达到或接近本世纪初国际先进水平。初步建立起与社会主义市场经济体制相适应的比较完善的节能法规和标准体系、政策保障体系、技术支撑体系、监督管理体系，形成市场主体自觉节能的机制。

三、加快构建节能型产业体系

（六）大力调整产业结构。各地区和有关部门要认真落实《国务院关于发布实施〈促进产业结构调整暂行规定〉的决定》（国发〔2005〕40 号）要求，推动产业结构优化升级，促进经济增长由主要依靠工业带动和数量扩张带动，向三次产业协同带动和优化升级带动转变，立足节约能源推动发展。合理规划产业和地区布局，避免由于决策失误造成能源浪费。

（七）推动服务业加快发展。充分发挥服务业能耗低、污染少的优势，努力提高服务业在国民经济中的比重。要以专业化分工和提高社会效率为重点，积极发展生产服务业；以满足人们需求和方便群众生活为中心，提升生活服务业。大中城市要优先发展服务业，有条件的大中城市要逐步形成以服务经济为主的产业结构。

（八）积极调整工业结构。严格控制新开工高耗能项目，把能耗标准作为项目核准和备案的强制性门槛，遏制高耗能行业过快增长。对企业搬迁改造严格能耗准入管理。加快淘汰落后生产能力、工艺、技术和设备，不按期淘汰的企业，地方各级人民政府及有关部门要依法责令其停产或予以关闭，依法吊销排污许可证和停止供电，属实行生产许可证管理的，依法吊销生产许可证。积极推进企业联合重组，提高产业集中度和规模效益。

（九）优化用能结构。大力发展高效清洁能源。逐步减少原煤直接使用，提高煤炭用于发电的比重，发展煤炭气化和液化，提高转换效率。引导企业和居民合理用电。大力发展风能、太阳能、生物质能、地热能、水能等可再生能源和替代能源。

四、着力抓好重点领域节能

（十）强化工业节能。突出抓好钢铁、有色金属、煤炭、电力、石油石化、化工、建材等重点耗能行业和年耗能 1 万吨标准煤以上企业的节能工作，组织实施千家企业节能行动，推动企业积极调整产品结构，加快节能技术改造，降低能源消耗。

（十一）推进建筑节能。大力发展节能省地型建筑，推动新建住宅和公共建筑严格实施节能 50% 的设计标准，直辖市及有条件的地区要率先实施节能 65% 的标准。推动既有建筑的节能改造。大力发展新型墙体材料。

（十二）加强交通运输节能。积极推进节能型综合交通运输体系建设，加快发展铁路和内河运输，优先发展公共交通和轨道交通，加快淘汰老旧铁路机车、汽车、船舶，鼓励发展节能环保型交通工具，开发和推广车用代用燃料和清洁燃料汽车。

（十三）引导商业和民用节能。在公用设施、宾馆商厦、写字楼、居民住宅中推广采用高效节能办公设备、家用电器、照明产品等。

（十四）抓好农村节能。加快淘汰和更新高耗能落后农业机械和渔船装备，加快农业提水排灌机电设施更新改造，大力发展农村户用沼气和大中型畜禽养殖场沼气工程，推广省柴节煤灶，因地制宜发展小水电、风能、太阳能以及农作物秸秆气化集中供气系统。

（十五）推动政府机构节能。各级政府部门和领导干部要从自身做起、厉行节约，在节能工作中发挥表率作用。重点抓好政府机构建筑物和采暖、空调、照明系统节能改造以及办公设备节能，采取措施大力推动政府节能采购，稳步推进公务车改革。

五、大力推进节能技术进步

（十六）加快先进节能技术、产品研发和推广应用。各级人民政府要把节能作为政府科技投入、推进高技术产业化的重点领域，支持科研单位和企业开发高效节能工艺、技术和产品，优先支持拥有自主知识产权的节能共性和关键技术示范，增强自主创新能力，解决技术瓶颈。采取多种方式加快高效节能产品的推广应用。有条件的地方可对达到超前性国家能效标准、经过认证的节能产品给予适当的财政支持，引导消费者使用。落实产品质量国家免检制度，鼓励高效节能产品生产企业做大做强。有关部门要制定和发布节能技术政策，组织行业共性技术的推广。

（十七）全面实施重点节能工程。有关部门和地方人民政府及有关单位要认真组织落实"十一五"规划纲要提出的燃煤工业锅炉（窑炉）改造、区域热电联产、余热余压利用、节约和替代石油、电机系统节能、能量系统优化、建筑节能、绿色照明、政府机构节能以及节能监测和技术服务体系建设等十大重点节能工程。发展改革委要督促各地区、各有关部门和有关单位抓紧落实相关政策措施，确保工程配套资金到位，同时要会同有关部门切实做好重点工程、重大项目实施情况的监督检查。

（十八）培育节能服务体系。有关部门要抓紧研究制定加快节能服务体系建设的指导意见，促进各级各类节能技术服务机构转换机制、创新模式、拓宽领域，增强服务能力，提高服务水平。加快推行合同能源管理，推进企业节能技术改造。

（十九）加强国际交流与合作。积极引进国外先进节能技术和管理经验，广泛开展与国际组织、金融机构及有关国家和地区在节能领域的合作。

六、加大节能监督管理力度

（二十）健全节能法律法规和标准体系。抓紧做好修订《中华人民共和国节约能源法》的有关工作，进一步严格节能管理制度，明确节能执法主体，强化政策激励，加大惩戒力度。研究制订有关节能的配套法规。加快组织制定和完善主要耗能行业能耗准入标准、节能设计规范，制定和完善主要工业耗能设备、机动车、建筑、家用电器、照明产品等能效标准以及公共建筑用能设备运行标准。各地区要研究制定本地区主要耗能产品和大型公共建筑单位能耗限额。

（二十一）加强规划指导。各地区、各有关部门要根据"十一五"规划纲要，把实现能耗降低的约束性目标作为本地区、本部门"十一五"规划和有关专项规划的重要内容，明确目标、任务和政策措施，认真制定和实施本地区和行业的节能规划。

（二十二）建立节能目标责任制和评价考核体系。发展改革委要将"十一五"规划纲要确定的单位国内生产总值能耗降低目标分解落实到各省、自治区、直辖市，省级人民政府要将目标逐级分解落实到各市、县以及重点耗能企业，实行严格的目标责任制。统计局、发展改革委等部门每年要定期公布各地区能源消耗情况；省级人民政府要建立本地区能耗公报制度。要将能耗指标纳入各地经济社会发展综合评价和年度考核体系，作为地方各级人民政府领导班子和领导干部任期内贯彻落实科学发展观的重要考核内容，作为国有大中型企业负责人经营业绩的重要考核内容，实行节能工作问责制。发展改革委要会同有关部门抓紧制定实施办法。

（二十三）建立固定资产投资项目节能评估和审查制度。有关部门和地方人民政府要对固定资产投资项目（含新建、改建、扩建项目）进行节能评估和审查。对未进行节能审查或未能通过节能审查的项目一律不得审批、核准，从源头杜绝能源的浪费。对擅自批准项目建设的，要依法依规追究直接责任人的责任。发展改革委要会同有关部门制定固定资产投资项目节能评估和审查的具体办法。

（二十四）强化重点耗能企业节能管理。重点耗能企业要建立严格的节能管理制度和有效的激励机制，进一步调动广大职工节能降耗的积极性。要强化基础工作，配备专职人员，将节能降耗的目标和责任落实到车间、班组和个人，并加强监督检查。有关部门和地方各级人民政府要加强对重点耗能企业节能情况的跟踪、指导和监督，定期公布重点企业能源利用状况。其中，对实施千家企业节能行动的高耗能企业，发展改革委要与各相关省级人民政府和有关中央企业签订节能目标责任书，强化节能目标责任和考核。

（二十五）完善能效标识和节能产品认证制度。加快实施强制性能效标识制度，扩大能效标识在家用电器、电动机、汽车和建筑上的应用，不断提高能效标识的社会认知度，引导社会消费行为，促进企业加快高效节能产品的研发。推动自愿性节能产品认证，规范认证行为，扩展认证范围，推动建立国际协调互认。

（二十六）加强电力需求侧和电力调度管理。充分发挥电力需求侧管理的综合优势，优化城市、企业用电方案，推广应用高效节能技术，推进能效电厂建设，提高电能使用效率。改进发电调度规则，优先安排清洁能源发电，对燃煤火电机组进行优化调度，限制能耗高、污染重的低效机组发电，实现电力节能、环保和经济调度。

（二十七）控制室内空调温度。所有公共建筑内的单位，包括国家机关、社会团体、企事业组织和个体工商户，除特定用途外，夏季室内空调温度设置不低于 26 摄氏度，冬季室内空调温度设置不高于 20 摄氏度。有关部门要据此修订完善公共建筑室内温度有关标准，并加强监督检查。

（二十八）加大节能监督检查力度。有关部门和地方各级人民政府要加大节能工作的监督检查力度，重点检查高耗能企业及公共设施的用能情况、固定资产投资项目节能评估和审查情况、禁止淘汰设备异地再用情况，以及产品能效标准和标识、建筑节能设计标准、行业设计规范执行等情况。达不到建筑节能标准的建筑物不准开工建设和销售。严禁生产、销售和使用国家明令淘汰的高耗能产品。要严厉打击报废机动车和船舶等违法交易活动。节能主管部门和质量技术监督部门要加大监督检查和处罚力度，对违法行为要公开曝光。

七、建立健全节能保障机制

（二十九）深化能源价格改革。加强和改进电价管理，建立成本约束机制；完善电力分时电价办法，引导用户合理用电、节约用电；扩大差别电价实施范围，抑制高耗能产业盲目扩张，促进结构调整。落实石油综合配套调价方案，理顺国内成品油价格。继续推进天然气价格改革，建立天然气与可替代能源的价格挂钩和动态调整机制。全面推进煤炭价格市场化改革。研究制定能耗超限额加价的政策。

（三十）加大政府对节能的支持力度。各级人民政府要对节能技术与产品推广、示范试点、宣传培训、信息服务和表彰奖励等工作给予支持，所需节能经费纳入各级人民政府财政预算。"十一五"期间，国家每年安排一定的资金，用于支持节能重大项目、示范项目及高效节能产品的推广。

（三十一）实行节能税收优惠政策。发展改革委要会同有关部门抓紧制定《节能产品目录》，对生产和使用列入《节能产品目录》的产品，财政部、税务总局要会同有关部门抓紧研究提出具体的税收优惠政策，报国务院审批。严格实施控制高耗能、高污染、资源性产品出口的政策措施。研究建立促进能源节约的燃油税收制度，以及控制高耗能加工贸易和抑制不合理能源消费的有关税收政策。抓紧研究并适时实施不同种类能源矿产资源计税方法改革方案。根据资源条件和市场变化情况，适当提高有关资源税征收标准。

（三十二）拓宽节能融资渠道。各类金融机构要切实加大对节能项目的信贷支持力度，推动和引导社会各方面加强对节能的资金投入。要鼓励企业通过市场直接融资，加快进行节能降耗技术改造。

（三十三）推进城镇供热体制改革。加快城镇供热商品化、货币化，将采暖补贴由

"暗补"变"明补"，加强供热计量，推进按用热量计量收费制度。完善供热价格形成机制，有关部门要抓紧研究制定建筑供热采暖按热量收费的政策，培育有利于节能的供热市场。

（三十四）实行节能奖励制度。各地区、各部门对在节能管理、节能科学技术研究和推广工作中做出显著成绩的单位及个人要给予表彰和奖励。能源生产经营单位和用能单位要制定科学合理的节能奖励办法，结合本单位的实际情况，对节能工作中作出贡献的集体、个人给予表彰和奖励，节能奖励计入工资总额。

八、加强节能管理队伍建设和基础工作

（三十五）加强节能管理队伍建设。各级人民政府要加强节能管理队伍建设，充实节能管理力量，完善节能监督体系，强化对本行政区域内节能工作的监督管理和日常监察（监测）工作，依法开展节能执法和监察（监测）。在整合现有相关机构的基础上，组建国家节能中心，开展政策研究、固定资产投资项目节能评估、技术推广、宣传培训、信息咨询、国际交流与合作等工作。

（三十六）加强能源统计和计量管理。各级人民政府要为统计部门依法行使节能统计调查、统计执法和数据发布等提供必要的工作保障。各级统计部门要切实加强能源统计，充实必要的人员，完善统计制度，改进统计方法，建立能够反映各地区能耗水平、节能目标责任和评价考核制度的节能统计体系。要强化对单位国内（地区）生产总值能耗指标的审核，确保统计数据准确、及时。各级质量技术监督部门要督促企业合理配备能源计量器具，加强能源计量管理。

（三十七）加大节能宣传、教育和培训力度。新闻出版、广播影视、文化等部门和有关社会团体要组织开展形式多样的节能宣传活动，广泛宣传我国的能源形势和节能的重要意义，弘扬节能先进典型，曝光浪费行为，引导合理消费。教育部门要将节能知识纳入基础教育、高等教育、职业教育培训体系。各级工会、共青团组织要重视和加强对广大职工特别是青年职工的节能教育，广泛开展节能合理化建议活动。有关行业协会要协助政府做好行业节能管理、技术推广、宣传培训、信息咨询和行业统计等工作。各级科协组织要围绕节能开展系列科普活动。要认真组织开展一年一度的全国节能宣传周活动，加强经常性的节能宣传和培训。要动员全社会节能，在全社会倡导健康、文明、节俭、适度的消费理念，用节约型的消费理念引导消费方式的变革。要大力倡导节约风尚，使节能成为每个公民的良好习惯和自觉行动。

九、加强组织领导

（三十八）切实加强节能工作的组织领导。各省、自治区、直辖市人民政府和各有关部门要按照本决定的精神，努力抓好落实。省级人民政府要对本地区节能工作负总责，把节能工作纳入政府重要议事日程，主要领导要亲自抓，并建立相应的协调机制，明确相关部门的责任和分工，确保责任到位、措施到位、投入到位。省级人民政府、国务院有关部门要在本决定下发后2个月内提出本地区、本行业节能工作实施方案报国务院；中央企业要在本决定下发后 2 个月内提出本企业节能工作实施方案，由国资委汇总报国务院。发展改革委要会同有关部门，加强指导和协调，认真监督检查本决定的贯彻执行情况，并向国务院报告。

6.2 "十二五"节能减排综合性工作方案

国务院关于印发"十二五"节能减排综合性工作方案的通知

国发〔2011〕26 号 2011 年 8 月 31 日

各省、自治区、直辖市人民政府，国务院各部委、各直属机构：

现将《"十二五"节能减排综合性工作方案》印发给你们，请结合本地区、本部门实际，认真贯彻执行。

一、"十一五"时期，各地区、各部门认真贯彻落实党中央、国务院的决策部署，把节能减排作为调整经济结构、转变经济发展方式、推动科学发展的重要抓手和突破口，取得了显著成效。全国单位国内生产总值能耗降低 19.1%，二氧化硫、化学需氧量排放总量分别下降 14.29% 和 12.45%，基本实现了"十一五"规划纲要确定的约束性目标，扭转了"十五"后期单位国内生产总值能耗和主要污染物排放总量大幅上升的趋势，为保持经济平稳较快发展提供了有力支撑，为应对全球气候变化作出了重要贡献，也为实现"十二五"节能减排目标奠定了坚实基础。

二、充分认识做好"十二五"节能减排工作的重要性、紧迫性和艰巨性。"十二五"时期，我国发展仍处于可以大有作为的重要战略机遇期。随着工业化、城镇化进程加快和消费结构持续升级，我国能源需求呈刚性增长，受国内资源保障能力和环境容量制约以及全球性能源安全和应对气候变化影响，资源环境约束日趋强化，"十二五"时期节能减排形势仍然十分严峻，任务十分艰巨。特别是我国节能减排工作还存在责任落实不到位、推进难度增大、激励约束机制不健全、基础工作薄弱、能力建设滞后、监管不力等问题。这种状况如不及时改变，不但"十二五"节能减排目标难以实现，还将严重影响经济结构调整和经济发展方式转变。

各地区、各部门要真正把思想和行动统一到中央的决策部署上来，切实增强全局意识、危机意识和责任意识，树立绿色、低碳发展理念，进一步把节能减排作为落实科学发展观、加快转变经济发展方式的重要抓手，作为检验经济是否实现又好又快发展的重要标准，下更大决心，用更大气力，采取更加有力的政策措施，大力推进节能减排，加快形成资源节约、环境友好的生产方式和消费模式，增强可持续发展能力。

三、严格落实节能减排目标责任，进一步形成政府为主导、企业为主体、市场有效驱动、全社会共同参与的推进节能减排工作格局。要切实发挥政府主导作用，综合运用经济、法律、技术和必要的行政手段，加强节能减排统计、监测和考核体系建设，着力健全激励和约束机制，进一步落实地方各级人民政府对本行政区域节能减排负总责、政府主要领导是第一责任人的工作要求。要进一步明确企业的节能减排主体责任，严格执行节能环保法律法规和标准，细化和完善管理措施，落实目标任务。要进一步发挥市场机制作用，加大节能减排市场化机制推广力度，真正把节能减排转化为企业和各类社会主体的内在要求。要进一步增强全体公民的资源节约和环境保护意识，深入推进节能减排全民行动，形成全社会共同参与、共同促进节能减排的良好氛围。

四、要全面加强对节能减排工作的组织领导，狠抓监督检查，严格考核问责。发展改革委负责承担国务院节能减排工作领导小组的具体工作，切实加强节能减排工作的综合协调，组织推动节能降耗工作；环境保护部为主承担污染减排方面的工作；统计局负责加强能源统计和监测工作；其他各有关部门要切实履行职责，密切协调配合。各省级人民政府要立即部署本地区"十二五"节能减排工作，进一步明确相关部门责任、分工和进度要求。

各地区、各部门和中央企业要按照本通知的要求，结合实际抓紧制定具体实施方案，明确目标责任，狠抓贯彻落实，坚决防止出现节能减排工作前松后紧的问题，确保实现"十二五"节能减排目标。

"十二五"节能减排综合性工作方案

一、节能减排总体要求和主要目标

（一）总体要求。以邓小平理论和"三个代表"重要思想为指导，深入贯彻落实科学发展观，坚持降低能源消耗强度、减少主要污染物排放总量、合理控制能源消费总量相结合，形成加快转变经济发展方式的倒逼机制；坚持强化责任、健全法制、完善政策、加强监管相结合，建立健全激励和约束机制；坚持优化产业结构、推动技术进步、强化工程措施、加强管理引导相结合，大幅度提高能源利用效率，显著减少污染物排放；进一步形成政府为主导、企业为主体、市场有效驱动、全社会共同参与的推进节能减排工作格局，确保实现"十二五"节能减排约束性目标，加快建设资源节约型、环境友好型社会。

（二）主要目标。到2015年，全国万元国内生产总值能耗下降到0.869吨标准煤（按2005年价格计算），比2010年的1.034吨标准煤下降16%，比2005年的1.276吨标准煤下降32%；"十二五"期间，实现节约能源6.7亿吨标准煤。2015年，全国化学需氧量和二氧化硫排放总量分别控制在2 347.6万吨、2 086.4万吨，比2010年的2 551.7万吨、2 267.8万吨分别下降8%；全国氨氮和氮氧化物排放总量分别控制在238.0万吨、2 046.2万吨，比2010年的264.4万吨、2 273.6万吨分别下降10%。

二、强化节能减排目标责任

（三）合理分解节能减排指标。综合考虑经济发展水平、产业结构、节能潜力、环境容量及国家产业布局等因素，将全国节能减排目标合理分解到各地区、各行业。各地区要将国家下达的节能减排指标层层分解落实，明确下一级政府、有关部门、重点用能单位和重点排污单位的责任。

（四）健全节能减排统计、监测和考核体系。加强能源生产、流通、消费统计，建立和完善建筑、交通运输、公共机构能耗统计制度以及分地区单位国内生产总值能耗指标季度统计制度，完善统计核算与监测方法，提高能源统计的准确性和及时性。修订完善减排统计监测和核查核算办法，统一标准和分析方法，实现监测数据共享。加强氨氮、氮氧化物排放统计监测，建立农业源和机动车排放统计监测指标体系。完善节能减排考核办法，继续做好全国和各地区单位国内生产总值能耗、主要污染物排放指标公报工作。

（五）加强目标责任评价考核。把地区目标考核与行业目标评价相结合，把落实五年目标与完成年度目标相结合，把年度目标考核与进度跟踪相结合。省级人民政府每年要向国务院报告节能减排目标完成情况。有关部门每年要向国务院报告节能减排措施落实情况。国务院每年组织开展省级人民政府节能减排目标责任评价考核，考核结果向社会公告。强化考核结果运用，将节能减排目标完成情况和政策措施落实情况作为领导班子和领导干部综合考核评价的重要内容，纳入政府绩效和国有企业业绩管理，实行问责制和"一票否决"制，并对成绩突出的地区、单位和个人给予表彰奖励。

三、调整优化产业结构

（六）抑制高耗能、高排放行业过快增长。严格控制高耗能、高排放和产能过剩行业新上项目，进一步提高行业准入门槛，强化节能、环保、土地、安全等指标约束，依法严格节能评估审查、环境影响评价、建设用地审查，严格贷款审批。建立健全项目审批、核准、备案责任制，严肃查处越权审批、分拆审批、未批先建、边批边建等行为，依法追究有关人员责任。严格控制高耗能、高排放产品出口。中西部地区承接产业转移必须坚持高标准，严禁污染产业和落后生产能力转入。

（七）加快淘汰落后产能。抓紧制定重点行业"十二五"淘汰落后产能实施方案，将任务按年度分解落实到各地区。完善落后产能退出机制，指导、督促淘汰落后产能企业做好职工安置工作。地方各级人民政府要积极安排资金，支持淘汰落后产能工作。中央财政统筹支持各地区淘汰落后产能工作，对经济欠发达地区通过增加转移支付加大支持和奖励力度。完善淘汰落后产能公告制度，对未按期完成淘汰任务的地区，严格控制国家安排的投资项目，暂停对该地区重点行业建设项目办理核准、审批和备案手续；对未按期淘汰的企业，依法吊销排污许可证、生产许可证和安全生产许可证；对虚假淘汰行为，依法追究企业负责人和地方政府有关人员的责任。

（八）推动传统产业改造升级。严格落实《产业结构调整指导目录》。加快运用高新技术和先进适用技术改造提升传统产业，促进信息化和工业化深度融合，重点支持对产业升级带动作用大的重点项目和重污染企业搬迁改造。调整《加工贸易禁止类商品目录》，提高加工贸易准入门槛，促进加工贸易转型升级。合理引导企业兼并重组，提高产业集中度。

（九）调整能源结构。在做好生态保护和移民安置的基础上发展水电，在确保安全的基础上发展核电，加快发展天然气，因地制宜大力发展风能、太阳能、生物质能、地热能等可再生能源。到 2015 年，非化石能源占一次能源消费总量比重达到 11.4%。

（十）提高服务业和战略性新兴产业在国民经济中的比重。到 2015 年，服务业增加值和战略性新兴产业增加值占国内生产总值比重分别达到 47% 和 8% 左右。

四、实施节能减排重点工程

（十一）实施节能重点工程。实施锅炉窑炉改造、电机系统节能、能量系统优化、余热余压利用、节约替代石油、建筑节能、绿色照明等节能改造工程，以及节能技术产业化示范工程、节能产品惠民工程、合同能源管理推广工程和节能能力建设工程。到 2015 年，工业锅炉、窑炉平均运行效率比 2010 年分别提高 5 个和 2 个百分点，电机系统运行效率提高 2~3 个百分点，新增余热余压发电能力 2 000 万千瓦，北方采暖地区既有居住建筑供热计量和节能改造 4 亿平方米以上，夏热冬冷地区既有居住建筑节能改造 5 000 万平方米，公共建筑节能改造 6 000 万平方米，高效节能产品市场份额大幅度提高。"十二五"时期，形成 3 亿吨标准煤的节能能力。

（十二）实施污染物减排重点工程。推进城镇污水处理设施及配套管网建设，改造提升现有设施，强化脱氮除磷，大力推进污泥处理处置，加强重点流域区域污染综合治理。到 2015 年，基本实现所有县和重点建制镇具备污水处理能力，全国新增污水日处理能力 4 200 万吨，新建配套管网约 16 万公里，城市污水处理率达到 85%，形成化学需氧量和氨氮削减能力 280 万吨、30 万吨。实施规模化畜禽养殖场污染治理工程，形成化学需氧量和氨氮削减能力 140 万吨、10 万吨。实施脱硫脱硝工程，推动燃煤电厂、钢铁行业烧结机脱硫，形成二氧化硫削减能力 277 万吨；推动燃煤电厂、水泥等行业脱硝，形成氮氧化物削减能力 358 万吨。

（十三）实施循环经济重点工程。实施资源综合利用、废旧商品回收体系、"城市矿产"示范基地、再制造产业化、餐厨废弃物资源化、产业园区循环化改造、资源循环利用技术示范推广等循环经济重点工程，建设 100 个资源综合利用示范基地、80 个废旧商品回收体系示范城市、50 个"城市矿产"示范基地、5 个再制造产业集聚区、100 个城市餐厨废弃物资源化利用和无害化处理示范工程。

（十四）多渠道筹措节能减排资金。节能减排重点工程所需资金主要由项目实施主体通过自有资金、金融机构贷款、社会资金解决，各级人民政府应安排一定的资金予以支持和引导。地方各级人民政府要切实承担城镇污水处理设施和配套管网建设的主体责任，严格城镇污水处理费征收和管理，国家对重点建设项目给予适当支持。

五、加强节能减排管理

（十五）合理控制能源消费总量。建立能源消费总量控制目标分解落实机制，制定实施方案，把总量控制目标分解落实到地方政府，实行目标责任管理，加大考核和监督力度。将固定资产投资项目节能评估审查作为控制地区能源消费增量和总量的重要措施。建立能源消费总量预测预警机制，跟踪监测各地区能源消费总量和高耗能行业用电量等指标，对能源消费总量增长过快的地区及时预警调控。在工业、建筑、交通运输、公共机构以及城乡建设和消费领域全面加强用能管理，切实改变敞开口子供应能源、无节制使用能源的现象。在大气联防联控重点区域开展煤炭消费总量控制试点。

（十六）强化重点用能单位节能管理。依法加强年耗能万吨标准煤以上用能单位节能管理，开展万家企业节能低碳行动，实现节能2.5亿吨标准煤。落实目标责任，实行能源审计制度，开展能效水平对标活动，建立健全企业能源管理体系，扩大能源管理师试点；实行能源利用状况报告制度，加快实施节能改造，提高能源管理水平。地方节能主管部门每年组织对进入万家企业节能低碳行动的企业节能目标完成情况进行考核，公告考核结果。对未完成年度节能任务的企业，强制进行能源审计，限期整改。中央企业要接受所在地区节能主管部门的监管，争当行业节能减排的排头兵。

（十七）加强工业节能减排。重点推进电力、煤炭、钢铁、有色金属、石油石化、化工、建材、造纸、纺织、印染、食品加工等行业节能减排，明确目标任务，加强行业指导，推动技术进步，强化监督管理。发展热电联产，推广分布式能源。开展智能电网试点。推广煤炭清洁利用，提高原煤入洗比例，加快煤层气开发利用。实施工业和信息产业能效提升计划。推动信息数据中心、通信机房和基站节能改造。实行电力、钢铁、造纸、印染等行业主要污染物排放总量控制。新建燃煤机组全部安装脱硫脱硝设施，现役燃煤机组必须安装脱硫设施，不能稳定达标排放的要进行更新改造，烟气脱硫设施要按照规定取消烟气旁路。单机容量30万千瓦及以上燃煤机组全部加装脱硝设施。钢铁行业全面实施烧结机烟气脱硫，新建烧结机配套安装脱硫脱硝设施。石油石化、有色金属、建材等重点行业实施脱硫改造。新型干法水泥窑实施低氮燃烧技术改造，配套建设脱硝设施。加强重点区域、重点行业和重点企业重金属污染防治，以湘江流域为重点开展重金属污染治理与修复试点示范。

（十八）推动建筑节能。制定并实施绿色建筑行动方案，从规划、法规、技术、标准、设计等方面全面推进建筑节能。新建建筑严格执行建筑节能标准，提高标准执行率。推进北方采暖地区既有建筑供热计量和节能改造，实施"节能暖房"工程，改造供热老旧管网，实行供热计量收费和能耗定额管理。做好夏热冬冷地区建筑节能改造。推动可再生能源与建筑一体化应用，推广使用新型节能建材和再生建材，继续推广散装水泥。加强公共建筑节能监管体系建设，完善能源审计、能效公示，推动节能改造与运行管理。研究建立建筑使用全寿命周期管理制度，严格建筑拆除管理。加强城市照明管理，严格防止和纠正过度装饰和亮化。

（十九）推进交通运输节能减排。加快构建综合交通运输体系，优化交通运输结构。积极发展城市公共交通，科学合理配置城市各种交通资源，有序推进城市轨道交通建设。提高铁路电气化比重。实施低碳交通运输体系建设城市试点，深入开展"车船路港"千家企业低碳交通运输专项行动，推广公路甩挂运输，全面推行不停车收费系统，实施内河船型标准化，优化航路航线，推进航空、远洋运输业节能减排。开展机场、码头、车站节能改造。加速淘汰老旧汽车、机车、船舶，基本淘汰 2005 年以前注册运营的"黄标车"，加快提升车用燃油品质。实施第四阶段机动车排放标准，在有条件的重点城市和地区逐步实施第五阶段排放标准。全面推行机动车环保标志管理，探索城市调控机动车保有总量，积极推广节能与新能源汽车。

（二十）促进农业和农村节能减排。加快淘汰老旧农用机具，推广农用节能机械、设备和渔船。推进节能型住宅建设，推动省柴节煤灶更新换代，开展农村水电增效扩容改造。发展户用沼气和大中型沼气，加强运行管理和维护服务。治理农业面源污染，加强农村环境综合整治，实施农村清洁工程，规模化养殖场和养殖小区配套建设废弃物处理设施的比例达到 50% 以上，鼓励污染物统一收集、集中处理。因地制宜推进农村分布式、低成本、易维护的污水处理设施建设。推广测土配方施肥，鼓励使用高效、安全、低毒农药，推动有机农业发展。

（二十一）推动商业和民用节能。在零售业等商贸服务和旅游业开展节能减排行动，加快设施节能改造，严格用能管理，引导消费行为。宾馆、商厦、写字楼、机场、车站等要严格执行夏季、冬季空调温度设置标准。在居民中推广使用高效节能家电、照明产品，鼓励购买节能环保型汽车，支持乘用公共交通，提倡绿色出行。减少一次性用品使用，限制过度包装，抑制不合理消费。

（二十二）加强公共机构节能减排。公共机构新建建筑实行更加严格的建筑节能标准。加快公共机构办公区节能改造，完成办公建筑节能改造 6 000 万平方米。国家机关供热实行按热量收费。开展节约型公共机构示范单位创建活动，创建 2 000 家示范单位。推进公务用车制度改革，严格用车油耗定额管理，提高节能与新能源汽车比例。建立完善公共机构能源审计、能效公示和能耗定额管理制度，加强能耗监测平台和节能监管体系建设。支持军队重点用能设施设备节能改造。

六、大力发展循环经济

（二十三）加强对发展循环经济的宏观指导。研究提出进一步加快发展循环经济的意见。编制全国循环经济发展规划和重点领域专项规划，指导各地做好规划编制和实施工作。研究制定循环经济发展的指导目录。制定循环经济专项资金使用管理办法及实施方案。深化循环经济示范试点，推广循环经济典型模式。建立完善循环经济统计评价制度。

（二十四）全面推行清洁生产。编制清洁生产推行规划，制（修）订清洁生产评价指标体系，发布重点行业清洁生产推行方案。重点围绕主要污染物减排和重金属污染治理，全面推进农业、工业、建筑、商贸服务等领域清洁生产示范，从源头和全过程控制污染物产生和排放，降低资源消耗。发布清洁生产审核方案，公布清洁生产强制审核企业名单。实施清洁生产示范工程，推广应用清洁生产技术。

（二十五）推进资源综合利用。加强共伴生矿产资源及尾矿综合利用，建设绿色矿山。

推动煤矸石、粉煤灰、工业副产石膏、冶炼和化工废渣、建筑和道路废弃物以及农作物秸秆综合利用、农林废物资源化利用,大力发展利废新型建筑材料。废弃物实现就地消化,减少转移。到 2015 年,工业固体废物综合利用率达到 72% 以上。

(二十六)加快资源再生利用产业化。加快"城市矿产"示范基地建设,推进再生资源规模化利用。培育一批汽车零部件、工程机械、矿山机械、办公用品等再制造示范企业,发布再制造产品目录,完善再制造旧件回收体系和再制造产品标准体系,推动再制造的规模化、产业化发展。加快建设城市社区和乡村回收站点、分拣中心、集散市场"三位一体"的再生资源回收体系。

(二十七)促进垃圾资源化利用。健全城市生活垃圾分类回收制度,完善分类回收、密闭运输、集中处理体系。鼓励开展垃圾焚烧发电和供热、填埋气体发电、餐厨废弃物资源化利用。鼓励在工业生产过程中协同处理城市生活垃圾和污泥。

(二十八)推进节水型社会建设。确立用水效率控制红线,实施用水总量控制和定额管理,制定区域、行业和产品用水效率指标体系。推广普及高效节水灌溉技术。加快重点用水行业节水技术改造,提高工业用水循环利用率。加强城乡生活节水,推广应用节水器具。推进再生水、矿井水、海水等非传统水资源利用。建设海水淡化及综合利用示范工程,创建示范城市。到 2015 年,实现单位工业增加值用水量下降 30%。

七、加快节能减排技术开发和推广应用

(二十九)加快节能减排共性和关键技术研发。在国家、部门和地方相关科技计划和专项中,加大对节能减排科技研发的支持力度,完善技术创新体系。继续推进节能减排科技专项行动,组织高效节能、废物资源化以及小型分散污水处理、农业面源污染治理等共性、关键和前沿技术攻关。组建一批国家级节能减排工程实验室及专家队伍。推动组建节能减排技术与装备产业联盟,继续通过国家工程(技术)研究中心加大节能减排科技研发力度。加强资源环境高技术领域创新团队和研发基地建设。

(三十)加大节能减排技术产业化示范。实施节能减排重大技术与装备产业化工程,重点支持稀土永磁无铁芯电机、半导体照明、低品位余热利用、地热和浅层地温能应用、生物脱氮除磷、烧结机烟气脱硫脱硝一体化、高浓度有机废水处理、污泥和垃圾渗滤液处理处置、废弃电器电子产品资源化、金属无害化处理等关键技术与设备产业化,加快产业化基地建设。

(三十一)加快节能减排技术推广应用。编制节能减排技术政策大纲。继续发布国家重点节能技术推广目录、国家鼓励发展的重大环保技术装备目录,建立节能减排技术遴选、评定及推广机制。重点推广能量梯级利用、低温余热发电、先进煤气化、高压变频调速、干熄焦、蓄热式加热炉、吸收式热泵供暖、冰蓄冷、高效换热器,以及干法和半干法烟气脱硫、膜生物反应器、选择性催化还原氮氧化物控制等节能减排技术。加强与有关国际组织、政府在节能环保领域的交流与合作,积极引进、消化、吸收国外先进节能环保技术,加大推广力度。

八、完善节能减排经济政策

（三十二）推进价格和环保收费改革。深化资源性产品价格改革，理顺煤、电、油、气、水、矿产等资源性产品价格关系。推行居民用电、用水阶梯价格。完善电力峰谷分时电价政策。深化供热体制改革，全面推行供热计量收费。对能源消耗超过国家和地区规定的单位产品能耗（电耗）限额标准的企业和产品，实行惩罚性电价。各地可在国家规定基础上，按程序加大差别电价、惩罚性电价实施力度。严格落实脱硫电价，研究制定燃煤电厂烟气脱硝电价政策。进一步完善污水处理费政策，研究将污泥处理费用逐步纳入污水处理成本问题。改革垃圾处理收费方式，加大征收力度，降低征收成本。

（三十三）完善财政激励政策。加大中央预算内投资和中央财政节能减排专项资金的投入力度，加快节能减排重点工程实施和能力建设。深化"以奖代补"、"以奖促治"以及采用财政补贴方式推广高效节能家用电器、照明产品、节能汽车、高效电机产品等支持机制，强化财政资金的引导作用。国有资本经营预算要继续支持企业实施节能减排项目。地方各级人民政府要加大对节能减排的投入。推行政府绿色采购，完善强制采购和优先采购制度，逐步提高节能环保产品比重，研究实行节能环保服务政府采购。

（三十四）健全税收支持政策。落实国家支持节能减排所得税、增值税等优惠政策。积极推进资源税费改革，将原油、天然气和煤炭资源税计征办法由从量征收改为从价征收并适当提高税负水平，依法清理取消涉及矿产资源的不合理收费基金项目。积极推进环境税费改革，选择防治任务重、技术标准成熟的税目开征环境保护税，逐步扩大征收范围。完善和落实资源综合利用和可再生能源发展的税收优惠政策。调整进出口税收政策，遏制高耗能、高排放产品出口。对用于制造大型环保及资源综合利用设备确有必要进口的关键零部件及原材料，抓紧研究制定税收优惠政策。

（三十五）强化金融支持力度。加大各类金融机构对节能减排项目的信贷支持力度，鼓励金融机构创新适合节能减排项目特点的信贷管理模式。引导各类创业投资企业、股权投资企业、社会捐赠资金和国际援助资金增加对节能减排领域的投入。提高高耗能、高排放行业贷款门槛，将企业环境违法信息纳入人民银行企业征信系统和银监会信息披露系统，与企业信用等级评定、贷款及证券融资联动。推行环境污染责任保险，重点区域涉重金属企业应当购买环境污染责任保险。建立银行绿色评级制度，将绿色信贷成效与银行机构高管人员履职评价、机构准入、业务发展相挂钩。

九、强化节能减排监督检查

（三十六）健全节能环保法律法规。推进环境保护法、大气污染防治法、清洁生产促进法、建设项目环境保护管理条例的修订工作，加快制定城镇排水与污水处理条例、排污许可证管理条例、畜禽养殖污染防治条例、机动车污染防治条例等行政法规。修订重点用能单位节能管理办法、能效标识管理办法、节能产品认证管理办法等部门规章。

（三十七）严格节能评估审查和环境影响评价制度。把污染物排放总量指标作为环评审批的前置条件，对年度减排目标未完成、重点减排项目未按目标责任书落实的地区和企业，实行阶段性环评限批。对未通过能评、环评审查的投资项目，有关部门不得审批、核准、批准开工建设，不得发放生产许可证、安全生产许可证、排污许可证，金融机构不得发放贷款，有关单位不得供水、供电。加强能评和环评审查的监督管理，严肃查处各种违规审批行为。能评费用由节能审查机关同级财政部门安排。

（三十八）加强重点污染源和治理设施运行监管。严格排污许可证管理。强化重点流域、重点地区、重点行业污染源监管，适时发布主要污染物超标严重的国家重点环境监控企业名单。列入国家重点环境监控范围的电力、钢铁、造纸、印染等重点行业的企业，要安装运行管理监控平台和污染物排放自动监控系统，定期报告运行情况及污染物排放信息，推动污染源自动监控数据联网共享。加强城市污水处理厂监控平台建设，提高污水收集率，做好运行和污染物削减评估考核，考核结果作为核拨污水处理费的重要依据。对城市污水处理设施建设严重滞后、收费政策不落实、污水处理厂建成后一年内实际处理水量达不到设计能力60%，以及已建成污水处理设施但无故不运行的地区，暂缓审批该城市项目环评，暂缓下达有关项目的国家建设资金。

（三十九）加强节能减排执法监督。各级人民政府要组织开展节能减排专项检查，督促各项措施落实，严肃查处违法违规行为。加大对重点用能单位和重点污染源的执法检查力度，加大对高耗能特种设备节能标准和建筑施工阶段标准执行情况、国家机关办公建筑和大型公共建筑节能监管体系建设情况，以及节能环保产品质量和能效标识的监督检查力度。对严重违反节能环保法律法规，未按要求淘汰落后产能、违规使用明令淘汰用能设备、虚标产品能效标识、减排设施未按要求运行等行为，公开通报或挂牌督办，限期整改，对有关责任人进行严肃处理。实行节能减排执法责任制，对行政不作为、执法不严等行为，严肃追究有关主管部门和执法机构负责人的责任。

十、推广节能减排市场化机制

（四十）加大能效标识和节能环保产品认证实施力度。扩大终端用能产品能效标识实施范围，加强宣传和政策激励，引导消费者购买高效节能产品。继续推进节能产品、环境标志产品、环保装备认证，规范认证行为，扩展认证范围，建立有效的国际协调互认机制。加强标识、认证质量的监管。

（四十一）建立"领跑者"标准制度。研究确定高耗能产品和终端用能产品的能效先进水平，制定"领跑者"能效标准，明确实施时限。将"领跑者"能效标准与新上项目能评审查、节能产品推广应用相结合，推动企业技术进步，加快标准的更新换代，促进能效水平快速提升。

（四十二）加强节能发电调度和电力需求侧管理。改革发电调度方式，电网企业要按照节能、经济的原则，优先调度水电、风电、太阳能发电、核电以及余热余压、煤层气、填埋气、煤矸石和垃圾等发电上网，优先安排节能、环保、高效火电机组发电上网。研究推行发电权交易。电网企业要及时、真实、准确、完整地公布节能发电调度信息，电力监管部门要加强对节能发电调度工作的监督。落实电力需求侧管理办法，制定配套政策，规范有序用电。以建设技术支撑平台为基础，开展城市综合试点，推广能效电厂。

（四十三）加快推行合同能源管理。落实财政、税收和金融等扶持政策，引导专业化节能服务公司采用合同能源管理方式为用能单位实施节能改造，扶持壮大节能服务产业。研究建立合同能源管理项目节能量审核和交易制度，培育第三方审核评估机构。鼓励大型重点用能单位利用自身技术优势和管理经验，组建专业化节能服务公司。引导和支持各类融资担保机构提供风险分担服务。

（四十四）推进排污权和碳排放权交易试点。完善主要污染物排污权有偿使用和交易试点，建立健全排污权交易市场，研究制定排污权有偿使用和交易试点的指导意见。开展碳排放交易试点，建立自愿减排机制，推进碳排放权交易市场建设。

（四十五）推行污染治理设施建设运行特许经营。总结燃煤电厂烟气脱硫特许经营试点经验，完善相关政策措施。鼓励采用多种建设运营模式开展城镇污水垃圾处理、工业园区污染物集中治理，确保处理设施稳定高效运行。实行环保设施运营资质许可制度，推进环保设施的专业化、社会化运营服务。完善市场准入机制，规范市场行为，打破地方保护，为企业创造公平竞争的市场环境。

十一、加强节能减排基础工作和能力建设

（四十六）加快节能环保标准体系建设。加快制（修）订重点行业单位产品能耗限额、产品能效和污染物排放等强制性国家标准，以及建筑节能标准和设计规范，提高准入门槛。制定和完善环保产品及装备标准。完善机动车燃油消耗量限值标准、低速汽车排放标准。制（修）订轻型汽车第五阶段排放标准，颁布实施第四、第五阶段车用燃油国家标准。建立满足氨氮、氮氧化物控制目标要求的排放标准。鼓励地方依法制定更加严格的节能环保地方标准。

（四十七）强化节能减排管理能力建设。建立健全节能管理、监察、服务"三位一体"的节能管理体系，加强政府节能管理能力建设，完善机构，充实人员。加强节能监察机构能力建设，配备监测和检测设备，加强人员培训，提高执法能力，完善覆盖全国的省、市、县三级节能监察体系。继续推进能源统计能力建设。推动重点用能单位按要求配备计量器具，推行能源计量数据在线采集、实时监测。开展城市能源计量建设示范。加强减排监管能力建设，推进环境监管机构标准化，提高污染源监测、机动车污染监控、农业源污染检测和减排管理能力，建立健全国家、省、市三级减排监控体系，加强人员培训和队伍建设。

十二、动员全社会参与节能减排

（四十八）加强节能减排宣传教育。把节能减排纳入社会主义核心价值观宣传教育体系以及基础教育、高等教育、职业教育体系。组织好全国节能宣传周、世界环境日等主题宣传活动，加强日常性节能减排宣传教育。新闻媒体要积极宣传节能减排的重要性、紧迫性以及国家采取的政策措施和取得的成效，宣传先进典型，普及节能减排知识和方法，加强舆论监督和对外宣传，积极为节能减排营造良好的国内和国际环境。

（四十九）深入开展节能减排全民行动。抓好家庭社区、青少年、企业、学校、军营、农村、政府机构、科技、科普和媒体等十个节能减排专项行动，通过典型示范、专题活动、展览展示、岗位创建、合理化建议等多种形式，广泛动员全社会参与节能减排，发挥职工节能减排义务监督员队伍作用，倡导文明、节约、绿色、低碳的生产方式、消费模式和生活习惯。

（五十）政府机关带头节能减排。各级人民政府机关要将节能减排作为机关工作的一项重要任务来抓，健全规章制度，落实岗位责任，细化管理措施，树立节约意识，践行节约行动，作节能减排的表率。

附件：1. "十二五"各地区节能目标
　　　　2. "十二五"各地区化学需氧量排放总量控制计划
　　　　3. "十二五"各地区氨氮排放总量控制计划
　　　　4. "十二五"各地区二氧化硫排放总量控制计划
　　　　5. "十二五"各地区氮氧化物排放总量控制计划

附件1：

"十二五"各地区节能目标

地区	单位国内生产总值能耗降低率（%）		
	"十一五"时期	"十二五"时期	2006—2015年累计
全国	19.06	16	32.01
北京	26.59	17	39.07
天津	21.00	18	35.22
河北	20.11	17	33.69
山西	22.66	16	35.03
内蒙古	22.62	15	34.23
辽宁	20.01	17	33.61
吉林	22.04	16	34.51
黑龙江	20.79	16	33.46
上海	20.00	18	34.40
江苏	20.45	18	34.77
浙江	20.01	18	34.41
安徽	20.36	16	33.10
福建	16.45	16	29.82
江西	20.04	16	32.83
山东	22.09	17	35.33
河南	20.12	16	32.90
湖北	21.67	16	34.20
湖南	20.43	16	33.16
广东	16.42	18	31.46
广西	15.22	15	27.94
海南	12.14	10	20.93

续表

地区	单位国内生产总值能耗降低率（%）		
	"十一五"时期	"十二五"时期	2006—2015 年累计
重庆	20.95	16	33.60
四川	20.31	16	33.06
贵州	20.06	15	32.05
云南	17.41	15	29.80
西藏	12.00	10	20.80
陕西	20.25	16	33.01
甘肃	20.26	15	32.22
青海	17.04	10	25.34
宁夏	20.09	15	32.08
新疆	8.91	10	18.02

备注："十一五"各地区单位国内生产总值能耗降低率除新疆外均为国家统计局最终公布数据，新疆为初步核实数据。

附件 2：

"十二五"各地区化学需氧量排放总量控制计划

单位：万吨

地区	2010 年		2015 年		2015 年比 2010 年（%）	
	排放量	其中：工业和生活	控制量	其中：工业和生活	增加或减少	其中：工业和生活
北京	20.0	10.9	18.3	9.8	-8.7	-9.8
天津	23.8	12.3	21.8	11.2	-8.6	-9.2
河北	142.2	45.6	128.3	40.7	-9.8	-10.8
山西	50.7	31.2	45.8	27.9	-9.6	-10.6
内蒙古	92.1	27.5	85.9	25.4	-6.7	-7.5
辽宁	137.3	47.0	124.7	42.1	-9.2	-10.4
吉林	83.4	28.8	76.1	26.1	-8.8	-9.4
黑龙江	161.2	47.8	147.3	43.4	-8.6	-9.3
上海	26.6	22.5	23.9	20.1	-10.0	-10.5
江苏	128.0	86.3	112.8	75.3	-11.9	-12.8
浙江	84.2	61.4	74.6	53.7	-11.4	-12.5
安徽	97.3	55.6	90.3	52.0	-7.2	-6.5
福建	69.6	45.8	65.2	43.1	-6.3	-6.0
江西	77.7	51.9	73.2	48.3	-5.8	-7.0
山东	201.6	62.7	177.4	54.6	-12.0	-12.9
河南	148.2	62.0	133.5	55.8	-9.9	-10.0
湖北	112.4	62.1	104.1	59.0	-7.4	-5.0
湖南	134.1	71.8	124.4	66.8	-7.2	-7.0
广东	193.3	130.6	170.1	113.8	-12.0	-12.9
广西	80.7	58.1	74.6	53.6	-7.6	-7.8
海南	20.4	9.2	20.4	9.2	0	0
重庆	42.6	29.4	39.5	27.5	-7.2	-6.5

续表

地区	2010 年		2015 年		2015 年比 2010 年（％）	
	排放量	其中：工业和生活	控制量	其中：工业和生活	增加或减少	其中：工业和生活
四川	132.4	75.0	123.1	71.3	−7.0	−5.0
贵州	34.8	28.1	32.7	26.4	−6.0	−6.1
云南	56.4	48.0	52.9	45.0	−6.2	−6.2
西藏	2.7	2.3	2.7	2.3	0	0
陕西	57.0	36.4	52.7	33.5	−7.6	−7.9
甘肃	40.2	25.5	37.6	23.7	−6.4	−6.9
青海	10.4	8.1	12.3	9.6	18.0	18.0
宁夏	24.0	13.3	22.6	12.5	−6.0	−6.3
新疆	56.9	26.2	56.9	26.2	0	0
新疆生产建设兵团	9.5	4.7	9.5	4.7	0	0
合　计	2 551.7	1 328.1	2 335.2	1 214.6	−8.5	−8.5

备注：全国化学需氧量排放量削减8％的总量控制目标为2 347.6万吨（其中工业和生活1 221.9万吨），实际分配给各地区2 335.2万吨（其中工业和生活1 214.6万吨），国家预留12.4万吨，用于化学需氧量排污权有偿分配和交易试点工作。

附件3：

"十二五"各地区氨氮排放总量控制计划

地区	2010 年		2015 年		2015 年比 2010 年（％）	
	排放量	其中：工业和生活	控制量	其中：工业和生活	增加或减少	其中：工业和生活
北京	2.20	1.64	1.98	1.47	−10.1	−10.2
天津	2.79	2.18	2.50	1.95	−10.5	−10.4
河北	11.61	6.98	10.14	6.10	−12.7	−12.6
山西	5.93	4.66	5.21	4.08	−12.2	−12.4
内蒙古	5.45	4.19	4.92	3.79	−9.7	−9.5
辽宁	11.25	7.56	10.01	6.69	−11.0	−11.5
吉林	5.87	3.92	5.25	3.49	−10.5	−10.9
黑龙江	9.45	6.14	8.47	5.49	−10.4	−10.6
上海	5.21	4.83	4.54	4.21	−12.9	−12.9
江苏	16.12	11.98	14.04	10.40	−12.9	−13.2
浙江	11.84	8.96	10.36	7.84	−12.5	−12.5
安徽	11.20	7.07	10.09	6.38	−9.9	−9.8
福建	9.72	6.16	8.90	5.67	−8.4	−8.0
江西	9.45	6.18	8.52	5.57	−9.8	−9.8
山东	17.64	10.06	15.29	8.70	−13.3	−13.5
河南	15.57	8.80	13.61	7.66	−12.6	−12.9
湖北	13.29	8.25	12.00	7.43	−9.7	−9.9
湖南	16.95	10.15	15.29	9.16	−9.8	−9.8
广东	23.52	17.53	20.39	15.16	−13.3	−13.5

地区	2010 年		2015 年		2015 年比 2010 年（%）	
	排放量	其中：工业和生活	控制量	其中：工业和生活	增加或减少	其中：工业和生活
广西	8.45	5.63	7.71	5.13	-8.7	-8.9
海南	2.29	1.36	2.29	1.37	0	1.0
重庆	5.59	4.19	5.10	3.81	-8.8	-9.0
四川	14.56	8.50	13.31	7.78	-8.6	-8.5
贵州	4.03	3.19	3.72	2.94	-7.7	-7.8
云南	6.00	4.66	5.51	4.29	-8.1	-8.0
西藏	0.33	0.28	0.33	0.28	0	0
陕西	6.44	4.80	5.81	4.34	-9.8	-9.6
甘肃	4.33	3.70	3.94	3.38	-8.9	-8.7
青海	0.96	0.87	1.10	1.00	15.0	15.0
宁夏	1.82	1.60	1.67	1.47	-8.0	-8.0
新疆	4.06	3.08	4.06	3.08	0	0
新疆生产建设兵团	0.51	0.25	0.51	0.25	0	0
合　计	264.4	179.4	236.6	160.4	-10.5	-10.6

备注：全国氨氮排放量削减 10% 的总量控制目标为 238.0 万吨（其中工业和生活 161.5 万吨），实际分配给各地区 236.6 万吨（其中工业和生活 160.4 万吨），国家预留 1.4 万吨，用于氨氮排污权有偿分配和交易试点工作。

附件 4：

"十二五"各地区二氧化硫排放总量控制计划

地区	2010 年排放量	2015 年控制量	2015 年比 2010 年（%）
北京	10.4	9.0	-13.4
天津	23.8	21.6	-9.4
河北	143.8	125.5	-12.7
山西	143.8	127.6	-11.3
内蒙古	139.7	134.4	-3.8
辽宁	117.2	104.7	-10.7
吉林	41.7	40.6	-2.7
黑龙江	51.3	50.3	-2.0
上海	25.5	22.0	-13.7
江苏	108.6	92.5	-14.8
浙江	68.4	59.3	-13.3
安徽	53.8	50.5	-6.1
福建	39.3	36.5	-7.0
江西	59.4	54.9	-7.5
山东	188.1	160.1	-14.9
河南	144.0	126.9	-11.9
湖北	69.5	63.7	-8.3
湖南	71.0	65.1	-8.3
广东	83.9	71.5	-14.8

续表

地区	2010 年排放量	2015 年控制量	2015 年比 2010 年（%）
广西	57.2	52.7	−7.9
海南	3.1	4.2	34.9
重庆	60.9	56.6	−7.1
四川	92.7	84.4	−9.0
贵州	116.2	106.2	−8.6
云南	70.4	67.6	−4.0
西藏	0.4	0.4	0
陕西	94.8	87.3	−7.9
甘肃	62.2	63.4	2.0
青海	15.7	18.3	16.7
宁夏	38.3	36.9	−3.6
新疆	63.1	63.1	0
新疆生产建设兵团	9.6	9.6	0
合 计	2 267.8	2 067.4	−8.8

备注：全国二氧化硫排放量削减 8% 的总量控制目标为 2 086.4 万吨，实际分配给各地区 2 067.4 万吨，国家预留 19.0 万吨，用于二氧化硫排污权有偿分配和交易试点工作。

附件 5：

"十二五"各地区氮氧化物排放总量控制计划

单位：万吨

地区	2010 年排放量	2015 年控制量	2015 年比 2010 年（%）
北京	19.8	17.4	−12.3
天津	34.0	28.8	−15.2
河北	171.3	147.5	−13.9
山西	124.1	106.9	−13.9
内蒙古	131.4	123.8	−5.8
辽宁	102.0	88.0	−13.7
吉林	58.2	54.2	−6.9
黑龙江	75.3	73.0	−3.1
上海	44.3	36.5	−17.5
江苏	147.2	121.4	−17.5
浙江	85.3	69.9	−18.0
安徽	90.9	82.0	−9.8
福建	44.8	40.9	−8.6
江西	58.2	54.2	−6.9
山东	174.0	146.0	−16.1
河南	159.0	135.6	−14.7
湖北	63.1	58.6	−7.2
湖南	60.4	55.0	−9.0
广东	132.3	109.9	−16.9
广西	45.1	41.1	−8.8
海南	8.0	9.8	22.3
重庆	38.2	35.6	−6.9

续表

地区	2010 年排放量	2015 年控制量	2015 年比 2010 年（%）
四川	62.0	57.7	−6.9
贵州	49.3	44.5	−9.8
云南	52.0	49.0	−5.8
西藏	3.8	3.8	0
陕西	76.6	69.0	−9.9
甘肃	42.0	40.7	−3.1
青海	11.6	13.4	15.3
宁夏	41.8	39.8	−4.9
新疆	58.8	58.8	0
新疆生产建设兵团	8.8	8.8	0
合　计	2 273.6	2 021.6	−11.1

备注：全国氮氧化物排放量削减 10% 的总量控制目标为 2 046.2 万吨，实际分配给各地区 2 021.6 万吨，国家预留 24.6 万吨，用于氮氧化物排污权有偿分配和交易试点工作。

6.3　国务院关于加快推行合同能源管理促进节能服务业发展意见

国家发展改革委　财政部　人民银行　税务总局
关于加快推行合同能源管理促进节能服务产业发展的意见

根据《中华人民共和国节约能源法》和《国务院关于加强节能工作的决定》（国发〔2006〕28 号）、《国务院关于印发节能减排综合性工作方案的通知》（国发〔2007〕15 号）等文件精神，为加快推行合同能源管理，促进节能服务产业发展，现提出以下意见：

一、充分认识推行合同能源管理、发展节能服务产业的重要意义

合同能源管理是发达国家普遍推行的、运用市场手段促进节能的服务机制。节能服务公司与用户签订能源管理合同，为用户提供节能诊断、融资、改造等服务，并以节能效益分享方式回收投资和获得合理利润，可以大大降低用能单位节能改造的资金和技术风险，充分调动用能单位节能改造的积极性，是行之有效的节能措施。我国上世纪 90 年代末引进合同能源管理机制以来，通过示范、引导和推广，节能服务产业迅速发展，专业化的节能服务公司不断增多，服务范围已扩展到工业、建筑、交通、公共机构等多个领域。2009 年，全国节能服务公司达 502 家，完成总产值 580 多亿元，形成年节能能力 1 350 万吨标准煤，对推动节能改造、减少能源消耗、增加社会就业发挥了积极作用。但也要看到，我国合同能源管理还没有得到足够的重视，节能服务产业还存在财税扶持政策少、融资困难以及规模偏小、发展不规范等突出问题，难以适应节能工作形势发展的需要。加快推行合同能源管理，积极发展节能服务产业，是利用市场机制促进节能减排、减缓温室气体排放的有力措施，是培育战略性新兴产业、形成新的经济增长点的迫切要求，是建设资源节约型和环境友好型社会的客观需要。各地区、各部门要充分认识推行合同能源管理、发展节能服务产业的重要意义，采取切实有效措施，努力创造良好的政策环境，促进节能服务产业加快发展。

二、指导思想、基本原则和发展目标

（一）指导思想。

高举中国特色社会主义伟大旗帜，以邓小平理论和"三个代表"重要思想为指导，深入贯彻落实科学发展观，充分发挥市场机制作用，加强政策扶持和引导，积极推行合同能源管理，加快节能新技术、新产品的推广应用，促进节能服务产业发展，不断提高能源利用效率。

（二）基本原则。

一是坚持发挥市场机制作用。充分发挥市场配置资源的基础性作用，以分享节能效益为基础，建立市场化的节能服务机制，促进节能服务公司加强科技创新和服务创新，提高服务能力，改善服务质量。

二是加强政策支持引导。通过制定完善激励政策，加强行业监管，强化行业自律，营造有利于节能服务产业发展的政策环境和市场环境，引导节能服务产业健康发展。

（三）发展目标。

到 2012 年，扶持培育一批专业化节能服务公司，发展壮大一批综合性大型节能服务公司，建立充满活力、特色鲜明、规范有序的节能服务市场。到 2015 年，建立比较完善的节能服务体系，专业化节能服务公司进一步壮大，服务能力进一步增强，服务领域进一步拓宽，合同能源管理成为用能单位实施节能改造的主要方式之一。

三、完善促进节能服务产业发展的政策措施

（一）加大资金支持力度。

将合同能源管理项目纳入中央预算内投资和中央财政节能减排专项资金支持范围，对节能服务公司采用合同能源管理方式实施的节能改造项目，符合相关规定的，给予资金补助或奖励。有条件的地方也要安排一定资金，支持和引导节能服务产业发展。

（二）实行税收扶持政策。

在加强税收征管的前提下，对节能服务产业采取适当的税收扶持政策。

一是对节能服务公司实施合同能源管理项目，取得的营业税应税收入，暂免征收营业税，对其无偿转让给用能单位的因实施合同能源管理项目形成的资产，免征增值税。

二是节能服务公司实施合同能源管理项目，符合税法有关规定的，自项目取得第一笔生产经营收入所属纳税年度起，第一年至第三年免征企业所得税，第四年至第六年减半征收企业所得税。

三是用能企业按照能源管理合同实际支付给节能服务公司的合理支出，均可以在计算当期应纳税所得额时扣除，不再区分服务费用和资产价款进行税务处理。

四是能源管理合同期满后，节能服务公司转让给用能企业的因实施合同能源管理项目形成的资产，按折旧或摊销期满的资产进行税务处理。节能服务公司与用能企业办理上述资产的权属转移时，也不再另行计入节能服务公司的收入。

上述税收政策的具体实施办法由财政部、税务总局会同发展改革委等部门另行制定。

（三）完善相关会计制度。

各级政府机构采用合同能源管理方式实施节能改造，按照合同支付给节能服务公司的支出视同能源费用进行列支。事业单位采用合同能源管理方式实施节能改造，按照合同支付给节能服务公司的支出计入相关支出。企业采用合同能源管理方式实施节能改造，如购建资产和接受服务能够合理区分且单独计量的，应当分别予以核算，按照国家统一的会计准则制度处理；如不能合理区分或虽能区分但不能单独计量的，企业实际支付给节能服务公司的支出作为费用列支，能源管理合同期满，用能单位取得相关资产作为接受捐赠处理，节能服务公司作为赠与处理。

（四）进一步改善金融服务。

鼓励银行等金融机构根据节能服务公司的融资需求特点，创新信贷产品，拓宽担保品范围，简化申请和审批手续，为节能服务公司提供项目融资、保理等金融服务。节能服务公司实施合同能源管理项目投入的固定资产可按有关规定向银行申请抵押贷款。积极利用国外的优惠贷款和赠款加大对合同能源管理项目的支持。

四、加强对节能服务产业发展的指导和服务

（一）鼓励支持节能服务公司做大做强。

节能服务公司要加强服务创新，加强人才培养，加强技术研发，加强品牌建设，不断提高综合实力和市场竞争力。鼓励节能服务公司通过兼并、联合、重组等方式，实行规模化、品牌化、网络化经营，形成一批拥有知名品牌，具有较强竞争力的大型服务企业。鼓励大型重点用能单位利用自己的技术优势和管理经验，组建专业化节能服务公司，为本行业其他用能单位提供节能服务。

（二）发挥行业组织的服务和自律作用。

节能服务行业组织要充分发挥职能作用，大力开展业务培训，加快建设信息交流平台，及时总结推广业绩突出的节能服务公司的成功经验，积极开展节能咨询服务。要制定节能服务行业公约，建立健全行业自律机制，提高行业整体素质。

（三）营造节能服务产业发展的良好环境。

地方各级人民政府要将推行合同能源管理、发展节能服务产业纳入重要议事日程，加强领导，精心组织，务求取得实效。政府机构要带头采用合同能源管理方式实施节能改造，发挥模范表率作用。各级节能主管部门要采取多种形式，广泛宣传推行合同能源管理的重要意义和明显成效，提高全社会对合同能源管理的认知度和认同感，营造推行合同能源管理的有利氛围。要加强用能计量管理，督促用能单位按规定配备能源计量器具，为节能服务公司实施合同能源管理项目提供基础条件。要组织实施合同能源管理示范项目，发挥引导和带动作用。要加强对节能服务产业发展规律的研究，积极借鉴国外的先进经验和有益做法，协调解决产业发展中的困难和问题，推进产业持续健康发展。

6.4　合同能源管理财政奖励资金管理暂行办法*

合同能源管理财政奖励资金管理暂行办法
财政部　发展改革委　财建〔2010〕249 号

第一章　总　则

第一条　根据《国务院办公厅转发发展改革委等部门关于加快推行合同能源管理促进节能服务产业发展意见的通知》（国办发〔2010〕25 号），中央财政安排资金，对合同能源管理项目给予适当奖励（以下简称"财政奖励资金"）。为规范和加强财政奖励资金管理，提高资金使用效益，特制定本办法。

第二条　本办法所称合同能源管理，是指节能服务公司与用能单位以契约形式约定节能目标，节能服务公司提供必要的服务，用能单位以节能效益支付节能服务公司投入及其合理利润。本办法支持的主要是节能效益分享型合同能源管理。

节能服务公司，是指提供用能状况诊断和节能项目设计、融资、改造、运行管理等服务的专业化公司。

第三条　财政奖励资金由中央财政预算安排，实行公开、公正管理办法，接受社会监督。

第二章　支持对象和范围

第四条　支持对象。财政奖励资金支持的对象是实施节能效益分享型合同能源管理项目的节能服务公司。

第五条　支持范围。财政奖励资金用于支持采用合同能源管理方式实施的工业、建筑、交通等领域以及公共机构节能改造项目。已享受国家其他相关补助政策的合同能源管理项目，不纳入本办法支持范围。

第六条　符合支持条件的节能服务公司实行审核备案、动态管理制度。节能服务公司向公司注册所在地省级节能主管部门提出申请，省级节能主管部门会同财政部门进行初审，汇总上报国家发展改革委、财政部。国家发展改革委会同财政部组织专家评审后，对外公布节能服务公司名单及业务范围。

第三章　支持条件

第七条　申请财政奖励资金的合同能源管理项目须符合下述条件：

（一）节能服务公司投资 70% 以上，并在合同中约定节能效益分享方式；

（二）单个项目年节能量（指节能能力）在 10 000 吨标准煤以下、100 吨标准煤以上（含），其中工业项目年节能量在 500 吨标准煤以上（含）；

（三）用能计量装置齐备，具备完善的能源统计和管理制度，节能量可计量、可监测、可核查。

第八条　申请财政奖励资金的节能服务公司须符合下述条件：

（一）具有独立法人资格，以节能诊断、设计、改造、运营等节能服务为主营业务，并通过国家发展改革委、财政部审核备案；

（二）注册资金500万元以上（含），具有较强的融资能力；

（三）经营状况和信用记录良好，财务管理制度健全；

（四）拥有匹配的专职技术人员和合同能源管理人才，具有保障项目顺利实施和稳定运行的能力。

第四章　支持方式和奖励标准

第九条　支持方式。财政对合同能源管理项目按年节能量和规定标准给予一次性奖励。奖励资金主要用于合同能源管理项目及节能服务产业发展相关支出。

第十条　奖励标准及负担办法。奖励资金由中央财政和省级财政共同负担，其中：中央财政奖励标准为240元/吨标准煤，省级财政奖励标准不低于60元/吨标准煤。有条件的地方，可视情况适当提高奖励标准。

第十一条　财政部安排一定的工作经费，支持地方有关部门及中央有关单位开展与合同能源管理有关的项目评审、审核备案、监督检查等工作。

第五章　资金申请和拨付

第十二条　财政部会同国家发展改革委综合考虑各地节能潜力、合同能源管理项目实施情况、资金需求以及中央财政预算规模等因素，统筹核定各省（区、市）财政奖励资金年度规模。财政部将中央财政应负担的奖励资金按一定比例下达给地方。

第十三条　合同能源管理项目完工后，节能服务公司向项目所在地省级财政部门、节能主管部门提出财政奖励资金申请。具体申报格式及要求由地方确定。

第十四条　省级节能主管部门会同财政部门组织对申报项目和合同进行审核，并确认项目年节能量。

第十五条　省级财政部门根据审核结果，据实将中央财政奖励资金和省级财政配套奖励资金拨付给节能服务公司，并在季后10日内填制《合同能源管理财政奖励资金安排使用情况季度统计表》（格式见附1，略），报财政部、国家发展改革委。

第十六条　国家发展改革委会同财政部组织对合同能源管理项目实施情况、节能效果以及合同执行情况等进行检查。

第十七条　每年2月底前，省级财政部门根据上年度本省（区、市）合同能源管理项目实施及节能效果、中央财政奖励资金安排使用及结余、地方财政配套资金等情况，编制《合同能源管理中央财政奖励资金年度清算情况表》（格式见附2，略），以文件形式上报财政部。

第十八条　财政部结合地方上报和专项检查情况，据实清算财政奖励资金。地方结余的中央财政奖励资金指标结转下一年度安排使用。

第六章 监督管理及处罚

第十九条 财政部会同国家发展改革委组织对地方推行合同能源管理情况及资金使用效益进行综合评价，并将评价结果作为下一年度资金安排的依据之一。

第二十条 地方财政部门、节能主管部门要建立健全监管制度，加强对合同能源管理项目和财政奖励资金使用情况的跟踪、核查和监督，确保财政资金安全有效。

第二十一条 节能服务公司对财政奖励资金申报材料的真实性负责。对弄虚作假、骗取财政奖励资金的节能服务公司，除追缴扣回财政奖励资金外，将取消其财政奖励资金申报资格。

第二十二条 财政奖励资金必须专款专用，任何单位不得以任何理由、任何形式截留、挪用。对违反规定的，按照《财政违法行为处罚处分条例》（国务院令第 427 号）等有关规定进行处理处分。

第七章 附 则

第二十三条 各地要根据本办法规定和本地实际情况，制定具体实施细则，及时报财政部、国家发展改革委备案。

第二十四条 本办法由财政部会同国家发展改革委负责解释。

第二十五条 本办法自印发之日起实施。

6.5 关于财政奖励合同能源管理项目有关事项的补充通知*

国家发展改革委办公厅、财政部办公厅
关于财政奖励合同能源管理项目有关事项的补充通知

发改办环资〔2010〕2528 号

各省、自治区、直辖市及计划单列市、新疆生产建设兵团发展改革委（经委、经贸委、经信委）、财政厅（局），国务院机关事务管理局：

根据《国务院办公厅转发发展改革委等部门关于加快推行合同能源管理促进节能服务产业发展意见的通知》（国办发〔2010〕25 号）和《财政部国家发展改革委关于印发〈合同能源管理财政奖励资金管理暂行办法〉的通知》（财建〔2010〕249 号）有关规定，现就财政奖励合同能源管理项目有关事项补充通知如下：

一、国家发展改革委、财政部审核备案名单内的节能服务公司在 2010 年 6 月 1 日（含）以后签订并实施的符合规定条件的合同能源管理项目，可以申请财政奖励资金。2010 年 10 月 20 日以后签订的能源管理合同，须参照《合同能源管理技术通则》（GB/T 24915—2010，见附件）中的标准合同格式签订。

二、财政奖励资金支持的项目内容主要为锅炉（窑炉）改造、余热余压利用、电机系统节能、能量系统优化、绿色照明改造、建筑节能改造等节能改造项目，且采用的技术、工艺、产品先进适用。

三、属于下列情形之一的项目不予支持。

（一）新建、异地迁建项目。

（二）以扩大产能为主的改造项目，或"上大压小"、等量淘汰类项目。

（三）改造所依附的主体装置不符合国家政策，已列入国家明令淘汰或按计划近期淘汰的目录。

（四）改造主体属违规审批或违规建设的项目。

（五）太阳能、风能利用类项目。

（六）以全烧或掺烧秸秆、稻壳和其他废弃生物质燃料，或以劣质能源替代优质能源类项目。

（七）煤矸石发电、煤层气发电、垃圾焚烧发电类项目。

（八）热电联产类项目。

（九）添加燃煤助燃剂类项目。

（十）2007年1月1日以后建成投产的水泥生产线余热发电项目，以及2007年1月1日以后建成投产的钢铁企业高炉煤气、焦炉煤气、烧结余热余压发电项目。

（十一）已获得国家其他相关补助的项目。

请各地节能主管部门和财政部门在项目审核和资金拨付中遵照执行，并抓紧制定本地区合同能源管理财政奖励具体实施办法，于2010年11月15日前报国家发展改革委、财政部备案。

附件：《合同能源管理技术通则》（略）

6.6 能源审计报告指南

国家发展改革委办公厅
关于印发企业能源审计报告和节能规划审核指南的通知
发改办环资〔2006〕2816号

各省、自治区、直辖市及计划单列市、副省级省会城市、新疆生产建设兵团发展改革委、经贸委（经委）：

根据《千家企业节能行动实施方案》的要求，为指导千家企业开展能源审计和编制节能规划，并规范相关审核工作，现将《企业能源审计报告审核指南》和《企业节能规划审核指南》印发给你们，请在审核工作中参照执行。

附件：一、企业能源审计报告审核指南

　　　　二、企业节能规划审核指南

附件一：

企业能源审计报告审核指南

一、适用范围

本指南适用于各省、自治区、直辖市节能主管部门对辖区内千家企业（以下简称企业）提交的能源审计报告的审核工作。

二、审核要求和程序

（一）各省、自治区、直辖市节能主管部门要根据《千家企业节能行动实施方案》和"千家企业节能工作会议"的要求，在规定的时间内完成企业能源审计报告的审核工作，并在 2007 年 3 月底之前将审核情况汇总报国家发展改革委（资源节约和环境保护司）。在审核过程中，要认真核实企业提交的所有资料，避免弄虚作假和走过场。审核工作不向企业收取任何费用。

（二）各省、自治区、直辖市节能主管部门可以组织专家组开展审核工作，并以规范的专家组工作规则开展审核。专家组成员不应来自本辖区内的千家企业。专家组名单应上网公布，接受公众监督。

（三）在审核过程中，各省、自治区、直辖市节能主管部门要组织专家组对企业开展能源审计的情况进行实地抽查，每次抽查的比例不低于审核企业总数的 10%。能源审计实地抽查可与节能规划实地抽查合并进行。

（四）如企业能源审计报告未通过审核，各省、自治区、直辖市节能主管部门应将详细的问题描述和修改意见尽快通知相关企业，以便于企业在规定时间内能够再次提交修改后的能源审计报告。

三、审核内容

（一）本指南所指的企业能源审计报告，是企业或企业委托的单位依据国家有关的节能规范和标准，对企业能源利用的物理过程和财务过程进行的检验测试、核查和分析评价的成果，报告应提出相应的节能改进措施意见。

（二）企业能源审计报告必须涵盖以下内容，未能涵盖的，应视为报告不完整，建议进行修改。

1. 企业概况（含能源管理概况、用能管理概况及能源流程）

2. 企业的能源计量及统计状况

3. 主要用能设备运行效率监测分析

4. 企业能源消耗指标计算分析

5. 重点工艺能耗指标与单位产品能耗指标计算分析

6. 产值能耗指标与能源成本指标计算分析

7. 节能效果与考核指标计算分析

8. 影响能源消耗变化因素的分析

9. 节能技术改进项目的经济效益评价

10. 企业合理用能的建议与意见

（三）企业能源审计报告应有企业法人代表签字确认，以确保报告内容的真实可靠。

四、其他

（一）企业能源审计报告可以由企业自行编制，也可以由企业委托节能中心或其他单位编制。

（二）对于未按要求完成能源审计报告，或在报告中弄虚作假的企业，各省、自治区、直辖市节能主管部门应根据情况给予通报批评，限期改进，并依照有关规定取消其享受节能优惠政策的资格。

（三）各省、自治区、直辖市节能主管部门及其组织的审核专家组有义务为企业保守商业秘密。

附件二：

企业节能规划审核指南

一、适用范围

本指南适用于各省、自治区和直辖市节能主管部门对辖区内千家企业（以下简称企业）提交的节能规划的审核工作。

二、审核要求和程序

（一）各省、自治区、直辖市节能主管部门要根据《千家企业节能行动实施方案》和"千家企业节能工作会议"的要求，在规定的时间内完成企业节能规划的审核工作，并在2007年3月底之前将审核情况汇总报国家发展改革委（资源节约和环境保护司）。在审核过程中，要认真核实企业提交的所有资料，避免弄虚作假和走过场。审核工作不向企业收取任何费用。

（二）各省、自治区、直辖市节能主管部门可以组织专家组开展审核工作，并以规范的专家组工作规则开展审核。专家组成员不应来自本辖区内的千家企业。专家组名单应上网公布，接受公众监督。

（三）在审核过程中，各省、自治区、直辖市节能主管部门要组织专家组对企业编制节能规划的情况进行实地抽查，每次抽查的比例不低于审核企业总数的10%。节能规划实地抽查可与能源审计实地抽查合并进行。

（四）如企业节能规划未通过审核，各省、自治区、直辖市节能主管部门应将详细的问题描述和修改意见尽快通知相关企业，以便于企业在规定时间内能够再次提交修改后的节能规划。

三、审核内容

（一）企业节能规划应建立定量的节能规划目标，其中五年目标不应低于企业所签订的节能目标责任书的承诺目标。规划目标中应包含企业主要产品单位能耗等具体指标的定量说明。

（二）规划应有切实可行的组织措施、管理措施、技术革新措施以及投资计划，应对目标的实现可能、实现途径进行论证。

（三）企业节能规划必须涵盖以下内容。未能涵盖的，应视为规划不完整，建议进行修改。

1. 企业概况

2. 企业能源利用和节能概况

3. 存在的问题及与国内外先进水平的差距

4. 规划指导思想

5. 规划目标（节能目标不应低于企业所签订节能目标责任书的节能量）

6. 规划的主要任务

7. 规划的重点工程措施（重点工程要满足节能规划目标的实现）

8. 规划的保障措施

9. 规划的实施计划

（四）企业节能规划应有企业法人代表签字确认，以确保规划内容的真实可靠。

四、其他

（一）企业节能规划可以由企业自行编制，也可以由企业委托节能中心或其他单位编制。

（二）对于未能按要求完成节能规划，或弄虚作假的企业，各省、自治区、直辖市节能主管部门应根据情况给予通报批评，限期改进，并依照有关规定取消其享受节能优惠政策的资格。

（三）各省、自治区、直辖市节能主管部门及其组织的审核专家组有义务为企业保守商业秘密。

6.7　能源管理体系要求

能源管理体系要求

引　言

本标准是规范组织的能源管理，旨在降低其能源消耗、提高能源利用效率的管理标准。建立和实施能源管理体系是组织最高管理者的一项战略性决策。该标准的成功实施有赖于组织最高管理者的承诺和全员参与。通过能源管理体系标准的实施，组织可以：

——应用系统的管理手段使其能源管理工作满足法律法规、标准及其他要求，实现相互协调、相互促进，有效地降低能源消耗、提高能源利用效率。

——利用过程方法对其活动、产品和服务中的能源因素进行识别、评价和控制，实现对能源管理全过程的控制和持续改进。

——为应用先进有效的节能技术和方法、挖掘和利用最佳的节能实践与经验搭建良好平台。

——提高能源管理的有效性，并改进其整体绩效。

——使相关方确信其已经建立了适宜的能源管理体系。

组织采用"策划—实施—检查—处置（Plan-Do-Check-Act，PDCA）"方法，有助于其实现管理承诺和能源方针，并达到持续改进的目的。其中：

——策划：包括识别和评价组织的能源因素；识别有关的法律法规、标准及其他要求；通过分析确定能源管理基准，可行时，确定标杆；建立能源目标、指标，制定能源管理方案等。

——实施：包括提供所需的资源；确定能力、培训和意识的要求并进行培训；建立信息交流机制，实施信息交流和沟通；建立所需的文件和记录；实施运行控制并开展相关活动等。

——检查：包括对能源管理活动和能源目标、指标实现情况的监视、测量和评价；识别和处理不符合；开展内部审核等。

——处置：基于内部审核和管理评审的结果以及其他相关信息，对实现管理承诺、能源方针、能源目标和指标的适宜性、充分性和有效性进行评价，采取纠正措施和预防措施，以达到持续改进能源管理体系的目的。

本标准基于"PDCA"方法的能源管理体系运行模式如图 1 所示。

能源管理体系的详细和复杂程度、文件的多少、所投入资源的多少等，取决于多方面因素，如体系覆盖的范围，组织的规模，其活动、产品和服务的性质，能源消耗的类型及消费量要求等。

实施本标准能够改进组织的能源管理绩效，但能源管理体系的成功实施还需要相关技术和方法的支持。因此，组织应在适宜且经济条件许可时，考虑采用最佳可行的节能技术和方法，同时充分考虑采用这些节能技术和方法的成本效益。

本标准提出了对组织能源消耗、能源利用效率的管理要求，并未对其所提供产品的能源消耗、能源利用效率提出要求。

本标准并未对能源管理绩效提出具体指标值的要求，也不包含针对其他管理体系的要求，如质量、环境、职业健康与安全、财务或风险等管理体系要求，但可将本标准所规定的要求与其他管理体系的要求进行协调，或加以整合。

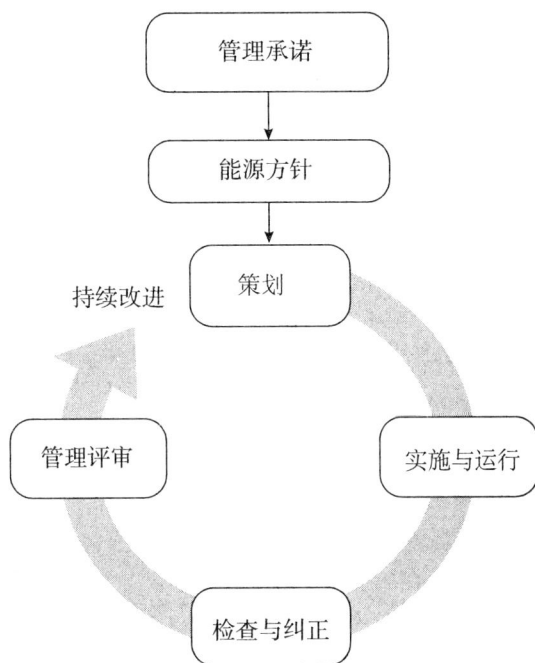

图 1　能源管理体系运行模式

能源管理体系　要求

1　范围

本标准规定了能源管理体系的要求，使组织能够根据法律法规、标准和其他要求识别其能够控制的、或能够施加影响的能源因素，建立并实施能源管理体系。

本标准适用于有下列需求的各种类型和规模的组织：

a）建立、实施、保持并改进能源管理体系，以降低能源消耗、提高能源利用效率；

b）确信能符合所声明的能源方针；

c）通过下列方式证实符合本标准：

1）进行自我评价和自我声明；

2）寻求外部组织对其自我声明的确认；

3）寻求组织的相关方对其符合性的确认；

4）寻求外部组织对其能源管理体系进行认证。

2　规范性引用文件

下列文件中的条款通过本标准的引用而成为本标准的条款。凡是注日期的引用文件，其随后所有的修改单（不包括勘误的内容）或修订版均不适用于本标准，然而，鼓励根据本标准达成协议的各方研究是否可使用这些文件的最新版本。凡是不注日期的引用文件，其最新版本适用于本标准。

GB/T 19000 质量管理体系基础和术语

GB/T 19001 质量管理体系要求

GB/T 24001 环境管理体系要求及使用指南

3　术语和定义

GB/T 19000 和 GB/T 24001 中界定的以及下列术语和定义适用于本标准。

3.1　能源 energy

可以直接或通过转换提供人类所需的有用能的资源。

3.2　能源因素 energy aspect

在组织的活动、产品和服务中，影响能源消耗、能源利用效率的因素。

3.3　能源方针 energy policy

由组织的最高管理者正式发布的能源管理的宗旨和方向。

3.4　能源目标 energy objective

组织所要实现的降低能源消耗、提高能源利用效率的总体要求。

3.5　能源指标 energy target

由能源目标产生的，为实现能源目标所需规定的具体要求，可适用于整个组织或其局部。

3.6　能源管理体系 management system for energy （MSE）

在能源方面指挥和控制组织的管理体系。

3.7　能源管理绩效 energy management performance

组织对其能源因素进行管理所取得的可测量的结果。

3.8　能源管理基准 energy management baseline

组织针对自身能源管理情况，确定作为比较基础的能源消耗、能源利用效率的水平。

3.9　能源管理标杆 energy management benchmark

组织参照同类可比活动所确定的能源消耗、能源利用效率的先进水平。

4　能源管理体系要求

4.1　总要求

组织应确定能源管理体系覆盖的范围，并按本标准的要求建立、实施、保持和持续改进能源管理体系，形成文件，以确保降低能源消耗、提高能源利用效率。

4.2　管理职责

4.2.1　管理承诺

最高管理者应对建立、实施、保持和持续改进能源管理体系作出承诺，并通过以下活动提供证据：

a）执行适用的法律法规、标准及其他要求并在组织内贯彻实施；

b）制定和实施能源方针和目标，并作为组织的发展方向和战略目标的组成部分；

c）传达节约能源的重要性，增强全员节能意识；

d）确保配备能源管理体系所需的适宜资源；

e）进行管理评审。

4.2.2　能源方针

最高管理者应制定组织的能源方针，并确保其：

a）适用于本组织的活动、产品和服务特点，与已有的其他管理体系方针相协调；

b）包含对降低能源消耗、提高能源利用效率及持续改进的承诺；

c）包含对遵守与能源管理适用的法律法规、标准及其他要求的承诺；

d）为制定和评价能源目标、指标提供框架；

e）形成文件，使全体员工能充分理解并实施；

f）可为相关方所获取。

4.2.3　职责和权限

最高管理者应确保对组织内的职责和权限做出规定，形成文件，并进行沟通。

最高管理者应指定管理者代表，管理者代表应具有以下方面的职责和权限：

a）确保按照本标准的要求，建立、实施、保持并持续改进能源管理体系；

b）向最高管理者报告能源管理体系的运行情况；

c）提出改进建议；

d）负责与能源管理体系有关的外部联系。

4.3　策划

4.3.1　能源因素

组织应建立、实施并保持一个或多个程序，用来：

a）识别能源管理体系覆盖范围内活动、产品和服务中能够控制、或能够施加影响的能源因素，包括应考虑已纳入计划的或新开发的、变更的活动、产品和服务等因素；

b）根据法律法规、标准及其他要求，以及组织的活动、产品和服务的特点等，对能源因素进行评价，确定优先控制的能源因素；

c）将上述信息形成文件并及时更新。

组织在建立、实施、保持并持续改进能源管理体系时，应对优先控制的能源因素加以考虑。

4.3.2　法律法规、标准及其他要求

组织应建立、实施并保持一个或多个程序，用来：

a）识别适用于能源管理的法律法规、标准及其他要求；

b）建立及时获取这些法律法规、标准和其他要求的渠道。

组织在建立、实施、保持并持续改进能源管理体系时，应确保遵守适用的法律法规、标准及其他要求。

4.3.3　能源管理基准与标杆

组织应建立、实施并保持一个或多个形成文件的程序，用来建立能源管理基准。可行时，建立能源管理标杆，作为制定能源目标和指标、评价能源管理绩效的主要依据。组织

应对基准和标杆进行评审，必要时进行更新。

组织所建立的能源管理基准和标杆应形成文件。

4.3.4 能源目标和指标

在制定能源目标和指标时，组织应：

a）在其内部有关职能和层次上，建立、实施和保持形成文件的能源目标和指标。目标和指标应是可测量的；

b）在建立、评审能源目标和指标时，应考虑法律法规、标准及其他要求，能源管理基准和（或）标杆，以及优先控制的能源因素。此外，还应考虑技术、财务、运行和经营要求，以及相关方的要求等；

c）适时更新或调整能源目标和指标。

4.3.5 能源管理方案

组织应制定、实施并保持用于实现能源目标、指标的能源管理方案，其内容应包括：

a）有关职能与层次上的职责和权限；

b）技术方案、实施方法和财务措施等；

c）时间进度安排。

适用时，对能源管理方案的实施过程和结果进行评价。

4.4 实施与运行

4.4.1 资源

组织应为建立、实施、保持并持续改进能源管理体系提供适宜的资源，特别是：

a）配备具有相关专业能力的人员；

b）配备所需的节能产品/设备、设施；

c）配备所需的能源计量器具与监测装置；

d）充分识别和利用最佳节能管理实践和经验，以及有效的节能技术和方法；

e）配套充分的资金。

4.4.2 能力、培训和意识

为使能源管理工作人员是能够胜任的，组织应：

a）确保所有从事能源管理有关工作的人员具备相应的能力并保存相关的记录。该能力应基于必要的教育、培训、技能和经验；

b）确定与能源管理体系有关的培训需求并提供培训，或采取其他措施来满足这些需求；

c）对与能源管理工作有重大影响的人员进行岗位专业技能培训，并保存适当的记录；

d）采取措施，使全体人员都意识到：

1）符合能源方针和能源管理体系要求的重要性；

2）降低能源消耗、提高能源利用效率给组织带来的效益，以及个人工作改进所能带来的能源管理绩效；

3）偏离规定运行程序的潜在后果。

4.4.3 信息交流

组织应建立、实施并保持一个或多个程序，旨在就有关能源因素和能源管理体系的相关信息进行沟通：

a）内部各层次和职能间的信息交流；

b）外部相关方信息的接收、回应并形成文件。

组织应决定是否就其能源因素以及能源管理体系的运行情况与外部进行交流，如果决定进行外部交流，应将其决定形成文件，规定交流方式并予以实施。

4.4.4 文件和文件控制

能源管理体系文件应包括：

a）本标准要求的文件和记录；

b）组织为确保能源管理过程的有效策划、运行和控制所需的文件和记录；

c）对能源管理体系主要要求及其相互关系的描述，以及相关文件的关联关系。

组织应建立、实施并保持一个或多个程序，对能源管理体系所要求的文件进行控制，以便：

a）在文件发布前应由授权人进行审批，以确保其适宜性和充分性；

b）必要时对文件进行评审与更新，并再次审批；

c）确保对文件的更改和现行修订状态做出标识；

d）确保在使用处可获得相应文件的有效版本；

e）确保文件字迹清楚，标识明确；

f）确保外来文件得到识别，并对其分发进行控制；

g）防止作废文件的误用。如果出于某种目的保留作废文件，应作出适当的标识。

记录是一种特殊性质的文件，按4.4.5进行控制。

4.4.5 记录控制

组织应根据需要建立并保持必要的记录，用来证实符合能源管理体系的要求，以及所取得的能源管理绩效。

组织应建立并保持一个或多个程序，用于记录的标识、存放、保护、检索和处置。

所有记录均应字迹清楚，标识明确，具有可追溯性。

4.4.6 运行控制

4.4.6.1 总则

组织应根据能源方针、目标、指标，识别、策划与所确定的优先控制的能源因素相关的运行，以确保它们在规定的条件下进行：

a）对缺乏文件程序而可能导致偏离的运行过程，应制定、提供和执行形成文件的程序和/或操作指导书；

b）在运行程序中规定运行准则和能源管理绩效的评价方法；

c）当这些运行控制涉及对相关方的要求时，应将适用的程序和要求通报相关方。

4.4.6.2 产品和过程设计控制

在进行新的产品和（或）过程设计中，应考虑能源的合理利用、降低能源消耗、提高能源利用效率，以及改进能源管理绩效，并在实施前得到有效的评审和（或）确认。适用时，应：

a）考虑所使用能源的种类、经济性、质量、环境影响，以及可获得性等；

b）合理匹配各系统和设备/设施，优化用能；

c）借鉴节能新技术和方法、最佳节能实践与经验；

d）利用新能源和可再生能源等。

4.4.6.3 设备、设施配置与控制

组织应确定对能源消耗、能源利用效率有重要影响的设备、设施，并对其采购、使用和处置进行有效控制，包括：

a）在新设备和替代设备选用时，充分考虑能源利用效率；

b）定期监控重点用能设备、设施的能源利用效率，确保其经济运行；

c）进行合理的设备维护、保养和更新，以确保能源的有效利用；

d）对重点用能设备、设施操作人员的资格进行鉴定。

4.4.6.4 能源采购控制

组织应确保采购和配置适宜的能源，达到降低能源消耗、提高能源利用效率的目的。

组织应：

a）根据满足组织要求的能力评价和选择能源供应商；

b）制定标准或规范，其中应考虑能源质量、可获得性和经济性等因素。在发布前评审其适宜性和充分性；

c）对采购的能源产品进行计量和（或）验证；

d）规定相关能源的输配和贮存要求。

4.4.6.5 生产和服务提供过程的控制

组织应确定和控制对能源消耗、能源利用效率有重要影响的过程，使其在受控状态下运行，可包括：

a）评价生产工艺和服务流程的耗能状况，淘汰落后的工艺；

b）识别能源管理方面的最佳可行技术和良好操作规范并予以实施；

c）监测过程的能源消耗、能源利用效率，定期进行能源统计和消耗状况分析；

d）有效利用余热、余压及其他废弃物等；

e）对能源计量器具和监测装置进行维护，按照规定的时间间隔或在使用前进行校准或检定，并保存相关记录。

4.4.7 应急准备和响应

组织应建立、实施并保持一个或多个程序，用于识别可能对能源消耗、能源利用效率造成影响的潜在的紧急情况和事故，并制定应急预案。

组织应对发生的紧急情况和事故作出响应，并预防和（或）减少随之产生的影响。

组织应定期评审应急准备和响应程序，必要时对其进行修订，特别是当事故和紧急情况发生后。

可行时，组织还应定期验证上述程序。

4.5　检查与纠正

4.5.1　监视、测量与评价

组织应建立、实施并保持一个或多个程序，用于以下方面的监视、测量和评价：

a）能源目标、指标和能源管理方案的日常运行情况；

b）对照能源管理基准和（或）标杆对能源管理绩效进行评价；

c）对能源消耗、能源利用效率具有重大影响的关键特性的变化；

d）定期对适用法律法规、标准及其他要求的遵循情况进行评价。

组织应保存监视、测量和评价结果的记录。

4.5.2　不符合、纠正、纠正措施和预防措施

组织应建立、实施并保持一个或多个程序，用来处理实际或潜在的不符合，采取纠正、纠正措施和预防措施。程序中应规定以下要求：

a）识别和纠正不符合，并采取措施减少其造成的影响；

b）对不符合进行调查，确定其产生原因，采取纠正措施，并避免重复发生；

c）对于潜在的不符合，评价采取预防措施的需求，若需要，制定并实施预防措施，以避免不符合的发生；

d）记录采取纠正和预防措施的结果；

e）评审所采取的纠正和预防措施的有效性；

f）所采取的措施应与问题的严重性相适应。

组织应确保对纠正和预防措施涉及的能源管理体系文件进行必要的修改。

4.5.3　内部审核

组织应建立、实施并保持对能源管理体系进行内部审核的程序，应规定审核准则、范围、频次和方法，以及策划和实施审核、报告审核结果、保存相关记录的职责和要求，组织应按策划的时间间隔对能源管理体系进行内部审核，以便：

a）判定能源管理体系是否：

1）符合组织的需要和能源管理体系标准要求；

2）已经得到有效的实施和保持。

b）确认能源管理体系的运行绩效，其内容可包括：能源目标和指标的实现程度、重点用能设备和系统的运行效率、综合能耗和节能量等；

c）向管理者报告审核结果。

应根据对组织的能源管理工作的影响和过去内部审核结果，对内部审核进行策划并形成审核方案。审核员的选择和审核的实施均应确保审核过程的客观性和公正性。

应记录内部审核的结果并将审核发现和审核结果通知相关部门和人员，以便采取必要的纠正措施。

4.6 管理评审

4.6.1 总则

最高管理者应按策划的时间间隔，对组织的能源管理体系进行评审，以确保其持续的适宜性、充分性和有效性。评审应包括评价改进能源管理体系的机会和变更的需求。应保持管理评审的记录。

4.6.2 评审输入

管理评审的输入应包括：

a) 内部审核结果；

b) 与外部相关方的交流与反馈；

c) 组织的管理承诺和能源管理绩效；

d) 目标和指标的实现程度；

e) 纠正措施和预防措施的实施情况；

f) 以往管理评审的后续措施；

g) 能源管理体系的客观变化；

h) 改进的建议。

4.6.3 评审输出

管理评审的输出应包括：

a) 能源管理体系和能源节约的持续改进措施；

b) 能源管理基准和标杆、方针、目标、指标变更的重大决策；

c) 资源需求。

附录 A

（资料性附录）

GB/T XXXX 与 GB/T 19001—2000 之间的联系

表 A.1　　　　GB/T XXXX 与 GB/T 19001—2000 的对应情况

GB/T XXXX		GB/T 19001—2000	
范围	1	1	范围
规范性引用文件	2	2	引用标准
术语和定义	3	3	术语和定义
能源管理体系要求	4	4	质量管理体系
总要求	4.1	4.1	总要求
管理职责	4.2	5	管理职责
管理承诺	4.2.1	5.1	管理承诺
能源方针	4.2.2	5.3	质量方针

GB/T XXXX		GB/T 19001—2000	
职责和权限	4.2.3	5.5	职责、权限与沟通
策划	4.3	5.4	策划
能源因素	4.3.1	5.4.2	质量管理体系策划
法律法规、标准及其他要求	4.3.2		
能源管理基准与标杆	4.3.3		
能源目标和指标	4.3.4	5.4.1	质量目标
能源管理方案	4.3.5		
实施与运行	4.4	7	产品实现
资源	4.4.1	6	资源管理
		6.1	资源提供
		6.2	人力资源
		6.2.1	总则
能力、培训和意识	4.4.2	6.2.2	能力、意识和培训
信息交流	4.4.3	5.5.3	内部沟通
		7.2.3	顾客沟通
文件和文件控制	4.4.4	4.2	文件要求
		4.2.2	质量手册
		4.2.3	文件控制
记录控制	4.4.5	4.2.4	记录控制
运行控制	4.4.6	7	产品实现
		7.1	产品实现的策划
		7.2	与顾客有关的过程
		7.2.1	与产品有关的要求的确定
		7.2.2	与产品有关的要求的评审
		7.3	设计和开发
		7.3.1	设计和开发策划
		7.3.2	设计和开发输入
		7.3.3	设计和开发输出
		7.3.4	设计和开发评审
		7.3.5	设计和开发验证
		7.3.6	设计和开发确认
		7.3.7	设计和开发更改的控制
		7.4	采购
		7.4.1	采购过程
		7.4.2	采购信息
		7.4.3	采购产品的验证
		7.5	生产和服务提供
		7.5.1	生产和服务提供的控制
		7.5.2	生产和服务提供过程的确认
		7.5.3	标识和可追溯性
		7.5.4	顾客财产
		7.5.5	产品防护

续表

GB/T XXXX		GB/T 19001—2000	
应急准备和响应	4.4.7	8.3	不合格品控制
检查与纠正	4.5	8	测量、分析和改进
监视、测量与评价	4.5.1	7.6	监视和测量装置的控制
		8.1	总则
		8.2	监视和测量
		8.2.1	顾客满意
		8.2.3	过程的监视和测量
		8.2.4	产品的监视和测量
		8.4	数据分析
不符合、纠正、纠正措施和预防措施	4.5.2	8.3	不合格品控制
		8.5	改进
		8.5.1	持续改进
		8.5.2	纠正措施
		8.5.3	预防措施
内部审核	4.5.3	8.2.2	内部审核
管理评审	4.6	5.6	管理评审
总则	4.6.1	5.6.1	总则
评审输入	4.6.2	5.6.2	评审输入
评审输出	4.6.3	5.6.3	评审输出

附录 B

（资料性附录）

GB/T XXXX 与 GB/T 24001—2004 之间的联系

表 B.1　　　　　GB/TXXXX 与 GB/T 24001—2004 的对应情况

GB/TXXXX		GB/T 24001—2004	
范围	1	1	范围
规范性引用文件	2	2	规范性引用文件
术语和定义	3	3	术语和定义
能源管理体系要求	4	4	环境管理体系要求
总要求	4.1	4.1	总要求
管理职责	4.2	4.4.1	资源、作用、职责和权限
管理承诺	4.2.1		
能源方针	4.2.2	4.2	环境方针
职责和权限	4.2.3	4.4.1	资源、作用、职责和权限
策划	4.3	4.3	策划
能源因素	4.3.1	4.3.1	环境因素
法律法规、标准及其他要求	4.3.2	4.3.2	法律法规和其他要求
能源管理基准与标杆	4.3.3	4.3	策划

续表

GB/TXXXX		GB/T 24001—2004	
能源目标和指标	4.3.4	4.3.3	目标、指标和方案
能源管理方案	4.3.5		
实施与运行	4.4	4.4	实施与运行
资源	4.4.1	4.4.1	资源、作用、职责和权限
能力、培训和意识	4.4.2	4.4.2	能力、培训和意识
信息交流	4.4.3	4.4.3	信息交流
文件和文件控制	4.4.4	4.4.4	文件
		4.4.5	文件控制
记录控制	4.4.5	4.5.4	记录控制
运行控制	4.4.6	4.4.6	运行控制
应急准备和响应	4.4.7	4.4.7	应急准备和响应
检查与纠正	4.5	4.5	检查
监视、测量与评价	4.5.1	4.5.1	监测和测量
		4.5.2	合规性评价
不符合、纠正、纠正措施和预防措施	4.5.2	4.5.3	不符合，纠正措施和预防措施
内部审核	4.5.3	4.5.5	内部审核
管理评审	4.6	4.6	管理评审

复习思考题

一、单项选择题（在备选答案中选择 1 个最佳答案，并把它的标号写在括号内）

1. 将节能减排目标完成情况和政策措施落实情况作为领导班子和领导干部综合考核评价的重要内容，纳入政府绩效和国有企业业绩管理，实行（　　）制。

　　A. 问责制和处罚制　　　　　　　　B. 责任制和评比制

　　C. 问责制和一票否决制　　　　　　D. 责任制和奖励制

2. 强化节能减排管理能力建设，建立健全节能（　　）"三位一体"的节能管理体系。

　　A. 检查、检测、管理　　　　　　　B. 管理、检查、服务

　　C. 检测、管理、服务　　　　　　　D. 管理、检查、奖励

3. 节能服务公司实施合同能源管理项目，符合税法有关规定的，自项目取得第一笔生产经营收入所属纳税年度起，（　　）免征企业所得税，第四年至第六年减半征收企业所得税。

　　A. 第一年至第二年　　　　　　　　B. 第一年至第四年

　　C. 第一年至第三年　　　　　　　　D. 第三年至第五年

4. （　　）《国家发展和改革委员会办公厅关于企业能源审计报告和节能规划审核指

南的通知》印发。

  A. 2006 年   B. 2007 年   C. 2008 年   D. 2009 年

  5.《合同能源管理财政奖励资金管理暂行办法》中对申请财政奖励资金的合同能源管理项目须符合的条件，第二款规定：单个项目年节能量（指节能能力）在 10 000 吨标准煤以下、100 吨标准煤以上（含），其中工业项目年节能量在（ ）吨标准煤以上（含）。

  A. 100 吨   B. 300 吨   C. 500 吨   D. 1 000 吨

  二、多项选择题（在备选答案中有 2～5 个是正确的，将其全部选出并将它们的标号写在括号内，选错、漏选和不选均不得分）

  1. 节能减排加强目标责任评价考核，把（ ）相结合，把（ ）相结合，把相结合。

  A. 地区目标考核与行业目标评价   B. 每月目标与年度目标

  C. 落实五年目标与完成年度目标   D. 考核目标与奖励制度

  E. 年度目标考核与进度跟踪

  2. 节能减排重点工程所需资金主要由项目实施体通过（ ）、（ ）、（ ）解决，各级人民政府应安排一定的资金予以支持和引导。

  A. 自有资金   B. 自筹资金

  C. 金融机构贷款   D. 社会募捐

  E. 社会资金

  3. 在居民中推广使用高效节能家电、照明产品，鼓励购买（ ），支持乘用（ ），提倡绿色出行。减少（ ）使用，限制过度包装，抑制不合理消费。

  A. 节能环保型汽车   B. 私家小汽车

  C. 乘用公共交通   D. 低值易耗用品

  E. 一次性用品

  4.（ ）公共交通和轨道交通，（ ）老旧铁路机车、汽车、船舶，（ ）节能环保型交通工具，（ ）车用代用燃料和清洁燃料汽车。

  A. 优先发展   B. 加快淘汰

  C. 鼓励发展   D. 加快发展

  E. 开发和推广

  5. 申请财政奖励资金的节能服务公司须符合下述条件：（1）具有（ ），以节能诊断、设计、改造、运营等节能服务为主营业务，并通过国家发展改革委、财政部审核备案；（2）注册资金（ ）以上（含），具有较强的融资能力；（3）经营状况和信用记录良好，（ ）健全；（4）拥有匹配的专职技术人员和合同能源管理人才，具有保障项目顺利实施和稳定运行的能力。

  A. 独立法人资格   B. 100 万元

C. 500 万元

D. 财务管理制度

E. 1 000 万元

三、简答题

1. 简述企业能源审计报告审核要求和程序。

2. 简述企业能源审计报告审核内容。

四、论述题

论述加强节能工作的重要性和紧迫性。

附录一

中华人民共和国节约能源法

中华人民共和国主席令

第七十七号

1997 年 11 月 1 日八届全国人大常委会第二十八次会议通过

2007 年 10 月 28 日十届全国人大常委会第三十次会议修订

目　　录

第一章　总　　则

第二章　节能管理

第三章　合理使用与节约能源

　　第一节　一般规定

　　第二节　工业节能

　　第三节　建筑节能

　　第四节　交通运输节能

　　第五节　公共机构节能

　　第六节　重点用能单位节能

第四章　节能技术进步

第五章　激励措施

第六章　法律责任

第七章　附　　则

第一章　总　　则

第一条　为了推动全社会节约能源，提高能源利用效率，保护和改善环境，促进经济社会全面协调可持续发展，制定本法。

第二条　本法所称能源，是指煤炭、石油、天然气、生物质能和电力、热力以及其他直接或者通过加工、转换而取得有用能的各种资源。

第三条　本法所称节约能源（以下简称节能），是指加强用能管理，采取技术上可行、经济上合理以及环境和社会可以承受的措施，从能源生产到消费的各个环节，降低消耗、减少损失和污染物排放、制止浪费，有效、合理地利用能源。

第四条 节约资源是我国的基本国策。国家实施节约与开发并举、把节约放在首位的能源发展战略。

第五条 国务院和县级以上地方各级人民政府应当将节能工作纳入国民经济和社会发展规划、年度计划，并组织编制和实施节能中长期专项规划、年度节能计划。

国务院和县级以上地方各级人民政府每年向本级人民代表大会或者其常务委员会报告节能工作。

第六条 国家实行节能目标责任制和节能考核评价制度，将节能目标完成情况作为对地方人民政府及其负责人考核评价的内容。

省、自治区、直辖市人民政府每年向国务院报告节能目标责任的履行情况。

第七条 国家实行有利于节能和环境保护的产业政策，限制发展高耗能、高污染行业，发展节能环保型产业。

国务院和省、自治区、直辖市人民政府应当加强节能工作，合理调整产业结构、企业结构、产品结构和能源消费结构，推动企业降低单位产值能耗和单位产品能耗，淘汰落后的生产能力，改进能源的开发、加工、转换、输送、储存和供应，提高能源利用效率。

国家鼓励、支持开发和利用新能源、可再生能源。

第八条 国家鼓励、支持节能科学技术的研究、开发、示范和推广，促进节能技术创新与进步。

国家开展节能宣传和教育，将节能知识纳入国民教育和培训体系，普及节能科学知识，增强全民的节能意识，提倡节约型的消费方式。

第九条 任何单位和个人都应当依法履行节能义务，有权检举浪费能源的行为。

新闻媒体应当宣传节能法律、法规和政策，发挥舆论监督作用。

第十条 国务院管理节能工作的部门主管全国的节能监督管理工作。国务院有关部门在各自的职责范围内负责节能监督管理工作，并接受国务院管理节能工作的部门的指导。

县级以上地方各级人民政府管理节能工作的部门负责本行政区域内的节能监督管理工作。县级以上地方各级人民政府有关部门在各自的职责范围内负责节能监督管理工作，并接受同级管理节能工作的部门的指导。

第二章 节能管理

第十一条 国务院和县级以上地方各级人民政府应当加强对节能工作的领导，部署、协调、监督、检查、推动节能工作。

第十二条 县级以上人民政府管理节能工作的部门和有关部门应当在各自的职责范围内，加强对节能法律、法规和节能标准执行情况的监督检查，依法查处违法用能行为。

履行节能监督管理职责不得向监督管理对象收取费用。

第十三条 国务院标准化主管部门和国务院有关部门依法组织制定并适时修订有关节能的国家标准、行业标准，建立健全节能标准体系。

国务院标准化主管部门会同国务院管理节能工作的部门和国务院有关部门制定强制性

的用能产品、设备能源效率标准和生产过程中耗能高的产品的单位产品能耗限额标准。

国家鼓励企业制定严于国家标准、行业标准的企业节能标准。

省、自治区、直辖市制定严于强制性国家标准、行业标准的地方节能标准，由省、自治区、直辖市人民政府报经国务院批准；本法另有规定的除外。

第十四条　建筑节能的国家标准、行业标准由国务院建设主管部门组织制定，并依照法定程序发布。

省、自治区、直辖市人民政府建设主管部门可以根据本地实际情况，制定严于国家标准或者行业标准的地方建筑节能标准，并报国务院标准化主管部门和国务院建设主管部门备案。

第十五条　国家实行固定资产投资项目节能评估和审查制度。不符合强制性节能标准的项目，依法负责项目审批或者核准的机关不得批准或者核准建设；建设单位不得开工建设；已经建成的，不得投入生产、使用。具体办法由国务院管理节能工作的部门会同国务院有关部门制定。

第十六条　国家对落后的耗能过高的用能产品、设备和生产工艺实行淘汰制度。淘汰的用能产品、设备、生产工艺的目录和实施办法，由国务院管理节能工作的部门会同国务院有关部门制定并公布。

生产过程中耗能高的产品的生产单位，应当执行单位产品能耗限额标准。对超过单位产品能耗限额标准用能的生产单位，由管理节能工作的部门按照国务院规定的权限责令限期治理。

对高耗能的特种设备，按照国务院的规定实行节能审查和监管。

第十七条　禁止生产、进口、销售国家明令淘汰或者不符合强制性能源效率标准的用能产品、设备；禁止使用国家明令淘汰的用能设备、生产工艺。

第十八条　国家对家用电器等使用面广、耗能量大的用能产品，实行能源效率标识管理。实行能源效率标识管理的产品目录和实施办法，由国务院管理节能工作的部门会同国务院产品质量监督部门制定并公布。

第十九条　生产者和进口商应当对列入国家能源效率标识管理产品目录的用能产品标注能源效率标识，在产品包装物上或者说明书中予以说明，并按照规定报国务院产品质量监督部门和国务院管理节能工作的部门共同授权的机构备案。

生产者和进口商应当对其标注的能源效率标识及相关信息的准确性负责。禁止销售应当标注而未标注能源效率标识的产品。

禁止伪造、冒用能源效率标识或者利用能源效率标识进行虚假宣传。

第二十条　用能产品的生产者、销售者，可以根据自愿原则，按照国家有关节能产品认证的规定，向经国务院认证认可监督管理部门认可的从事节能产品认证的机构提出节能产品认证申请；经认证合格后，取得节能产品认证证书，可以在用能产品或者其包装物上使用节能产品认证标志。

禁止使用伪造的节能产品认证标志或者冒用节能产品认证标志。

第二十一条　县级以上各级人民政府统计部门应当会同同级有关部门，建立健全能源统计制度，完善能源统计指标体系，改进和规范能源统计方法，确保能源统计数据真实、完整。

国务院统计部门会同国务院管理节能工作的部门，定期向社会公布各省、自治区、直辖市以及主要耗能行业的能源消费和节能情况等信息。

第二十二条　国家鼓励节能服务机构的发展，支持节能服务机构开展节能咨询、设计、评估、检测、审计、认证等服务。

国家支持节能服务机构开展节能知识宣传和节能技术培训，提供节能信息、节能示范和其他公益性节能服务。

第二十三条　国家鼓励行业协会在行业节能规划、节能标准的制定和实施、节能技术推广、能源消费统计、节能宣传培训和信息咨询等方面发挥作用。

第三章　合理使用与节约能源

第一节　一般规定

第二十四条　用能单位应当按照合理用能的原则，加强节能管理，制定并实施节能计划和节能技术措施，降低能源消耗。

第二十五条　用能单位应当建立节能目标责任制，对节能工作取得成绩的集体、个人给予奖励。

第二十六条　用能单位应当定期开展节能教育和岗位节能培训。

第二十七条　用能单位应当加强能源计量管理，按照规定配备和使用经依法检定合格的能源计量器具。

用能单位应当建立能源消费统计和能源利用状况分析制度，对各类能源的消费实行分类计量和统计，并确保能源消费统计数据真实、完整。

第二十八条　能源生产经营单位不得向本单位职工无偿提供能源。任何单位不得对能源消费实行包费制。

第二节　工业节能

第二十九条　国务院和省、自治区、直辖市人民政府推进能源资源优化开发利用和合理配置，推进有利于节能的行业结构调整，优化用能结构和企业布局。

第三十条　国务院管理节能工作的部门会同国务院有关部门制定电力、钢铁、有色金属、建材、石油加工、化工、煤炭等主要耗能行业的节能技术政策，推动企业节能技术改造。

第三十一条　国家鼓励工业企业采用高效、节能的电动机、锅炉、窑炉、风机、泵类等设备，采用热电联产、余热余压利用、洁净煤以及先进的用能监测和控制等技术。

第三十二条　电网企业应当按照国务院有关部门制定的节能发电调度管理的规定，安排清洁、高效和符合规定的热电联产、利用余热余压发电的机组以及其他符合资源综合利用规定的发电机组与电网并网运行，上网电价执行国家有关规定。

第三十三条　禁止新建不符合国家规定的燃煤发电机组、燃油发电机组和燃煤热电机组。

第三节　建筑节能

第三十四条　国务院建设主管部门负责全国建筑节能的监督管理工作。

县级以上地方各级人民政府建设主管部门负责本行政区域内建筑节能的监督管理工作。

县级以上地方各级人民政府建设主管部门会同同级管理节能工作的部门编制本行政区域内的建筑节能规划。建筑节能规划应当包括既有建筑节能改造计划。

第三十五条　建筑工程的建设、设计、施工和监理单位应当遵守建筑节能标准。

不符合建筑节能标准的建筑工程，建设主管部门不得批准开工建设；已经开工建设的，应当责令停止施工、限期改正；已经建成的，不得销售或者使用。

建设主管部门应当加强对在建建筑工程执行建筑节能标准情况的监督检查。

第三十六条　房地产开发企业在销售房屋时，应当向购买人明示所售房屋的节能措施、保温工程保修期等信息，在房屋买卖合同、质量保证书和使用说明书中载明，并对其真实性、准确性负责。

第三十七条　使用空调采暖、制冷的公共建筑应当实行室内温度控制制度。具体办法由国务院建设主管部门制定。

第三十八条　国家采取措施，对实行集中供热的建筑分步骤实行供热分户计量、按照用热量收费的制度。新建建筑或者对既有建筑进行节能改造，应当按照规定安装用热计量装置、室内温度调控装置和供热系统调控装置。具体办法由国务院建设主管部门会同国务院有关部门制定。

第三十九条　县级以上地方各级人民政府有关部门应当加强城市节约用电管理，严格控制公用设施和大型建筑物装饰性景观照明的能耗。

第四十条　国家鼓励在新建建筑和既有建筑节能改造中使用新型墙体材料等节能建筑材料和节能设备，安装和使用太阳能等可再生能源利用系统。

第四节　交通运输节能

第四十一条　国务院有关交通运输主管部门按照各自的职责负责全国交通运输相关领域的节能监督管理工作。

国务院有关交通运输主管部门会同国务院管理节能工作的部门分别制定相关领域的节能规划。

第四十二条　国务院及其有关部门指导、促进各种交通运输方式协调发展和有效衔接，优化交通运输结构，建设节能型综合交通运输体系。

第四十三条　县级以上地方各级人民政府应当优先发展公共交通，加大对公共交通的投入，完善公共交通服务体系，鼓励利用公共交通工具出行；鼓励使用非机动交通工具出行。

第四十四条　国务院有关交通运输主管部门应当加强交通运输组织管理，引导道路、水路、航空运输企业提高运输组织化程度和集约化水平，提高能源利用效率。

第四十五条　国家鼓励开发、生产、使用节能环保型汽车、摩托车、铁路机车车辆、船舶和其他交通运输工具，实行老旧交通运输工具的报废、更新制度。

国家鼓励开发和推广应用交通运输工具使用的清洁燃料、石油替代燃料。

第四十六条　国务院有关部门制定交通运输营运车船的燃料消耗量限值标准；不符合标准的，不得用于营运。

国务院有关交通运输主管部门应当加强对交通运输营运车船燃料消耗检测的监督管理。

第五节　公共机构节能

第四十七条　公共机构应当厉行节约，杜绝浪费，带头使用节能产品、设备，提高能源利用效率。

本法所称公共机构，是指全部或者部分使用财政性资金的国家机关、事业单位和团体组织。

第四十八条　国务院和县级以上地方各级人民政府管理机关事务工作的机构会同同级有关部门制定和组织实施本级公共机构节能规划。公共机构节能规划应当包括公共机构既有建筑节能改造计划。

第四十九条　公共机构应当制定年度节能目标和实施方案，加强能源消费计量和监测管理，向本级人民政府管理机关事务工作的机构报送上年度的能源消费状况报告。

国务院和县级以上地方各级人民政府管理机关事务工作的机构会同同级有关部门按照管理权限，制定本级公共机构的能源消耗定额，财政部门根据该定额制定能源消耗支出标准。

第五十条　公共机构应当加强本单位用能系统管理，保证用能系统的运行符合国家相关标准。

公共机构应当按照规定进行能源审计，并根据能源审计结果采取提高能源利用效率的措施。

第五十一条　公共机构采购用能产品、设备，应当优先采购列入节能产品、设备政府采购名录中的产品、设备。禁止采购国家明令淘汰的用能产品、设备。

节能产品、设备政府采购名录由省级以上人民政府的政府采购监督管理部门会同同级有关部门制定并公布。

第六节　重点用能单位节能

第五十二条　国家加强对重点用能单位的节能管理。

下列用能单位为重点用能单位：

（一）年综合能源消费总量一万吨标准煤以上的用能单位；

（二）国务院有关部门或者省、自治区、直辖市人民政府管理节能工作的部门指定的年综合能源消费总量五千吨以上不满一万吨标准煤的用能单位。

重点用能单位节能管理办法，由国务院管理节能工作的部门会同国务院有关部门制定。

第五十三条　重点用能单位应当每年向管理节能工作的部门报送上年度的能源利用状况报告。能源利用状况包括能源消费情况、能源利用效率、节能目标完成情况和节能效益分析、节能措施等内容。

第五十四条　管理节能工作的部门应当对重点用能单位报送的能源利用状况报告进行审查。对节能管理制度不健全、节能措施不落实、能源利用效率低的重点用能单位，管理节能工作的部门应当开展现场调查，组织实施用能设备能源效率检测，责令实施能源审计，并提出书面整改要求，限期整改。

第五十五条　重点用能单位应当设立能源管理岗位，在具有节能专业知识、实际经验以及中级以上技术职称的人员中聘任能源管理负责人，并报管理节能工作的部门和有关部门备案。

能源管理负责人负责组织对本单位用能状况进行分析、评价，组织编写本单位能源利用状况报告，提出本单位节能工作的改进措施并组织实施。

能源管理负责人应当接受节能培训。

第四章　节能技术进步

第五十六条　国务院管理节能工作的部门会同国务院科技主管部门发布节能技术政策大纲，指导节能技术研究、开发和推广应用。

第五十七条　县级以上各级人民政府应当把节能技术研究开发作为政府科技投入的重点领域，支持科研单位和企业开展节能技术应用研究，制定节能标准，开发节能共性和关键技术，促进节能技术创新与成果转化。

第五十八条　国务院管理节能工作的部门会同国务院有关部门制定并公布节能技术、节能产品的推广目录，引导用能单位和个人使用先进的节能技术、节能产品。

国务院管理节能工作的部门会同国务院有关部门组织实施重大节能科研项目、节能示范项目、重点节能工程。

第五十九条　县级以上各级人民政府应当按照因地制宜、多能互补、综合利用、讲求效益的原则，加强农业和农村节能工作，增加对农业和农村节能技术、节能产品推广应用的资金投入。

农业、科技等有关主管部门应当支持、推广在农业生产、农产品加工储运等方面应用节能技术和节能产品，鼓励更新和淘汰高耗能的农业机械和渔业船舶。

国家鼓励、支持在农村大力发展沼气，推广生物质能、太阳能和风能等可再生能源利用技术，按照科学规划、有序开发的原则发展小型水力发电，推广节能型的农村住宅和炉灶等，鼓励利用非耕地种植能源植物，大力发展薪炭林等能源林。

第五章 激励措施

第六十条 中央财政和省级地方财政安排节能专项资金，支持节能技术研究开发、节能技术和产品的示范与推广、重点节能工程的实施、节能宣传培训、信息服务和表彰奖励等。

第六十一条 国家对生产、使用列入本法第五十八条规定的推广目录的需要支持的节能技术、节能产品，实行税收优惠等扶持政策。

国家通过财政补贴支持节能照明器具等节能产品的推广和使用。

第六十二条 国家实行有利于节约能源资源的税收政策，健全能源矿产资源有偿使用制度，促进能源资源的节约及其开采利用水平的提高。

第六十三条 国家运用税收等政策，鼓励先进节能技术、设备的进口，控制在生产过程中耗能高、污染重的产品的出口。

第六十四条 政府采购监督管理部门会同有关部门制定节能产品、设备政府采购名录，应当优先列入取得节能产品认证证书的产品、设备。

第六十五条 国家引导金融机构增加对节能项目的信贷支持，为符合条件的节能技术研究开发、节能产品生产以及节能技术改造等项目提供优惠贷款。

国家推动和引导社会有关方面加大对节能的资金投入，加快节能技术改造。

第六十六条 国家实行有利于节能的价格政策，引导用能单位和个人节能。

国家运用财税、价格等政策，支持推广电力需求侧管理、合同能源管理、节能自愿协议等节能办法。

国家实行峰谷分时电价、季节性电价、可中断负荷电价制度，鼓励电力用户合理调整用电负荷；对钢铁、有色金属、建材、化工和其他主要耗能行业的企业，分淘汰、限制、允许和鼓励类实行差别电价政策。

第六十七条 各级人民政府对在节能管理、节能科学技术研究和推广应用中有显著成绩以及检举严重浪费能源行为的单位和个人，给予表彰和奖励。

第六章 法律责任

第六十八条 负责审批或者核准固定资产投资项目的机关违反本法规定，对不符合强制性节能标准的项目予以批准或者核准建设的，对直接负责的主管人员和其他直接责任人员依法给予处分。

固定资产投资项目建设单位开工建设不符合强制性节能标准的项目或者将该项目投入生产、使用的，由管理节能工作的部门责令停止建设或者停止生产、使用，限期改造；不能改造或者逾期不改造的生产性项目，由管理节能工作的部门报请本级人民政府按照国务院规定的权限责令关闭。

第六十九条　生产、进口、销售国家明令淘汰的用能产品、设备的，使用伪造的节能产品认证标志或者冒用节能产品认证标志的，依照《中华人民共和国产品质量法》的规定处罚。

第七十条　生产、进口、销售不符合强制性能源效率标准的用能产品、设备的，由产品质量监督部门责令停止生产、进口、销售，没收违法生产、进口、销售的用能产品、设备和违法所得，并处违法所得一倍以上五倍以下罚款；情节严重的，由工商行政管理部门吊销营业执照。

第七十一条　使用国家明令淘汰的用能设备或者生产工艺的，由管理节能工作的部门责令停止使用，没收国家明令淘汰的用能设备；情节严重的，可以由管理节能工作的部门提出意见，报请本级人民政府按照国务院规定的权限责令停业整顿或者关闭。

第七十二条　生产单位超过单位产品能耗限额标准用能，情节严重，经限期治理逾期不治理或者没有达到治理要求的，可以由管理节能工作的部门提出意见，报请本级人民政府按照国务院规定的权限责令停业整顿或者关闭。

第七十三条　违反本法规定，应当标注能源效率标识而未标注的，由产品质量监督部门责令改正，处三万元以上五万元以下罚款。

违反本法规定，未办理能源效率标识备案，或者使用的能源效率标识不符合规定的，由产品质量监督部门责令限期改正；逾期不改正的，处一万元以上三万元以下罚款。

伪造、冒用能源效率标识或者利用能源效率标识进行虚假宣传的，由产品质量监督部门责令改正，处五万元以上十万元以下罚款；情节严重的，由工商行政管理部门吊销营业执照。

第七十四条　用能单位未按照规定配备、使用能源计量器具的，由产品质量监督部门责令限期改正；逾期不改正的，处一万元以上五万元以下罚款。

第七十五条　瞒报、伪造、篡改能源统计资料或者编造虚假能源统计数据的，依照《中华人民共和国统计法》的规定处罚。

第七十六条　从事节能咨询、设计、评估、检测、审计、认证等服务的机构提供虚假信息的，由管理节能工作的部门责令改正，没收违法所得，并处五万元以上十万元以下罚款。

第七十七条　违反本法规定，无偿向本单位职工提供能源或者对能源消费实行包费制的，由管理节能工作的部门责令限期改正；逾期不改正的，处五万元以上二十万元以下罚款。

第七十八条　电网企业未按照本法规定安排符合规定的热电联产和利用余热余压发电的机组与电网并网运行，或者未执行国家有关上网电价规定的，由国家电力监管机构责令改正；造成发电企业经济损失的，依法承担赔偿责任。

第七十九条 建设单位违反建筑节能标准的，由建设主管部门责令改正，处二十万元以上五十万元以下罚款。

设计单位、施工单位、监理单位违反建筑节能标准的，由建设主管部门责令改正，处十万元以上五十万元以下罚款；情节严重的，由颁发资质证书的部门降低资质等级或者吊销资质证书；造成损失的，依法承担赔偿责任。

第八十条 房地产开发企业违反本法规定，在销售房屋时未向购买人明示所售房屋的节能措施、保温工程保修期等信息的，由建设主管部门责令限期改正，逾期不改正的，处三万元以上五万元以下罚款；对以上信息作虚假宣传的，由建设主管部门责令改正，处五万元以上二十万元以下罚款。

第八十一条 公共机构采购用能产品、设备，未优先采购列入节能产品、设备政府采购名录中的产品、设备，或者采购国家明令淘汰的用能产品、设备的，由政府采购监督管理部门给予警告，可以并处罚款；对直接负责的主管人员和其他直接责任人员依法给予处分，并予通报。

第八十二条 重点用能单位未按照本法规定报送能源利用状况报告或者报告内容不实的，由管理节能工作的部门责令限期改正；逾期不改正的，处一万元以上五万元以下罚款。

第八十三条 重点用能单位无正当理由拒不落实本法第五十四条规定的整改要求或者整改没有达到要求的，由管理节能工作的部门处十万元以上三十万元以下罚款。

第八十四条 重点用能单位未按照本法规定设立能源管理岗位，聘任能源管理负责人，并报管理节能工作的部门和有关部门备案的，由管理节能工作的部门责令改正；拒不改正的，处一万元以上三万元以下罚款。

第八十五条 违反本法规定，构成犯罪的，依法追究刑事责任。

第八十六条 国家工作人员在节能管理工作中滥用职权、玩忽职守、徇私舞弊，构成犯罪的，依法追究刑事责任；尚不构成犯罪的，依法给予处分。

第七章 附 则

第八十七条 本法自 2008 年 4 月 1 日起施行。

能源管理相关标准目录

一、通用标准

GB/T1028—2000 工业余热术语、分类、等级及余热资源量计算方法

GB/T2587—2009 用能设备能量平衡通则

GB/T2588—2000 设备热效率计算通则

GB/T2589—2008　综合能耗计算通则

GB/T3484—2009　企业能量平衡通则

GB/T3485—1998　评价企业合理用电技术导则

GB/T4272—2008　设备及管道绝热技术通则

GB/T7119—2006　节水型企业评价导则

GB/T8222—2008　用电设备电能平衡通则

GB/T10201—2008　热处理合理用电导则

GB/T13234—2009　企业节能量计算方法

GB/T13471—2008　节电措施经济效益计算与评价方法

GB/T14909—2005　能量系统㶲分析技术导则

GB/T15320—2001　节能产品评价导则

GB/T17719—2009　工业锅炉及火焰加热炉烟气余热资源量计算方法与利用导则

GB/T18718—2002　热处理节能技术导则

二、工业产品（或工序）能耗限额标准

GB 16780—2007　水泥单位产品能源消耗限额

GB/T19944—2005　热处理生产燃料消耗定额及其计算和测定方法

GB 21248—2007　铜冶炼企业单位产品能源消耗限额

GB 21249—2007　锌冶炼企业单位产品能源消耗限额

GB 21250—2007　铅冶炼企业单位产品能源消耗限额

GB 21251—2007　镍冶炼企业单位产品能源消耗限额

GB 21252—2007　建筑卫生陶瓷单位产品能源消耗限额

GB 21256—2007　粗钢生产主要工序单位产品能源消耗限额

GB 21257—2007　烧碱单位产品能源消耗限额

GB 21258—2001　常规燃煤发电机组单位产品能源消耗限额

GB 21340—2008　平板玻璃单位产品能源消耗限额

GB 21341—2008　铁合金单位产品能源消耗限额

GB 21342—2002　焦炭单位产品能源消耗限额

GB 21343—2008　电石单位产品能源消耗限额

GB 21344—2008　合成氨单位产品能源消耗限额

GB 21345—2008　黄磷单位产品能源消耗限额

GB 21346—2008　电解铝企业单位产品能源消耗限额

GB 21347—2008　镁冶炼企业单位产品能源消耗限额

GB 21348—2008　锡冶炼企业单位产品能源消耗限额

GB 21349—2008　锑冶炼企业单位产品能源消耗限额

GB 21350—2008　铜及铜合金管材单位产品能源消耗限额

GB 21351—2008　铝合金建筑型材单位产品能源消耗限额

GB 21370—2008　碳素单位产品能源消耗限额

GB 25323—2010　再生铅单位产品能源消耗限额

GB 25324—2010　铝电解用石墨质阴极炭块单位产品能源消耗限额

GB 25325—2010　铝电解用预赔阳极单位产品能源消耗限额

GB 25326—2010　铝及铝合金轧、拉制管、棒材单位产品能源消耗限额

GB 25327—2010　氧化铝企业单位产品能源消耗限额

三、终端用能产品能效限定值级能效等级标准

GB 18613—2006　中小型三相异步电动机能效限定值及效能等级

GB 19043—2003　普通照明用双端荧光灯能效限定值及效能等级

GB 19044—2003　普通照明用自镇流荧光灯能效限定值及效能等级

GB 19153—2009　容积式空气压缩机能效限定值及效能等级

GB 19415—2003　单端荧光灯能效限定值及节能评价值

GB 19573—2004　高压钠灯能效限定值及效能等级

GB 19576—2004　单元式空气调节机能效限定值及能源效率等级

GB 19577—2004　冷水机组能效限定值及能源效率等级

GB 19761—2009　通风机能效限定值及效能等级

GB 19762—2007　清水离心泵能效限定值及节能评价值

GB 20052—2006　三项配电变压器能效限定值及节能评价值

GB 20053—2006　金属卤化物灯用镇流器能效限定值及能效等级

GB 20053—2006　《金属卤化物灯用镇流器能效限定值及能效等级》国家标准第 1 号修改单

GB 20054—2006　金属卤化物灯能效限定值及能效等级

GB 20943—2007　单路输出是交流直流和交流交流外部电源能效限定值及节能评价值

GB 21454—2008　多联式空调（热泵）机组能效限定值及能源效率等级

GB 21518—2008　交流接触器能效限定值及能效等级

GB 21518—2008　《交流接触器能效限定值及能效等级》国家标准第 1 号修改单

GB 24500—2009　工业锅炉能效限定值及能效等级

GB 24790—2009　电力变压器能效限定值及能效等级

GB 24848—2010　石油工业用加热炉能效限定值及能效等级

四、节能设计标准

GB/T 8175—2008　设备及管道绝热设计导则

GB 50376—2006　橡胶工厂节能设计规范

GB 50443—2007　水泥工厂节能设计规范

GB 50527—2009　平板玻璃工厂节能设计规范

五、节能监测及测试标准

GB/T 755.2—2003　　旋转电机（牵引电机除外）确定损耗和效率的试验方法

GB/T 5321—2005　　凉热法测定电机的损耗和效率

GB/T 6422—2009　　用能设备能量测试导则

GB/T 7287—2008　　红外辐射加热器试验方法

GB/T 8174—2008　　设备及管道绝热效果的测试与评价

GB/T 10066.9—2008　　电热装置的试验方法　第9部分：高频介质加热装置输出功率的测定

GB/T 10180—2003　　工业锅炉热工性能试验方法

GB/T 10820—2002　　生活锅炉热效率及热工试验方法

GB/T 13475—2008　　绝热、稳态传热性质的测定　标定和防护热箱法

GB/T 15316—2009　　节能加测技术通则

GB/T 15317—2009　　燃煤工业锅炉节能监测

GB/T 15318—2010　　热处理电路节能监测

GB/T 15910—2009　　热力输送系统节能监测

GB/T 15912.1—2009　　制冷机组及供制冷系统节能检测　第1部分：冷库

GB/T 15913—2009　　风机机组与管网系统节能监测

GB/T 15914—1995　　蒸汽加热设备节能监测方法

GB/T 16664—1996　　企业供配电系统节能监测方法

GB/T 16665—1996　　空气压缩机组及供气系统节能监测方法

GB/T 16666—1996　　泵类及液体输送系统节能监测方法

GB/T 16667—1996　　电焊设备节能监测方法

GB/T 16811—2005　　工业锅炉水处理设施运行效果与监测

GB/T 17357—2008　　设备及管道绝热层表面热损失现场测定　热流计法和表面温度法

GB/T 17358—2009　　热处理生产点好计算和测定方法

GB/T 18293—2001　　电力整流设备运行效率的在线测量

GB/T 20137—2006　　三相笼型异步电动机损耗和效率的确定方法

GB/T 24560—2009　　电解电镀设备节能监测

GB/T 24561—2009　　干燥窑与烘烤炉节能监测

GB/T 24562—2009　　燃料热处理炉节能监测

GB/T 24563—2009　　煤气发生炉节能监测

GB/T 24564—2009　　高炉热风炉节能监测

GB/T 24565—2009　　隧道窑节能监测

GB/T 24566—2009　　整流设备节能监测

GB/T 25328—2010　　玻璃窑炉节能监测

六、用能设备经济运行比标准

GB/T 12497—2006　三相异步电动机经济运行

GB/T 13462—2008　电力变压器经济运行

GB/T 13466—2006　交流电气传动风机（泵类、空气压缩机）系统经济运行通则

GB/T 13469—2008　离心泵、混流泵、轴流泵和旋涡泵系统经济运行

GB/T 13470—2008　通风机系统经济运行

GB/T 17954—2007　工业锅炉经济运行

GB/T 17981—2007　空气调节系统经济运行

GB/T 18292—2009　生活锅炉经济运行

GB/T 19065—2003　电加热锅炉系统经济运行

GB/T 21056—2007　风机、泵类负载变频调速节电传动系统及其应用技术条件

七、能源管理与计量器具配备标准

GB/T 5623—2008　产品点好定额制定和管理导则

GB/T 12712—1991　蒸汽供热系统凝结水回收及蒸汽疏水阀技术管理要求

GB/T 15587—2008　工业企业能源管理导则

GB 17167—2006　用能单位能源计量器具配备和管理通则

GB/T 20901—2007　石油石化行业能源计量器具配备和管理要求

GB/T 20902—2007　有色金属液量企业能源计量器具配备和管理要求

GB/T 21367—2008　化工企业能源计量器具配备和管理要求

GB/T 21368—2008　钢铁企业能源计量器具配备和管理要求

GB/T 21369—2008　火力发电企业能源计量器具配备和管理要求

GB/T 22336—2008　企业节能标准体系编制通则

GB/T 23331—2009　能源管理体系要求

GB/T 24851—2010　建筑材料行业能源计量器具配备和管理要求

综合能耗计算通则

中华人民共和国国家标准　　GB/T 2589—2008

2008 - 02 - 03 发布　2008 - 06 - 01 实施

1　范围

本标准规定了综合能耗的定义和计算方法。

本标准适用于用能单位能源消耗指标的核算和管理。

2 规范性引用文件

下列文件中的条款通过本标准的引用而成为本标准的条款。凡是注日期的引用文件，其随后所有的修改单（不包括勘误的内容）或修订版均不适用于本标准，然而，鼓励根据本标准达成协议的各方研究是否可使用这些文件的最新版本。凡是不注日期的引用文件，其最新版本适用于本标准。

GB 17167 用能单位能源计量器具配备和管理通则

3 术语和定义

下列术语和定义适用于本标准。

3.1 耗能工质 energy–consumed medium

在生产过程中所消耗的不作为原料使用、也不进入产品，在生产或制取时需要直接消耗能源的工作物质。

3.2 能量的当量值 energy calorific value

按照物理学电热当量、热功当量、电功当量换算的各种能源所含实际能量。按国际单位制，折算系数为1。

3.3 能量的等价值 energy equivalent value

生产单位数量的二次能源或耗能工质所消耗的各种能源折算成一次能源的能量。

3.4 用能单位 energy consumption unit

具有确定边界的耗能单位。

3.5 综合能耗 comprehensive energy consumption

用能单位的统计报告期内实际消耗的各种能源实物量，按规定的计算方法和单位分别折算后的总和。

对企业，综合能耗是指统计报告期内，主要生产系统、辅助生产系统和附属生产系统的综合能耗总和。企业中主要生产系统的能耗量应以实测为准。

3.6 单位产值综合能耗 comprehensive energy consumption for unit ouput value

统计报告期内，综合能耗与期内用能单位总产值或工业增加值的比值。

3.7 产品单位产量综合能耗 comprehensive energy consumption for unit output value

统计报告期内，用能单位生产某种产品或提供某种服务的综合能耗与同期该合格产品产量（工作量、服务量）的比值。

产品单位产量综合能耗简称单位产品综合能耗。

注：产品是指合格的最终产品或中间产品；对某些以工作量或原材料加工量为考核能耗对象的企业，其单位工作量、单位原材料加工量的综合能耗的概念也包括在本定义之内。

3.8 产品单位产量可比综合能耗 comparable comprehensive energy consumption for unit outpit of prooduct

为在同行业中实现相同最终产品能耗可比，对影响产品能耗的各种因素加以修正所计算出来的产品单位产量综合能耗。

4　综合能耗计算的能源种类和计算范围

4.1　能源种类

4.1.1　综合能耗计算的能源指用能单位实际消耗的各种能源，包括：

一次能源，主要包括原煤、原油、天然气、水力、风力、太阳能、生物质能等；

二次能源，主要包括洗精煤、其他洗煤、型煤、焦炭、焦炉煤气、其他煤气、汽油、煤油、柴油、燃料油、液化石油气、炼厂干气、其他石油制品、其他焦化制品、热力、电力等。

4.1.2　耗能工质消耗的能源也属于综合能耗计算种类。耗能工质主要包括新水、软化水、压缩空气、氧气、氮气、氩气、乙炔、电石等。

4.1.3　综合能耗计算包括的能源种类，应满足填报国家能源统计报表的要求。各种能源不得重计、漏计。能源的计量应符合 GB 17167 的要求。

4.2　计算范围

指用能单位生产活动过程中实际消耗的各种能源。对企业，包括主要生产系统、辅助生产系统和附属生产系统用能以及用作原料的能源。

能源及耗能工质在用能单位内部储存、转换及分配供应（包括外销）中的损耗，也应计入综合能耗。

5　综合能耗的分类与计算方法

5.1　综合能耗分类

综合能耗分为四种，即综合能耗、单位产值综合能耗、产品单位产量综合能耗、产品单位产量可比综合能耗。

5.2　综合能耗的计算

5.2.1　综合能耗的计算

综合能耗的计算按式（1）计算：

$$E = \sum_{i=1}^{n} (e_i \times p_i) \tag{1}$$

式中：

E——综合能耗；

n——消耗的能源品种数；

e_i——生产和服务活动中消耗的第 i 种能源实物量；

p_i——第 i 种能源的折算系数，按能量的当量值或能源等价值折算。

5.2.2　单位产值综合能耗的计算

单位产值综合能耗按式（2）计算：

$$e_g = E/G \tag{2}$$

式中：

e_g——单位产值综合能耗；

G——统计报告期内产出的总产值或增加值。

5.2.3 产品单位产量综合能耗的计算

某种产品（或服务）单位产量综合能耗按式（3）计算：

$$e_j = E_j/P_j \qquad (3)$$

式中：

e_j——第 j 种产品单位产量综合能耗；

E_j——第 j 种产品的综合能耗；

P_j——第 j 种产品合格产品的产量。

对同时生产多种产品的情况，应按每种产品实际耗能量计算；在无法分别对每种产品进行计算时，折算成标准产品统一计算，或按产量与能耗量的比例分摊计算。

5.2.4 产品单位产量可比综合能耗的计算

产品单位产量可比综合能耗只适用于同行业内部对产品能耗的相互比较之用，计算方法应在专业中和相关的能耗计算办法中，由各专业主管部门予以具体规定。

6 各种能源折算标准煤的原则

6.1 计算综合能耗时，各种能源折算为一次能源的单位为标准煤当量。

6.2 用能单位实际消耗的燃料能源应以其低（位）发热量为计算基础折算为标准煤量。

低（位）发热量等于 29 307 千焦（kJ）的燃料，称为 1 千克标准煤（1 kgce）。

6.3 用能单位外购的能源和耗能工质，其能源折算系数可参照国家统计局公布的数据；用能单位自产的能源和耗能工质所消耗的能源，其能源折算系数可根据实际投入产出自行计算。

6.4 当无法获得各种燃料能源的低（位）发热量实测值和单位耗能工质的耗能量时，可参照附录 A 和附录 B。

附录 A（资料性附录）

各种能源折标准煤参考系数

能源名称		平均低位发热量	折标准煤系数
原煤		20 908 kJ/kg（5 000 kcal/kg）	0.714 3 kgce/kg
洗精煤		26 344 kJ/kg（6 300 kcal/kg）	0.900 0 kgce/kg
其他洗煤	洗中煤	8 363 kJ/kg（2 000 kcal/kg）	0.285 7 kgce/kg
	煤泥	8 363 kJ/kg ~ 12 545 kJ/kg （2 000 kcal/kg ~ 3 000 kcal/kg）	0.285 7 kgce/kg ~ 0.428 6 kgce/kg
焦炭		28 435 kJ/kg（6 800 kcal/kg）	0.971 4 kgce/kg

能源名称		平均低位发热量	折标准煤系数
原油		41 816 kJ/kg（10 000 kcal/kg）	1.428 6 kgce/kg
燃料油		41 816 kJ/kg（10 000 kcal/kg）	1.428 6 kgce/kg
汽油		43 070 kJ/kg（10 300 kcal/kg）	1.471 4 kgce/kg
煤油		43 070 kJ/kg（10 300 kcal/kg）	1.471 4 kgce/kg
柴油		42 652 kJ/kg（10 200 kcal/kg）	1.457 1 kgce/kg
煤焦油		33 453 kJ/kg（8 000 kcal/kg）	1.142 9 kgce/kg
渣油		41 816 kJ/kg（10 000 kcal/kg）	1.428 6 kgce/kg
液化石油气		50 179 kJ/kg（12 000 kcal/kg）	1.714 3 kgce/kg
炼厂干气		46 055 kJ/kg（11 000 kcal/kg）	1.571 4 kgce/kg
油田天然气		38 931 kJ/m³（9 310 kcal/m³）	1.330 0 kgce/m³
气田天然气		35 544 kJ/m³（8 500 kcal/m³）	1.214 3 kgce/m³
煤矿瓦斯气		14 636 kJ/m³ ~ 16 726 kJ/m³ （3 500 kcal/m³ ~ 4 000 kcal/m³）	0.500 0 kgce/m³ ~ 0.571 4 kgce/m³
焦炉煤气		16 726 kJ/m³ ~ 17 981 kJ/m³ （4 000 kcal/m³ ~ 4 300 kcal/m³）	0.571 4 kgce/m³ ~ 0.614 3 kgce/m³
高炉煤气		3 763 kJ/m³	0.128 6 kgce/m³
其他煤气	a）发生炉煤气	5 227 kJ/kg（1 250 kcal/m³）	0.178 6 kgce/m³
	b）重油催化裂解煤气	19 235 kJ/kg（4 600 kcal/m³）	0.657 1 kgce/m³
	c）重油热裂解煤气	35 544 kJ/kg（8 500 kcal/m³）	1.214 3 kgce/m³
	d）焦炭制气	16 308 kJ/kg（3 900 kcal/m³）	0.557 1 kgce/m³
	e）压力气化煤气	15 054 kJ/kg（3 600 kcal/m³）	0.514 3 kgce/m³
	f）水煤气	10 454 kJ/kg（2 500 kcal/m³）	0.357 1 kgce/m³
粗苯		41 816 kJ/kg（10 000 kcal/kg）	1.428 6 kgce/kg
热力（当量值）		—	0.034 12 kgce/MJ
电力（当量值）		3 600 kJ/（kW·h） [860 kcal/（kW·h）]	0.122 9 kgce/（kW·h）
电力（等价值）		按当年火电发电标准煤耗计算	
蒸汽（低压）		3 763 MJ/t（900 Mcal/t）	0.128 6 kgce/kg

附录 B（资料性附录）

能耗工质能源等价值

品种	单位耗能工质耗能量	折标准煤系数
新水	2.51 MJ/t（600 kcal/t）	0.085 7 kgce/t
软水	14.23 MJ/t（3 400 kcal/t）	0.485 7 kgce/t
除氧水	28.45 MJ/t（6 800 kcal/t）	0.971 4 kgce/t
压缩空气	1.17 MJ/m³（280 kcal/m³）	0.040 0 kgce/m³
鼓风	0.88 MJ/m³（210 kcal/m³）	0.030 0 kgce/m³
氧气	11.72 MJ/m³（2 800 kcal/m³）	0.400 0 kgce/m³
氮气（做副产品时）	11.72 MJ/m³（2 800 kcal/m³）	0.400 0 kgce/m³
氮气（做主产品时）	19.66 MJ/m³（4 700 kcal/m³）	0.671 4 kgce/m³

续表

品种	单位耗能工质耗能量	折标准煤系数
二氧化碳气	6. 28 MJ/m³（1 500 kcal/t）	0. 214 3 kgce/m³
乙炔	243. 67 MJ/m³	8. 314 3 kgce/m³
电石	60. 92 MJ/kg	2. 078 6 kgce/kg

工业企业能源管理导则

中华人民共和国国家标准 GB/T 15587—2008

2008 - 09 - 18 发布 2009 - 05 - 01 实施

1 范围

本标准规定了工业企业建立能源管理系统，实施能源管理的一般要求。

本标准适用于新建、扩建、既有工业企业能源管理。

2 规范性引用文件

下列文件中的条款通过本标准的引用而成为本标准的条款。凡是注日期的引用文件，其随后所有的修改单（不包括勘误的内容）或修订版均不适用于本标准，然而，鼓励根据本标准达成协议的各方研究是否可使用这些文件的最新版本。凡是不注日期的引用文件，其最新版本适用于本标准。

GB/T 2589 综合能耗计算通则

GB/T 3484 企业能量平衡通则

CB/T 12723 单位产品能源消耗限额编制通则

GB/T 17166 企业能源审计技术通则

GB 17167 用能单位能源计量器具配备和管理通则

GB/T 19000 质量管理体系 基础和术语

GB/T 19001 质量管理体系 要求

3 管理

3.1 为实施能源管理，企业应设立专门的能源管理机构，建立责任分工明确、完善的能源管理制度，落实管理职责。

3.2 应根据本企业总的经营方针和目标，执行国家能源政策和有关法律、法规，充分考虑经济、社会和环境效益，确定明确的能源管理方针和定量指标体系。

3.2.1 应根据企业能源管理方针，明确定量指标体系中的能耗和节能目标。能源管理能耗目标要能体现能源消耗量，能源管理节能目标要能体现能源消耗节约量，并可分别制定年度目标和长远目标。

3.2.2 能源管理方针和目标应以书面文件颁发，使企业所有相关人员明确，并贯彻执行。

3.3 应根据企业自身特点，完成以下能源管理的主要环节：

a) 能源规划及设计；

b) 能源输入；

c) 能源转换；

d) 能源分配和传输；

e) 能源使用（消耗）；

f) 能耗分析与评价；

g) 节能技术进步。

3.4 为实现能源管理目标，企业应建立、保持和完善具有明确的职责范围、权限和奖惩制度的能源管理系统。

3.4.1 能源主管部门应系统地分析本企业能源管理各主要环节及其各项活动过程，分层次把各项具体工作任务落实到有关部门、人员和岗位，确保完成各项具体能源管理工作。

3.4.2 在分配落实能源管理职责的同时，要授予履行该职责所必要的权限。

3.4.3 建立全体员工参与的能源管理和节能体制，对节能有成绩或对节能技术有创新的员工，根据节能效果大小，给予精神鼓励或物质奖励，并建立相应的奖惩制度。

3.4.4 培训能源管理的管理人才、技术人才，培育企业基层的能源管理技术骨干。

3.5 应按照 GB 17167 配备能源计量器具，建立相应的管理制度。

3.6 为了规范和协调各项能源管理活动，应系统地制定各种文件。能源管理所需文件应包括管理文件、技术文件和记录档案等。

3.6.1 管理文件是对能源管理活动的原则、职责权限、工作程序、协调联系方法、原始记录要求等所作的规定。如：管理制度、管理标准及各种规定等。制定管理文件应做到程序明确，相互协调，简明易懂，便于执行。

3.6.2 技术文件是对能源管理活动中有关技术方面的规定，包括：技术要求、操作规程、测试方法等。制定能源技术文件，应参照国家、行业和地方能源政策及标准，规定其内容应准确、先进、合理。

3.6.3 记录档案是对能源管理中的计量数据、检测结果、分析报告等的记录，应按规定保存，作为分析、检查和评价的依据。

3.6.4 应对所有文件的制定、批准、发放、修订以及文件的废止作出明确规定，确保文件执行准确有效。

3.7 应定期组织对能源管理系统进行检查、评价，发现问题应及时改进。

3.7.1 应组织有部门，按规定的期限定期对能源管理系统进行全面检查。发现能源消耗状况异常时，应对有关环节进行分析诊断。

3.7.2 检查应依据管理文件和技术文件，跟踪检查每一项能源管理工作执行情况，确认各项能源管理工作是否按文件规定开展，达到预期效果。

a）文件规定的职责是否落实，责任人是否明确自己的职责和工作任务、具备相应技能、熟悉工作程序、掌握工作方法；

b）有关人员执行的文件是否正确有效，文件规定的记录是否齐全、准确，并按规定保存和传递；

c）对能源消耗异常情况是否及时作出反应，予以纠正；

d）能源消耗指标和节能目标能否完成。

3.7.3 检查完成后应提出检查报告，报告应包括发现的问题及分析，提出改进措施，必要时调整能源管理体系。

3.8 当企业生产工艺、产品结构和品种、组织机构发生大的变化后，企业有关部门应对能源管理系统进行评价，就以下问题作出判断和决策：

a）能源管理系统能否实现能源管理目标；

b）能源管理系统能否适应企业所发生的变化；

c）调整能源管理系统。

3.9 政府相关职能部门、企业主管部门应对企业的能源管理现状按照国家相关法律法规及标准的要求进行审核，同时通过组织培训、产学研合作等多种方式，促进企业提高能源管理水平。

4 能源规划及设计管理

4.1 企业和设计部门应在建设前期科学地规划能源并在使用中有效地管理能源，在生产过程中应及时地根据国家的能源方针和政策适时地调整能源结构。

4.2 新建企业在建设前期，应配合设计单位科学地规划企业的各种能源种类和总量。

4.3 扩建和改建项目，企业应在延续能源规划的前提下，依据现行国家的能源方针和政策，确定合适的能源。

4.4 需要分期建设的工厂，应协调好总体工艺、能源和环保等规划，协调好分期建设的产品方案、物料平衡和能量平衡，实现综合利用，避免高品位的余热的排放及中间产品或最终产品的放空或焚烧。

4.5 企业应建立能源规划管理档案，档案包括：企业使用能源和节能的中长期规划及计划、适时调整使用能源的可行性报告等。

4.6 一切耗能设备从设计开始直到生产和使用，都要符合节能规范及标准的要求。

4.7 设计的各个环节，均应重视合理利用能源和节约量。在可行性研究和基础设计文件中，必须有合理利用能源的专门篇（章）论述。

4.8 确定新建工厂产品方案时，除考虑市场需求和发展趋势外，还应考虑与能耗直接相关的装置或系列设备的生产能力，使其达到经济规模。

4.9 进行企业生产使用的能源调整，局部调整可在本企业设计、能源管理等相关部门的参与下进行；重大调整应由专业单位（人员）在充分调查、研究以及论证的前提下进行。

5 能源输入管理

5.1 企业应参照 GB/T 19000、GB/T 19001 的要求，对能源输入进行严格管理，准确掌握输入能源的数量和质量，为合理使用能源和核算总的消耗量提供依据。应制定和实施文件并开展以下活动：

a）选择能源供方；

b）签订采购合同；

c）能源计量及质量检测；

d）贮存。

5.2 选择能源供方除应考虑价格、运输等因素外，还应符合国家相关能源政策并对所供能源的质量进行评价，并确认其供应能力。

5.3 与能源供方签订的采购合同中，应明确规定以下内容：

a）能源供应期限；

b）能源数最及计量方法；

c）能源质量要求及检查方法；

d）能源数量及质量发生异议时的处理规则。

5.4 根据检测要求和费用，合理确定输入能源质量抽检的项目和频次，采用国家或行业标准规定的通用方法检验输入能源的质量。规定有关人员的职责、抽样规则、判定基准及记录、报告是否合格的判定程序。

5.5 制定和执行能源贮存管理文件，规定贮存损耗限额，在确保安全的同时，减少贮存损耗。

6 能源加工转换管理

6.1 根据生产要求、设备状况和运行状况，制定转换设备调度规程，确定最佳运行方案，各方面应相互配合，使转换设备保持最佳工况。

6.2 运行操作人员应经培训后执证上岗。制定运行操作规程时，对转换设备的操作方法、事故处理、日常维护、原始记录等作出明确规定，并予严格执行。

6.3 应定期测定重点转换设备的运行效率，以其运行效率是否处于经济运行范围作为安排检修的依据之一。为保证检修质量，掌握设备状况，应制定并执行检修规程和检修验收的技术条件。

7 能源分配和传输管理

7.1 能源分配和传输的管理，遵照企业使用能源的设计规划进行。企业应制定可执行的相关文件，在条件允许的情况下应有量化指标和参数。

7.2 应明确界定内部能源分配传输系统的范围，规定有关单位和人员的管理职责和权限，以及有关的管理工作制度原则和方法．

7.3　在合理布局设置内部能源分配传输系统的前提下，合理调度，优化分配，并适时调整，减少传输损耗。

7.4　对输配电线路，供水、供气、供汽、供热、供冷、供油管道等要定期巡查，测定其损耗。根据生产运行状况，制定计划，合理安排检修。

7.5　要建立能源分配和传输的使用制度，制定用能计划，对各部门的单位用能准确地进行计量，并建立记录档案台账，定期进行归纳和统计。

8　能源使用管理

8.1　产品生产工艺的设计和调整，应把能源消耗作为重要考虑因素之一，利用能源系统优化的原则，合理安排工艺过程，充分利用、回收原本放散的可燃气体，余热、余压等。

8.2　应对各工序，特别是主要耗能工序，优选工艺参数，加强监测调控，改进产品加工方法，降低能源消耗。

8.3　选择耗能生产设备，应以有利于节能、环保和提高综合经济效益为原则，选用高效节能设备，淘汰高耗能设备。

8.4　要严格贯彻执行操作规程，不断改进操作方法，加强日常维护和定期检修，使耗能设备正常高效运行。

8.5　应根据设备特性和生产加工需要，合理安排生产计划和生产调度，确保耗能设备在最佳状况下经济运行。

8.6　应制定能源消耗定额，作为判断能耗状况的重要依据，并考核完成情况。应制定能源使用管理文件，其内容应包括：

a）能源消耗定额的制定；

b）定额的下达和责任落实；

c）实际用能量的计量和核定；

d）考核。

8.7　企业能源主管部门应按照 GB/T 12723、GB/T 2589 和行业的有关规定，分别制定各用能部门、主要耗能设备和工序的能耗定额。

8.8　能源消耗定额应按规定的程序逐级下达，并明确规定完成各项定额的责任部门、单位和责任人。

8.9　要落实有关人员的职责，按规定的方法，对各用能部门、主要耗能设备和工序的实际用能量进行计量、统计和核算，在规定时间内报告。

8.10　企业应根据自身特点和具体情况，选定适当的方法对定额完成情况进行考核和奖惩。当实际用能量超出定额时，应查明原因并采取纠正措施。

8.11　应根据生产条件变化和完成情况，及时修订能耗定额。

9　能源计量检测

9.1　建立能源计量管理制度、明确企业管理者的职责和能源计量队伍的建设。

9.2 企业应执行 GB 17167 的规定，配备满足管理需要的能源计量器具，制定和实施有关文件，对计量器具的购置、安装、维护和定期检定实行管理，保证其准确可靠。

9.3 应按合同规定的方法对输入能源进行计量。明确规定相应人员的职责和权限、计量和计算方法、记录内容和发现问题时报告、裁定的程序。

9.4 在自动控制方案设计中，除满足一般生产要求外，还应根据节能的要求，合理配置各种监控、调气、检测及计量等仪表装置及控制系统。

9.5 企业应建立能源计量数据采集管理系统，以利于数据的分析利用，将采集到的水、电、气、蒸汽和煤、油、焦炭等能源的供应（生产）、消耗情况随时统计、储存、分析、处理后，供生产调度、节能监督管理等公司各部门应用。

9.6 要大力推广应用计算机网络控制技术，逐步实现对能源输入到消耗全过程的连续监测、集中控制、统一调度。

10 能耗分析

10.1 企业能源主管部门应根据行业特点确定本部门的能耗与节能指标体系，并应定期对全企业能耗状况及其费用进行分析。各用能部门应对本部门管辖的主要耗能设备、工序的能源利用现状进行分析。

10.2 挖掘节能潜力，采取节能措施。用于局部改进的列入中短期计划，用于重大节能技术措施的列入长期计划。并把节能规划和发展生产、降低成本、防止公害结合起来。

10.3 企业根据实际情况，选择以下分析方法：

a）统计分析方法。可根据本企业特点，运用数理统计方法对能耗有关数据进行处理，设计和绘制各种图表，用以对能耗状况进行经常性分析。

b）能源审计方法。以企业为体系，按 GB/T 17166 及有关规定，采用投入产出分析的方法，宏观分析企业能源利用状况。

c）能量平衡方法。根据需要进行以企业为整体的能量平衡。能量平衡方法按 GB/T 3484 及有关标准规定进行。对内部用能部门和主要耗能设备、工序，当耗能异常原因不明时，或产品、生产工艺和设备发生变化时，应进行能量平衡测试。

10.4 分析完成后应提供报告，一般应包括以下内容：

a）所采用的能耗分析方法；

b）能源管理目标和能耗定额完成情况；

c）能耗及其费用上升或下降的原因及其影响因素分析；

d）企业或部门用能水平评价；

e）改进措施和节能潜力分析。

11 节能技术进步

11.1 企业应制定和执行管理文件，规范和协调节能技术及措施在实施过程中的各项工作，内容应包括：

a）可行性研究；

b）方案和实施；

c）寿命周期效益评价。

11.2　企业应组织有关部门和人员对节能技术措施的建议进行研究，作出决策。对重大节能技术措施应进行可行性研究，主要从以下几个方面进行评估：

a）节能效果和经济效益；

b）投资额及回收期；

c）实施过程中对生产的影响；

d）环境影响。

11.3　节能技术措施的实施，应明确主要负责部门和责任人、配合的部门和责任人。重大节能技术改造项目及对生产影响大的节能技术措施，应单独制定实施计划。

11.4　节能技术措施实施后应测试能耗状况，并与该措施实施前进行比较，评价节能效果和经济效益。当生产运转正常后，应修订有关技术文件和能耗定额，保持节能效果。

11.5　企业应关注本行业节能技术应用，积极采用新技术、新工艺、新材料、新设备、新能源以及可再生能源。

11.6　企业应积极开发节能技术，鼓励技术创新，推广节能示范工程。用能设备的效率和能量消耗应达到国家及行业标准规定。

附录二

高等教育自学考试能源管理专业
能源管理师职业能力水平证书考试

《能源法律法规》
考 试 大 纲

高等教育自学考试能源管理专业
能源管理师职业能力水平证书考试　系列教材编委会　制定

目　录

Ⅰ. 能力考核要求 ·· 257

Ⅱ. 能力目标与实施要求 ··· 258

Ⅲ. 考试内容与考核标准 ··· 259

　第1章　中国能源法律法规体系 ····························· 259

　第2章　《节约能源法》解读 ······························· 260

　第3章　能源管理相关法律 ································· 260

　第4章　能源管理相关条例 ································· 261

　第5章　能源管理相关管理办法 ···························· 261

　第6章　能源管理相关重要文件 ···························· 262

Ⅳ. 题型示例 ··· 263

Ⅰ. 能力考核要求

一、课程性质

　　《能源法律法规》课程是高等教育自学考试能源管理专业（专科、独立本科段）和能源管理师职业能力水平证书考试的专业核心课程之一，该课程与其他课程密切相关，在整个课程体系中处于重要地位。

　　本课程介绍了中国能源法律法规体系；解读了《节约能源法》；选取了与能源管理密切相关的法律、法规、规章、规范性文件及部分标准目录。全书分为三部分：第一部分为第1章，系统介绍了中国能源管理法律法规体系等内容；第二部分为第2章，解读了《节约能源法》；第三部分包括第3~6章及附录一，主要精选了与能源管理密切相关的法律、法规、规章、规范性文件及部分标准目录。本课程的内容主要包括节能法律、法规、规章、规范性文件等有关规定。是开展能源管理工作的重要理论和实践基础。本课程的重点和难点在考核要求中有具体规定。

二、课程目标

　　通过本课程的学习，可以初步掌握能源法律、法规、规章、规范性文件等方面的基本理论、基础知识和基本技能，为学习其他专业课程奠定坚实的基础。学习该课程后，考生应当能够全面系统了解我国能源法律法规体系建设基本状况；掌握作为我国目前一部重要的综合性节约能源法律——《节约能源法》所涉及的法律规定和相关内容；熟悉能源管理所涉及的法律、法规、规章、规范性文件等内容；并与能源管理领域的最新实践有机地结合起来，为进一步学习其他课程和从事能源管理工作打下坚实的基础。

Ⅱ. 能力目标与实施要求

一、课程能力目标

本课程的三项考核目标为：

（1）识记：指对具体知识和抽象知识的辨认，表现为回忆、识别、列表、定义、陈述、概括等能力。

（2）领会：指对知识的初步理解，表现为具有将所学的知识能够转换、解释、区分、推断等能力。

（3）应用（综合）：指分析问题、案例、数据或情景以作出价值判断的能力，包括对比、比较、判断的能力，对能源管理的重要手段（如节能评估报告、能源审计报告编写及其他相关工作内容）所涉及的法律法规等，能够做出正确的理解、判断和运用。

下表为三项考核目标的权重：

考核目标		
识记	领会	应用
30%	40%	30%

二、课程考核形式

考试要求：本课程考试采用闭卷考试方式，考试时间为 150 分钟，试卷总分为 100 分，60 分为及格。

考试范围：本大纲考试内容所规定的知识点及知识点下的知识细目。

考试题型：课程考试命题的主要题型一般有：单项选择题（四选一）、多项选择题（五选多）、简答题、论述题等。在命题工作中必须按照本课程大纲中规定的题型命题，考试试卷使用的题型不能超出大纲规定的范围。

三、课程学习安排

本课程按照六个章节安排课程学习内容。专科为 5 学分，建议总自学时间为 80 学时；独立本科段为 6 学分，建议总自学时间为 106 学时。具体各章节学时分配见下表：

章　节	名　　称	自学时间（学时）	
		专科	独立本科段
第 1 章	中国能源法律法规体系	8	10
第 2 章	《节约能源法》解读	40	54
第 3 章	能源管理相关法律	8	10
第 4 章	能源管理相关条例	6	8
第 5 章	能源管理相关管理办法	12	16
第 6 章	能源管理相关重要文件	6	8
	合　　计	80	106

Ⅲ. 考试内容与考核标准

课程考核内容中标"★"的部分为独立本科段（二级证书）增加的考核内容，未标"★"的部分为专科段（一级证书）和本科段（二级证书）共同的考核内容。

第 1 章　中国能源法律法规体系

所在节	考核标准		适用范围
	要　　求	内　　容	
1.1 ~ 1.4	识记理解	中国能源法律法规建设概况	
		加快我国能源法律法规体系建设的主要内容	
	领会应用	能源法律法规体系建设经历的三个历史发展阶段的特点	
		我国能源法律法规体系建设纵向结构、横向结构	★
		我国现行法律法规体系存在的问题	★

第2章 《节约能源法》解读

所在节	考核标准			适用范围
	要　求	内　容		
2.1～2.5	识记理解	《节约能源法》的基本内容		
		《节约能源法》有关能源管理基本概念		
		《节约能源法》中所涉及的各项管理制度		★
		《节约能源法》提出的主要能源管理手段（节能评估、能源审计）		★
		《节约能源法》中关于工业节能、建筑节能、公共机构节能、重点用能单位节能的具体内容		★
		《节约能源法》中关于节能技术进步的具体内容		
		《节约能源法》中关于激励措施方面的具体内容		
		《节约能源法》中关于法律责任方面的具体内容		
	领会应用	《节约能源法》中所涉及的能源管理的基本概念		
		《节约能源法》中所涉及的重要的能源管理制度		★
		《节约能源法》提出的主要能源管理手段		★
		《节约能源法》中涉及工业节能、建筑节能、公共机构节能、重点用能单位节能等内容的要点		
		《节约能源法》中涉及节能技术进步、激励措施、法律责任等内容的要点		

第3章 能源管理相关法律

所在节	考核标准			适用范围
	要　求	内　容		
3.1～3.7	识记理解	《电力法》与《节约能源法》相关的内容		
		《煤炭法》与《节约能源法》相关的内容		
		《可再生能源法》与《节约能源法》相关的内容		
		《清洁生产促进法》与《节约能源法》相关的内容		
		《循环经济促进法》与《节约能源法》相关的内容		
		《标准化法》与《节约能源法》相关的内容		★
		《环境保护法》与《节约能源法》相关的内容		★
		《统计法》与《节约能源法》相关的内容		★

所在节	考核标准		适用范围
	要 求	内 容	
3.1~3.7	领会应用	《电力法》与《节约能源法》相关的学习要点	
		《煤炭法》与《节约能源法》相关的学习要点	
		《可再生能源法》与《节约能源法》相关的学习要点	
		《清洁生产促进法》与《节约能源法》相关的学习要点	
		《循环经济促进法》与《节约能源法》相关的学习要点	
		《标准化法》与《节约能源法》相关的学习要点	★
		《环境保护法》与《节约能源法》相关的学习要点	★
		《统计法》与《节约能源法》相关的学习要点	★

第4章 能源管理相关条例

所在节	考核标准		适用范围
	要 求	内 容	
4.1~4.4	识记理解	《民用建筑节能条例》的主要内容	
		《公共机构节能条例》的主要内容	
		《标准化实施条例》与《节约能源法》相关的主要内容	
		《认证认可条例》与《节约能源法》相关的主要内容	★
	领会应用	《民用建筑节能条例》的学习要点	
		《公共机构节能条例》的学习要点	
		《标准化实施条例》与《节约能源法》相关的学习要点	
		《认证认可条例》与《节约能源法》相关的学习要点	★

第5章 能源管理相关管理办法

所在节	考核标准		适用范围
	要 求	内 容	
5.1~5.14	识记理解	《重点用能单位节能管理办法》的主要内容	
		《企业节能量计算方法》的主要内容	
		《清洁生产审核暂行办法》的主要内容	
		《公路水路交通实施节能办法》的主要内容	
		《道路运输车辆燃料消耗量检测和监督管理办法》的主要内容	
		《民用节能管理办法》的主要内容	
		《固定资产投资项目节能评估和审查暂行办法》的主要内容	

所在节	考核标准		适用范围
	要　　求	内　　容	
5.1～5.14	识记理解	《能源效率标识管理办法》的主要内容	
		《中国节能产品认证管理办法》的主要内容	
		《认证证书和认证标志管理办法》的主要内容	★
	领会应用	《重点用能单位节能管理办法》的学习要点	
		《企业节能量计算方法》的学习要点	
		《清洁生产审核暂行办法》的学习要点	
		《公路水路交通实施节能办法》的学习要点	
		《道路运输车辆燃料消耗量检测和监督管理办法》的学习要点	
		《民用节能管理办法》的学习要点	
		《固定资产投资项目节能评估和审查暂行办法》的学习要点	
		《能源效率标识管理办法》的学习要点	
		《中国节能产品认证管理办法》的知识要点	★
		《认证证书和认证标志管理办法》的学习要点	★

第6章　能源管理相关重要文件

所在节	考核标准		适用范围
	要　　求	内　　容	
6.1～6.7	识记理解	《国务院关于加强节能工作的规定》的主要内容	
		《"十二五"节能减排综合性工作方案》的主要内容	
		《国务院关于加快推行合同能源管理促进节能服务业发展意见》的主要内容	
		《合同能源管理财政奖励资金管理暂行办法》的主要内容	★
		《关于财政奖励合同能源管理项目有关事项的补充通知》的主要内容	★
		《能源审计报告指南》的主要内容	
		《能源管理体系要求》的主要内容	

续表

所在节	考核标准		适用范围
	要　求	内　容	
6.1～6.7	领会应用	《国务院关于加强节能工作的规定》的学习要点	
		《"十二五"节能减排综合性工作方案》的学习要点	
		《国务院关于加快推行合同能源管理促进节能服务业发展意见》的学习要点	
		《合同能源管理财政奖励资金管理暂行办法》的学习要点	★
		《关于财政奖励合同能源管理项目有关事项的补充通知》的学习要点	★
		《能源审计报告指南》的学习要点	
		《能源管理体系要求》的学习要点	

Ⅳ. 题型示例

第一部分：题型示例

一、单项选择题（在每小题给出的四个选项中，只有一项符合题目要求，把所选项的字母填在括号内。）

1. 1998 年 1 月 1 日起实行的（　　）标志着中国节约能源工作开始步入法治轨道。

A. 《环境保护法》　　　　　　　B. 《循环经济促进法》

C. 《清洁生产法》　　　　　　　D. 《节约能源法》

2. 新修订《中华人民共和国节约能源法》共（　　）。

A. 六章八十条　　　　　　　　　B. 八章八十六条

C. 七章八十七条　　　　　　　　D. 六章八十七条

二、多项选择题（在备选答案中有 2～5 个是正确的，将其全部选出并将它们的标号写在括号内，选错、漏选和不选均不得分。）

1. 国家实行有利于节能和环境保护的产业政策，（　　），发展节能环保型产业。

A. 限制发展高耗能行业　　　　　B. 鼓励发展第三产业

C. 限制发展资源性行业　　　　　D. 限制高污染行业

E. 鼓励发展节能工业

2. 节约资源是我国的基本国策。国家实施（　　　）的能源发展战略。

A. 把节约放在首位 　　　　　　　　B. 利用为主、加强开发

C. 节约与开发并举 　　　　　　　　D. 开发与节约并举

E. 把开发放在首位

三、简答题

1. 什么是能源？

2. 什么是节约能源？

四、论述题

试述优化发展公共交通的政策措施。

第二部分：评分参考

一、单项选择题

答案：1. D　　　　　2. C

二、多项选择题

答案：1. AD　　　　2. AC

三、简答题

1. 答：能源是指煤炭、石油、天然气、生物质能和电力、热力以及其他直接或者通过加工、转换而取得有用能的各种资源。

2. 答：节约能源是指加强用能管理，采取技术上可行、经济上合理以及环境和社会可以承受的措施。从能源生产到消费的各个环节，降低消耗、减少损失和污染物排放、制止浪费，有效、合理地利用能源。

四、论述题

答：为了给社会公众出行提供便捷、快速、安全、高效的公共交通服务，鼓励人民群众利用公共交通工具出行，近些年来，国家出台了一些政策措施。优化发展公共交通的政策措施有：

（1）进一步加大对公共交通的投入。将公共交通发展纳入公共财政体系，建立健全公共交通投入、补偿机制，统筹安排，重点扶持。

（2）完善公共交通服务体系。合理规划设置公共交通场站和配套设施，完善公共交通基础设施。

（3）建立低票价补偿机制。北京市在全国率先推行"低价公交"收到了非常好的效果，对缓解首都交通拥挤、减少环境污染、方便人民群众出行起到了积极作用。

参 考 文 献

［1］张国宝．中国能源发展报告 2009［M］．北京：经济科学出版社，2009．

［2］魏一鸣，廖华等．中国能源报告（2010）［M］．北京：北京科学技术出版社，2010．

［3］叶荣泗，吴钟瑚．中国能源法律体系研究［M］．北京：中国电力出版社，2006．

［4］国家发展和改革委员会法规司．法律法规规章汇编．

［5］王仲颖，任东明，高虎等．中国可再生能源产业发展报告（2009）［M］．北京：化学工业出版社，2010．

［6］中华人民共和国可再生能源法［M］．北京：人民出版社，2010．

［7］中华人民共和国国民经济和社会发展第十二个五年规划纲要［M］．北京：人民出版社，2011．

［8］李命志，赵家荣．中华人民共和国节约能源法释义［M］．北京：北京大学出版社，2008．

后 记

能源管理师职业能力水平证书（CNEM）系列教材终于和广大考生见面了，它凝结着专家团队每位成员多年的心血，承担着培养成千上万能源管理专业人才的重任。

回忆这两年多的历程感慨万千！那是 2009 年的夏天，我和 40 年前就相识但又分别多年的故友偶然相遇，谈起这些年各自的境遇，问及我在中国交通运输协会职业教育考试服务中心工作，并与教育部考试中心合作高等教育自学考试物流管理专业和采购与供应管理专业两个双证书（学历证书＋职业资格证书）项目，深受考生青睐，培训规模达到 20 多万人时，故友兴趣益然，介绍自己在国家发展和改革委员会做培训工作，现正在全国很多省市开办能源管理方面的培训班，十分火暴，原因是近几年能源管理专业人才需求量越来越大，而这方面的人才十分短缺，培训市场前景很好。基于上述原因，我们达成共识，并比照物流和采购两个项目的模式，申请开考能源管理专业和能源管理师证书项目，把学历教育和职业教育相结合，培养能源管理人才，满足社会需求、企业需求。

2009 年 8 月 26 日，我们在清华大学召开了首次专家论证会，探讨能源管理培训项目的必要性和可行性。大家一致认为：首先，国家高度重视节能减排工作，《中华人民共和国节约能源法》已将资源节约列为基本国策，并作为约束性指标纳入国民经济和社会发展规划，同时作为政府和企业政绩和业绩考核的重要指标，明确要求企业设立能源管理部门和岗位。当前，能源管理专业人才短缺的矛盾十分突出，急需加强这方面的人才培养。其次，现在已经有了一支多年从事能源管理方法研究，又具有实践经验，且长期从事对政府和企业的能源管理负责人及专业人员培训工作的专家团队，在国内有较大影响力。组建由能源管理专家、清华大学教授孟昭利为组长的专家组，建立符合我国国情的高水平能源管理培训体系，是搞好项目的重要保证。最后，中国交通运输协会与国家考试机构强强联合，把高等教育自学考试与职业资格证书有机结合起来的人才培养新模式，已经接受了实践检验，取得了显著的成效，受到广大考生的认可和欢迎，为开考能源管理项目打下了坚实的基础。

2009 年 12 月 3 日，我们召开全体专家会议具体论证能源管理培训体系的科学性和实用性，正式启动能源管理项目培训教材的编写工作。此后又多次召开专题研讨会不断充实、完善培训体系的构架和细节工作。

我们在与北京自考办进行多次认真协商的基础上，于 2010 年 9 月 1 日正式递交了申请开考能源管理专业及能源管理师职业能力水平证书的报告。2010 年 10 月 15 日，市自考办组织召开专家论证会，会议一致同意开考能源管理专业。2011 年 6 月 28 日，北京教育考试院、中国交通运输协会联合发布《关于开考高等教育自学考试能源管理专业（专科、独立本科段）和能源管理师职业能力水平证书考试的通知》（京考自考〔2011〕20 号）。

对于此事有人质疑："你们中国交通运输协会推出能源管理师职业能力水平证书的依据是什么？"我的回答是："依据《中华人民共和国节约能源法》。《节能法》把工业、建筑、交通运输三大重点领域列为节能减排的重中之重。《节能法》规定：'国家鼓励行业协会在行业节能规划、节能标准的制定和实施、节能技术推广、能源消费统计、节能宣传培训和信息咨询等方面发挥作用。'国务院 2011 年 8 月 31 日通过的〈'十二五'节能减排综合性工作方案〉再次明确规定，'动员全社会参与节能减排。把节能减排纳入社会主义核心价值观宣传教育体系以及基础教育、高等教育、职业教育体系'。节能减排作为基本国策是全社会的责任，也是协会的重要任务。"

关于证书的权威性问题。我认为，能源管理师职业能力水平证书的权威性取决于它的实用性和适用性。据调查了解，目前，我国尚未建立统一的能源管理人才专业培训体系和标准，特别是把能源管理职业资格证书与学历证书有机结合在一起纳入高等教育体系，在国内尚属首次。该证书体系的特点：一是专家队伍具有很高的权威性。我们组建了一个由多年从事能源管理方面研究，富有实践经验，且长期从事对政府和企业的能源管理负责人及专业人员的培训工作，并在国内有较大影响力的专家教授组成的专家小组，负责制定能源管理培训体系，负责编写教材、考试大纲及命题工作。二是培训体系的系统性。专家组在总结近几年国内能源管理培训经验的基础上，吸收欧美和日本等能源管理先进国家的能源管理师培训体系的先进经验，结合中国国情和能源管理相关标准设立的一套认证培训体系，该体系设置的七门证书课程涵盖了能源管理的核心要素，是目前我国唯一比较全面、系统的认证培训体系。三是培训体系的实用性。该体系的设计注重从企业的实际出发，认真总结多年来企业在能源管理方法的经验和教训，纠正了一些在能源管理中多年沿用的传统计算方法中存在的问题，提出了适合现代企业能源管理特点、在企业实际应用中被证明是行之有效的新方法。该体系从理论到实践（案例）进行充分论证，突出实践性，既能满足专业人士工作的需要，也适合在校生学习，有效地解决理论脱离实际的问题。四是培训体系的持久性。加强能源管理，推进节能减排是一项长期的战略任务。在能源管理培训上不能急功近利，急于求成，必须注重实际效果。对推动节能减排工作有实质性的帮助，经得起实践的检验，从而保证能源管理培训体系的持久性。目前国内推出的能源管理师的培训多是以短期培训为主，而我们开展的能源管理学习、培训体系其特点是，学历证书＋职业资格证书的双证模式，能够保证学员进行系统学习和实践，且还要经过国家正式考试，从而能够确保学习质量和实践能力，从根本上弥补了短期培训中存在的局限性。

能源管理专业及能源管理师职业能力水平证书学习、培训项目具有良好的发展前景。一是煤炭、石油等不可再生能源消费的持续增长与资源短缺的矛盾越来越尖锐。二是我国经济社会快速发展已经成为世界能源消费大国，因此必须坚定不移地把加强能源管理、推进节能减排作为一项基本国策来抓。三是《节能法》明确规定政府和企业要设立能源管理部门及节能职责岗位。据专家调查分析，目前我国能源管理人才的需求量在数十万人，能源管理专业人才紧缺的矛盾十分突出。同时，由于能源管理涉及各个行业，重点是工业、建筑、交通运输等领域，能源管理方面的人才不仅企业需要，政府管理机构需要，节能减排服务的第三方机构如节能服务公司、节能量审核机构、工程咨询公司等机构急需这方面的人才，这样就为能源管理专业学员提供了施展专业才能的广阔舞台。

能源管理师职业能力水平证书系列教材出版发行得到了国家能源局、国家发展和改革委员会能源研究所、人力资源和社会保障部、中国交通运输协会等有关单位领导的关心与支持。同时，中国市场出版社的领导和编校人员为本系列教材的出版给予了很大的帮助，付出了辛勤的劳动，在此一并表示衷心的感谢！

由于能源管理专业和能源管理师的培训在我国刚刚起步，尚处在探索阶段，需在实践中不断地加以改进和完善。我们热忱欢迎各行各业的专家及业内人士给予指导、帮助和指正。

中国交通运输协会职业教育考试服务中心副主任

高军

2012 年 1 月于北京